Jur Curt O von Querfurth

Kritisches Wörterbuch der heraldischen Terminologie mit 322 in den Text gedruckten Abbildungen von Curt O. von Querfurth

Jur Curt O von Querfurth

Kritisches Wörterbuch der heraldischen Terminologie mit 322 in den Text gedruckten Abbildungen von Curt O. von Querfurth

ISBN/EAN: 9783743347021

Hergestellt in Europa, USA, Kanada, Australien, Japan

Cover: Foto ©Paul-Georg Meister /pixelio.de

Manufactured and distributed by brebook publishing software (www.brebook.com)

Jur Curt O von Querfurth

Kritisches Wörterbuch der heraldischen Terminologie mit 322 in den Text gedruckten Abbildungen von Curt O. von Querfurth

Kritisches Wörterbuch

der

Heraldischen Terminologie

mit

322 in den Text gedruckten Abbildungen

von

Dr. jur. Curt O. von Querfurth,
Advokat und Notar,
auch mehrerer gelehrten Gesellschaften Mitglied.

Kritisches Wörterbuch

der

Heraldischen Terminologie

mit

322 in den Text gedruckten Abbildungen

von

Dr. jur. Curt O. von Querfurth,
Advokat und Notar,
auch mehrerer gelehrten Gesellschaften Mitglied.

Seiner Durchlaucht

dem Herrn Fürst

Friedrich Carl zu Hohenlohe - Waldenburg

Erbmarschall

des Königreichs Würtemberg,

Generaladjutant Sr. Maj. des Kaisers aller Reussen

etc.

vieler gelehrten Gesellschaften Mitglied

etc. etc.

Ehrerbietigst gewidmet

von

dem Verfasser.

Vorwort.

Wenn Jemand keine Idee von den fünf Linien, den Schlüsseln, dem Dreiklang und der Octave hat, so wird es ihm auch nicht einfallen, ein Buch über Generalbass schreiben zu wollen und wenn Einer nicht einmal den Unterschied zwischen Fixsternen und Planeten, oder den Unterschied zwischen Arterien und Venen kennt, so wird er es wohl bleiben lassen, sich als Lehrer der Sternkunde oder der Heilkunde aufzuspielen.

Anders ist es in der Heraldik; da sehen wir leider massenhaft wie die Pilze Wappenwerke und sein sollende heraldische Lehrbücher von Leuten auf den Markt bringen, welche in dieser übelverkannten Wissenschaft selbst noch nicht einmal bis zu Schülern gediehen sind und doch öffentlich als Lehrer auftreten zu können sich einbilden. Leute, die keinen Begriff von Rechts und Links haben, einen Pfal mit einem Balken, eine Figur mit einer Theilung herüber und hinüber verwechseln, geschweige denn, dass sie das „rohe" Mittelalter auch nur eines flüchtigen Blickes gewürdigt hätten, solche Leute sind es, welche durch ihre unselige Schreibseligkeit die heilloseste Verwirrung in die ohnehin bei uns in Deutschland niemals etwa besonders gut angebaute, durch die Zopf-Heraldiker des XVII. und XVIII. Jahrhunderts aber geradezu verwahrloste Heraldik hereingebracht haben, sodass nicht selten sogar bessere Capacitäten mit irre geführt worden sind. Was soll man dazu sagen, wenn ein Verfasser theurer genealogisch-heraldischer (?!) Folianten zwei einzelne Flügel als einen Flug und einen offenen Flug dafür als zwei Flügel, wenn er den Reichsapfel als eine Weltkugel, die Ständerung als Windmühlenflügel, die gewöhnlichen heroldfigürlichen Eisenhütlein als blaue Berge, u. s. w. anspricht?! Man kann eben nur sagen, dass die heraldische Erkenntniss noch gar sehr im Argen liegt.

Nun sind zwar in neuerer und neuester Zeit bei einem wahrhaft gesunden Wiederaufleben der Heraldik und ihrer Zweigwissenschaften einzelne nicht blos berufene, sondern auch auserwählte Männer lichtbringend in die dunkele Kammer der mittelalterlichen Heraldik eingedrungen und haben im Bild und Wort reiche Ausbeute errungen — ich nenne hier nur die Namen: Fürst *Hohenlohe-Waldenburg*, Graf *Uetterodt*, Graf *Hoverden*, Dr. *von Mayerfels*, *von Ledebur, Grenser* —, allein es fehlt immer noch an einem in neuester Zeit wiederum laut und vielfach begehrten Werke, nämlich an einem irgend vollständigen **Wörterbuche der heraldischen Terminologie**.

Weil es nun doch Einer endlich machen muss, bis jetzt aber Keiner noch Hand an's Werk gelegt hat, so will ich mit hier vorliegendem Werkchen einen Versuch wagen.

Ueber den Plan und Zweck sei nur Folgendes bemerkt:

Wenn es sich nun zwar vonselbst versteht, dass ein **alphabetisch** geordnetes Buch schon um dieser seiner Anordnung willen einen anderen Zweck verfolgen muss, als ein **systematisch** geordnetes Buch, ein eigentlich so zu nennendes Lehrbuch, so gestatte ich mir nur Einiges noch motivirend hier zu bemerken.

Absichtlich habe ich es nicht unterlassen mögen, auch bisweilen veraltete oder sonst unbrauchbar gewordene (wo nicht von jeher unbrauchbar gewesene) Kunstausdrücke in mein Verzeichniss aufzunehmen, weil doch dem Einen oder dem Anderen bei der Lectüre älterer Bücher bisweilen so ein Fund ganz willkommen sein dürfte, indem ja viele ältere, ja sogar auch neuere Diplome und sonstige Schriftwerke, stellenweise geradezu unverständlich sind für Denjenigen, dem die Deutung derartiger Kunstausdrücke fremd ist. Alle, noch so verschrobenen und praktisch gar nie und nirgend zu verwerthenden Ausgeburten pseydo-heraldischer Scribenten hier in Reihe und Glied aufmarschiren lassen zu wollen, wäre jedoch ein ebenso unsinniges, als unmögliches Unternehmen. Ich glaube diese Wahrheit nicht treffender aussprechen zu können, als mit den Worten des gelehrten *P. F. Stuhr*, welcher in dem Eingange seiner „Abhandlungen über nordische Alterthümer" sagt:

— III —

„Es ist überhaupt ein sehr unbilliges Verlangen, welches den raschen Fortschritt in der Wissenschaft aufhält, wenn gefordert wird, dass man bei wissenschaftlichen Darstellungen immer Rück- und Seitenblicke werfen solle auf abweichende Meinungen. Wollte man diesen immer genügen, so wäre man nie im Stande, zur Betrachtung des eigentlich wichtigen Gegenstandes selber zu gelangen, und in der Vorhalle der Wissenschaft aufgehalten, träte man nicht ein in das Allerheiligste. Der ungründlichen, wie geistlosen, Ansichten giebt es in jeder Wissenschaft eine zahllose Menge, sodass man im Kampfe mit solchen Gespenstern, wenn man sich darin einlassen wollte, leicht ein ganzes Leben aufopfern könnte, selbst wenn man ein *Starkodder* an Kraft wäre, und, wie er, drei Menschenalter hindurch lebte."

So ein „Gespenst" ist mir z. B. von jeher der „Löwenrachenschnitt" des Nürnberger ehrbaren Geschlechtes *Helchner* (im alten *Siebmacher II, 160*) gewesen. Dieser wahrhaft Unvermeidliche schleppt sich aus einem heraldischen Lehrbuche in das andere und wo wahrlich nur ein Paar Dutzend Wappenschilde aus Mangel an Platz oder an Verständniss zur Abbildung gelangen, da muss auch dieser Unvermeidliche seinen usncapirten Platz finden. Wie kommt dieses längst verschollene ἅπαξ λεγόμενον dazu, da, wo wichtigere Dinge vermisst werden, den Platz wegzunehmen?! —

Aber derartige Beispiele liessen sich noch leider gar viele anführen, wenn es sich überhaupt der Mühe lohnte, „in der Vorhalle sich aufzuhalten" statt „in das Allerheiligste einzutreten."

Ich sehe also absichtlich ab von solcherlei unpraktikabelen Gebilden, als da sind: Krückenfeh, Gegen- und Kreuzkrückenfeh, *Atholston*-Kreuz, Schwalbenschwanzkreuz, Zwieselkreuz und andere *Bernd*'sche Schrullen, welche für den wahren Heraldiker ein wahres Kreuz sind!

Um Wiederholungen thunlichst zu vermeiden, auch um Zusammengehöriges zusammen und nicht getrennt darzustellen, habe ich hinsichtlich mancher Kunstausdrücke öfters auf einen gemeinsamen Artikel verwiesen, welcher auch jene nicht besonders und einzeln besprochenen Kunstausdrücke, übersichtlich zusammengestellt, sodann zugleich mit bespricht.

Ueberhaupt handelt es sich hier eben nur um eine alphabetische

Zusammenstellung und Besprechung solcher Kunstausdrücke, welche sich nicht nach gemeinem Sprachgebrauche vonselbst erklären und man wird desshalb Artikel wie „Löwe", „Adler", „Lilie" und dergleichen hier vergeblich suchen, da ich voraussetze, dass Jedermann weiss, was ein Löwe, ein Adler oder eine Lilie ist; Anweisungen aber zu heraldischen Constructionen dieser drei Objecte oder überhaupt derartiger Objecte zu ertheilen, ist hier nicht der Ort; solche Erörterungen gehören in ein eigentliches systematisches Lehrbuch.

Zum Behufe des Nachschlagens in erforderlichen Fällen und zum Vergleichen der Ansichten, auch theilweise zur Anregung für Andere, welche in den hier gezogenen Spuren etwa fortarbeiten möchten, überhaupt mehr als ein Handbuch habe ich dieses Werkchen zusammengestellt und will keineswegs mit Herausgabe dieses Versuches gesagt haben: „*Roma locuta, res finita est*"; im Gegentheile, es wäre nur zu wünschen, dass auch Andere nunmehr mit ihren Ansichten hervorträten, damit sich nur endlich einmal eine brauchbare, auf wissenschaftlichem Boden gediehene und allgemein verstandene heraldische Terminologie aus dem Wust des verworren aufgestapelten Materials heraus entwickeln möchte.

Was die Abbildungen von Schilden betrifft, so habe ich nicht — wie *Bernd* und Consorten — einzelne Felder aus Wappen herausgerissen, sondern stets solche Schilde zu Beispielen gewählt, welche selbstständige und vollständige Schilde entweder sind oder doch früher waren.

Oschatz in Sachsen, im Jahre 1872.

Dr. C. O. von Querfurth.

Abgekürzt heisst eine in ihrer normalen Gestalt Schildränder berührende Heroldfigur dann, wenn dieselbe vorkommenden Falles, also ausnahmsweise den einen Rand nicht berührt. Es muss hierbei besonders gemeldet werden, an welchem Rande (ob oben, unten, rechts oder links) die Figur abgekürzt ist.

Fig. 1.

Fig. 1. *Czirn und Terpitz* —: in Roth zwei mit ihren Seitenwänden einander berührende Pfäle, von denen der rechte unten, der linke oben abgekürzt ist.

Von dem (unten) abgekürzten Pfale ist das „Orth" (s. d.) zu unterscheiden; auch ist „Abgekürzt" nicht zu verwechseln mit „Abgeledigt" oder „Schwebend" (s. d.) und „Gestutzt" (s. d.). — Siehe auch: „Griechisches Kreuz".

Abgeledigt ist soviel wie „Schwebend" (s. d.).

Abgerissen wird ein für sich besonders ohne den übrigen Körper dargestellter Kopf oder ein anderes Glied eines Thieres genannt, wenn dieser Theil nicht glatt abgeschnitten (— siehe: „Abgeschnitten" —), sondern so abgetrennt erscheint, dass die zackigen oder zottigen Stücke daran zu erkennen sind. *Pückler* (Stammschild), desgleichen die Stadt *Freyburg* im Breisgau —: in Gold ein schwarzer abgerissener Adlerkopf mit Hals. — *Brochowski*, desgleichen *Paszkowski = Plomicnczek*, Beide von der Wappenverwandtschaft *(herb) Zadora* —: in Blau ein silberner — nach dem Texte des Polnischen Wappenbuches von *Bobrowicz* aber ein grauer *(„szara")* —, goldene Flammen speiender Löwenkopf mit Hals.

Abgeschnitten im Gegensatze zu „Abgerissen" (s. d.) heissen Theile, z. B. Köpfe, Pfoten etc. von Thieren, wenn sie an der Stelle, an welcher sie von dem Körper abgelöst worden, glatt begrenzt sind.

Holleufer, desgleichen *Mossenbach (Maisenbug)* —: in Gold eine abgeschnittene schwarze Greifenklaue.

Abgesetzt, auch „aufgekantet" oder „verschoben", will *Dr. von Sacken* einen Pfahl oder Balken genannt wissen, welcher gleichsam in der Mitte durchschnitten und mit den Ecken wieder zusammengesetzt ist.

Fig. 2.

Fig. 2. Ferrich von Ferrenhain —: in Schwarz ein abgesetzter, aufgekanteter oder verschobener goldener Rechtbalken.

Abgestanden will man einen Fisch genannt wissen, wenn er das Maul offen hat. Es dürfte wohl darauf nichts ankommen und es wird — wenigstens in Deutschland Niemand absichtlich einen abgestandenen Fisch in das Wappen geben oder nehmen!!

Abgetreppt siehe: „Mauergiebel".

Ablang getheilt soll heissen: „Gespalten" (s. d.).

Absatz siehe: „Stufe".

Absatzkreuz soll soviel als „Schwellenkreuz" (s. d.) sein.

Abschnitt wird die bisweilen mit abstechender Tinctur dargestellte Schnittfläche bei abgeschnittenen Gliedern eines Thieres etc. genannt, *Keher* —: getheilt von Silber und Schwarz, mit einer Vogelklaue in abwechselnden Tincturen und rothem Abschnitt.

Abwechselnde Tincturen sind vorhanden, wie *Gatterer* definirt „wenn ein heraldischer Gegenstand halb aus Metall, und halb aus Farbe besteht, und mit einem anderen heraldischen Gegenstande, der gleichfalls halb aus Metall und halb aus Farbe, und zwar aus dem nämlichen Metall und der nämlichen Farbe, die der erstere hat, besteht, dergestalt vereinigt wird, dass des ersteren Metall mit des anderen Farbe und des ersteren Farbe mit des anderen Metall ein Ganzes ausmacht".

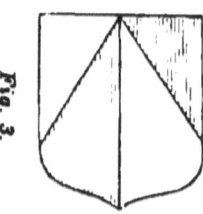

Fig. 3.

Fig. 3. Reitenbach —; gespalten von Silber und Roth, mit einer Spitze in abwechselnden Tincturen; *Waldkirchen*, desgleichen *Störn zu Störnstein, von der Marthen, Gay, Löwenstein, Martenau, Drescher von Caden* —: von Silber und Roth getheilt (quergetheilt), mit einem Löwen in abwechselnden Tincturen; das heisst: die obere Hälfte des Löwen ist roth in Silber und seine untere Hälfte ist silbern in Roth; *Delesevola* —: quadrirt von Silber und Roth, mit einem Löwen in abwechselnden Tincturen. Uebrigens ist zu der *Gatterer*'schen Definition anzumerken, dass auch mit Farbe und Farbe, oder mit Metall und Metall abwechselnde Tincturen vorkommen, obschon derartige Wappen dann zu den „Räthselwappen" (s. d.) gehören dürften.

Görlitz —: gespalten von Silber und Gold mit zwei Streitäxten oder Sturmfedern in abwechselnden Tincturen.

Achseln wird zuweilen auch für „Sachsen" (s. d.) gesagt.

Adlerweibchen — siehe: „Jungfrauenadler".

Aesend will man den Hirsch (— warum nicht auch anderes Wild? —) genannt wissen, wenn er den Kopf senkt wie zum Aesen oder Fressen.

Gilgenheim —: in Roth auf grünem Boden ein äsender Hirsch; darunter ein rother Schildesfuss mit silbernem Linkbalken.

Agnus dei, Lateinisch, bedeutet: Lamm Gottes; siehe „Osterlamm".

Albanische Mütze ist soviel als „Tartarische Mütze" (s. d.)

Alcantara-Kreuz siehe: „Lilienkreuz".

Alliance-Wappen siehe „Heirathswappen".

Alpenkreuz gehört eigentlich gar nicht zu den Kreuzen und ist ein seltener gebrauchter Ausdruck für „Trudenfuss" (s. d.).

Amethyst wird von alten Heraldikern nach ihrer beliebten Weise, die Farben mit Namen von Edelsteinen zu benennen, bisweilen für „Purpur" gebraucht. Dergleichen Bezeichnungen, wie solche übrigens bei den Engländern noch immer nicht abgekommen sind, gehören zu den misslichen heraldischen Spielereien und helfen nur die gräuliche Aufhäufung unnützer Wörter noch fördern.

Amphibisch nennen manche Heraldiker den Purpur mit Bezug auf die Regel, dass nicht ohne Noth Farbe in oder neben Farbe, und Metall in oder neben Metall gesetzt werden soll, insofern als Purpur ebenso wie Pelzwerk beliebig mit Farbe oder auch mit Metall zusammengestellt werden könne. Purpur hat übrigens in Deutschland — und zwar mit Recht — nie eine beträchtliche Rolle gespielt; desto mehr ist diese Mischlingsfarbe bei den Franzosen und den Engländern im Gebrauche.

Amphisbäne nannten die alten Heraldiker nach einem Griechischen Worte den ungeflügelten Drachen.

Pappus von Tratzberg —: in Gold eine schwarze, rothes Feuer aus Rachen und Ohren speiende Amphisbäne.

Amphistere (sollte wenigstens heissen „Amphiptere") nannten die alten Heraldiker einen geflügelten Drachen.

Würmblingen —: in Silber eine blaue Amphiptere.

Am Rande gespitzt heisst ein Schild oder ein Feld, wenn die „Spitzen" (s. d.), mit welchen Theilung oder Heroldfigur bewirkt wird, sämmtlich gleichsam wie an einem gemeinsamen Brennpunkte am Schildrande zusammenstossen.

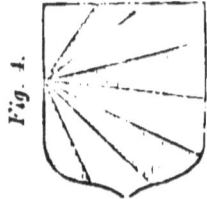

Fig. 4. Kayserstul —: sieben Mal am (rechten) Seitenrande gespitzt von Silber und Roth. — Ebenso kann selbstverständlichermassen nach jedem anderen Rande, auch nach einer Ecke des Schildes hin gespitzt werden oder nach dem Schildesfuss.

Amsel, mitunter auch nach dem französischen Worte *merlette* „Merle" genannt, Lateinisch *merula*, ist namentlich bei den Franzosen und nach diesen bei den Rheinländern oft vorkommender kleiner, meist schwarzer, an Schnabel und Klauen gestümmelter Vogel mit am Leibe anliegenden Flügeln.

Amsheim (also redend): in Gold eine auf schwarzem Büchel sitzende schwarze Amsel; *Frauenstein* —: getheilt von Gold und Roth, im goldenen Felde drei schwarze Amseln hintereinander. — Bisweilen findet man jetzt die Amsel auch ungestümmelt dargestellt, wie denn überhaupt in neueren Wappendarstellungen die alten Constructionen und Gestaltungen mehr und mehr in charakterlose Bilderei sich verlieren.

Andreas-Kreuz, auch „Schragen" und „Burgundisches Kreuz" genannt, entsteht aus der Verbindung des schrägrechten mit dem schräglinken Balken zu **einer** Tinctur.

Fig. 5. Die Burggrafen zu *Meissen*, desgleichen *Daystul*, *Vitzthumb*, *Beck* oder *Becke*, *Krickenbecke*, *Du Fresnoy*, *Cochincourt*, *Perouse* —: in Gold ein schwarzes *Andreas-Kreuz* oder ein schwarzer Schragen.

Augekürzt ist soviel wie „Angestückt" (s. d.).

Angeschoben wird der Turnirkragen genannt, wenn er mit seiner oberen Seite am oberen Schildrande anstösst; dies muss gemeldet werden, da der Turnirkragen normaler Weise schweben soll.

Angestückt oder „angekürzt" heisst eine Heroldfigur, z. B. ein Kreuz, wenn an den Enden der Figur anderstingirte Stücke angesetzt sind. Verschieden hievon ist „Gestückt" (s. d.).

Ankerkreuz ist eines von denjenigen Kreuzen, welche öfters vorkommen; dasselbe erscheint meistens schwebend und ist hier in *Fig. 6* abgebildet.

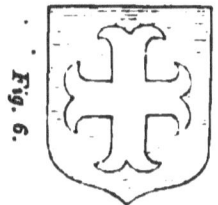

Fig. 6. *Düne*, desgleichen *Bentinck*, *Portland*, *Viger*, *Fleury des Plez*, *Charry*, *De Salvert* —: in Blau ein silbernes Ankerkreuz.

Man kann hierzu auch „Mühleisenkreuz" vergleichen.

Ansprechen ist der richtige heraldische Ausdruck für „benennen", „bezeichnen", wenn man irgend einer heraldischen Erscheinung ihre geziemende Bezeichnung geben will. Man sagt da z. B. „Die Seeblätter werden oft irrthümlich als Schröterhörner angesprochen" — oder „N. N. hat die Ständerung für Windmühlenflügel angesprochen". — Siehe auch: „Blasonniren".

Anspruchswappen wird eines wirklichen oder eingebildeten Anspruches halber geführt und dann zwar gewöhnlich dem ursprünglichen Schilde des Wappeninhabers hinzugefügt oder einverleibt. — Als *Christian II.*, König von Dänemark (1481 bis 1560) zugleich König von Schweden war, führte er den Schwedischen Schild, nämlich in Blau drei goldene Kronen, als wirkliches Herrschaftswappen; nachdem sich aber Schweden von Dänischer Herrschaft befreit hatte, ward der Schwedische Schild noch als Anspruchswappen fortgeführt, bis dieser Schild endlich nachdem Dänemark einsehen gelernt, dass es die gemachten Ansprüche auf Schweden aufgeben müsse, zum blossen Gedächtnisswappen herabsank. — Es gibt noch nähere Beispiele! —

Antique Krone wird als, wenn auch jetzt nicht eben sehr gerechtfertigte, doch allgemein angenommene und darum (wie so manches Andere) beizubehaltende Bezeichnung für eine gewisse Art von Kronen mit langen spitzen Zacken gebraucht, welche mitunter statt der Kleinodhelme oder auch im Schilde selbst angewendet werden.

Fig. 7. stellt eine solche „antique Krone" und zwar fünfzinkig vor, wie selbige über dem Mittelschilde in dem Wappen der Reichsgrafen *von Mettich*, Freiherrn *von und zu Tschetschau* vorkommt. Die Ritter *von Enis* führen sie siebenzinkig über dem Schilde und zwar auch noch über dem Kleinode frei schwebend (!!); sie kommt auch neunzinkig vor, worauf jedoch nichts ankommt, da es sich hier nur um ein Phantasiestück handelt.

Antonius-Kreuz, auch „*Tau*" genannt (wegen der Aehnlichkeit mit dem griechischen Buchstaben *T* dieses Namens), ist streng genommen kein Kreuz, sondern eine aus der Verschmelzung von Pfahl und abgeledigtem Balken zu einer Tinctur entstandene Figur, welche übrigens auch schwebend vorkommt und ihrer Gestalt wegen früher auch „Plattkreuz" genannt wurde.

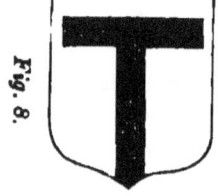

Fig. 8. *De la Poterie* —: in Silber ein auf dem Schildesfusse aufstehendes schwarzes *Antonius*-Kreuz. Nicht zu verwechseln hiermit ist der „Hauptpfahl" (s. d.); siehe auch „Krücke".

Apfelkreuz ist gleichbedeutend mit „Kugelstabkreuz" (s. d.).

Argus-Kopf ist ein menschlicher Kopf voller Augen — übrigens eine seltene Erscheinung. *Santeuil* —: in Blau ein goldener Argus-Kopf.

Arme sind die einzelnen Querbalken am Kreuze; bei einem *Andreas*-Kreuz (*Fig. 5*) kann man füglich von vier Armen reden, weil jeder Schrägbalken zwei Arme bildet.

Aspro nannte der unter dem Namen „*Heraldus Britannus*" bekannte Heraldiker das Silber als Tinctur.

Ast kommt nicht blos als gemeine Figur oder als Bild vor, sondern wird auch heroldfigürlich und zu Sectionen angewendet.

Fig. 9. *Schönfeld* —: in Gold ein schräg (rechts) geschränkter schwebender natürlicher schwarzer Ast.

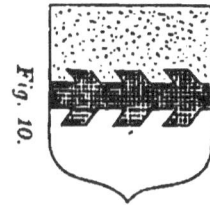

Fig. 10. *Ingelstetter* —: von Gold und Silber durch einen dazwischen geschränkten schwarzen (heroldfigürlichen) Astbalken getheilt.

Astkreuz erklärt sich aus dem unter „Ast" (s. d.) Gesagten leicht ohne besondere Beschreibung. *Berk* —: in Gold ein heroldfigürliches (die Schildränder an allen vier Seiten berührendes) schwarzes Astkreuz.

Aeusserer Fuss siehe: „Innerer Fuss."

Auf der Hut will man den Hirsch genannt wissen, wenn er steht und den Kopf „im Visir" sehen lässt.

Auf der Lauer soll die Gemse genannt werden, wenn sie alle vier Füsse keilförmig zusammenstellt; dies ist jedoch ihre gewöhnliche Stellung.

Anfliegend ist soviel als „zum Fluge geschickt" (siehe „Flug").

Aufgehend nannten einige ältere Heraldiker die Sonne, wenn sie im rechten Obereck des Schildes steht.

Brady —: in Schwarz eine goldstrahlende, aber silbern gebildete aufgehende Sonne und im linken Untereck eine silberne Schwurhand.

Aufgekantet siehe: „Abgesetzt".

Aufgelehnt braucht *Rudolphi* für „Muthig" (s. d.).

Aufgerichtet heisst der gewöhnliche heraldische „zum Grimmen geschickte" Löwe, desgleichen der „zum Raub geschickte" Bär und überhaupt jedes vierfüssige Thier, wenn es auf den Hinterbeinen steht, den Leib erhebt und die Vorderbeine ausstreckt („vorwirft").

Aufgerichteter Balken ist ein älterer Ausdruck für „Pfal" (s. d.).

Aufgethan, soviel wie „ausgebreitet", wird von den Flügeln oder Schwingen eines Vogels, vorzugsweise des Adlers gebraucht. — Siehe auch: „Flug".

Aufgewunden wird bisweilen in Wappenbeschreibungen für „rückwärts gebogen" von dem Zogel des Löwen gesagt.

Aufrecht ist soviel wie „Aufgerichtet" (s. d.).

Aufrechtes Gitter siehe: „Gitter".

Ausgebogen siehe: „Gebogen".

Ausgebogene Spitze — selten vorkommend — ist durch *Fig. 11.* anschaulich gemacht.

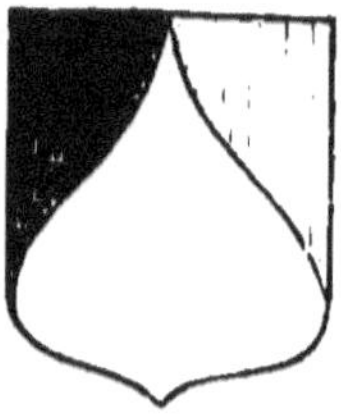

Fig. 11. *Cappel* —: durch eine ausgebogene (oder „ausgerundete") silberne Spitze von Schwarz und Roth gespalten.

Vergleiche hierzu auch: „Mantelzug" mit *Fig. 150.*

Ausgebreitet siehe: „Flug".

Ausgebrochen ist gleichbedeutend mit „Durchbrochen" (s. d.).

Ausgebrochenes Kreuz wird das Kreuz dann genannt, wenn es mit einem verjüngten Kreuze in seiner eigenen Gestalt und zwar von der Tinctur des Feldes, in welchem das ausgebrochene Kreuz sich befindet, belegt ist.

Ausgeeckt sagt *Rudolphi* für „gezinnet". — Siehe: „Zinne".

Ausgerissen nennt man einen Baum oder überhaupt eine Pflanze, wenn man die Wurzeln unten daran hangen sieht.

Fig. 12. *Stockhausen* (Hessischen Stammes) —: in Silber ein schräg (rechts) geschränkter schwarzer ausgerissener Baumstamm oder Stock (Eiche) mit drei Blättern daran; *Bardewicken* —: in Gold eine ausgerissene silberne Rübe mit drei niedergebogenen grünen Blättern daran.

Ausgerundeter Sparrenstreif siehe: „Gebogen".

Ausgerundete Seite. Was unter den Seiten des Schildes zu verstehen sei, ist unter „Rechts" (s. d.) erklärt; wenn nun diese Seiten nicht mit solchen Linien gezogen sind, welche dem (geradlinigen) Schildrande parallel laufen, sondern wenn diese Seiten vielmehr mit einwärts nach dem Schilde eingebogenen Curven von der übrigen Tinctur des Schildes abgetrennt sind, so nennt man selbige eben „ausgerundete Seiten".

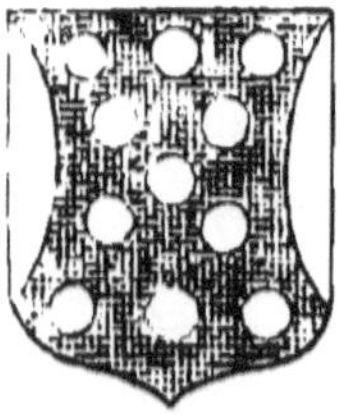

Fig. 13. Der bekannte Heraldiker *Henry Speelmann* —: in Schwarz eilf silberne Kugeln oder Bälle (3. 2. 1. 2. 3.), daneben beide Seiten silbern ausgerundet.

Ausgerundetes Kreuz wird auch manchmal das „Tatzenkreuz" (s. d.) genannt.

Ausgerundete Spitze siehe: „Ausgebogene Spitze".

Ausgeschlagen, soviel als herausgestreckt, sagt man von der Zunge des Löwen und überhaupt der in Wappen vorkommenden Thiere, wenn sie die Zunge sehen lassen.

Ausgeschuppt, auch „gekerbt" genannt, muss man sachgemäss eine von Schuppenbogen begrenzte Heroldfigur dann nennen, wenn die Schuppen von der Figur nach dem Felde auswärts gehen,

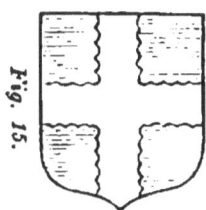

Fig. 14.

also nach den Schildrändern gerichtet sind, „eingeschuppt" hingegen, wenn die Schuppen einwärts gekehrt sind. Man findet hierin keine rechte Ordnung bei unseren Heraldikern.

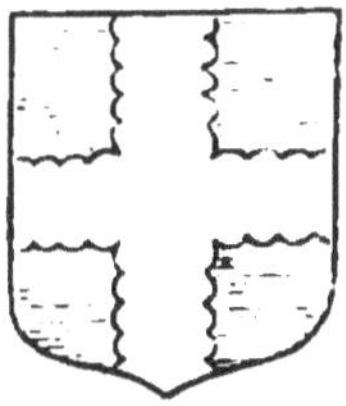

Fig. 14. La Fontaine-Ruffieu —: in Blau ein ausgeschupptes heroldfigürliches silbernes Kreuz.

Fig. 15.

Fig. 15. Rämersthal, desgleichen *De Daillon* —: in Blau ein eingeschupptes heroldfigürliches silbernes Kreuz. — *Gatterer, Reinhard* und Andere wollen allerdings das „ein" und „aus" nach der Richtung der zwischen den Schuppen befindlichen Spitzen oder Zacken angesprochen wissen, nennen also Das, was hier „ausgeschuppt" genannt ist, „eingeschuppt" und so umgekehrt; es ist jedoch natürlich und angemessen, dass bei der Schuppung eben die Schuppen selbst und nicht die zwischen ihnen befindlichen Zacken massgebend sind — und wenn eine Sache lange Zeit hindurch mit sachwidriger Bezeichnung benannt worden ist, so ist es umsomehr an der Zeit, ihr endlich die gebührende Bezeichnung zu vergönnen. — Bei queren und schrägen Schildestheilungen richtet

Fig. 16.

sich das „ein" und „aus" nach der in die Höhe gerichteten Tinctur.

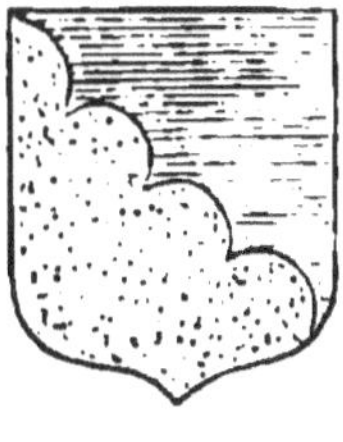

Fig. 16. Haynspach, desgleichen *Höchstetter* — : schräg (rechts) ausgeschuppt vier Mal von Gold in Blau.

Bei Schildesspaltungen kann nur „ausgeschuppt" vorkommen und der Unterschied in der Ansprache erstreckt sich dann nur auf das Rechts und Links, z. B. „mittels Schuppenschnittes so und so viel Mal gespalten, die Schuppen rechts (links) gekehrt".

Ausgespält (ausgespalten) altes Wort für „Ausgebreitet". Siehe: „Flug".

Bachsteine wollen Manche, u. A. auch *Jungenders*, die grösseren „Schindeln" (s. d.) angesprochen wissen.

Bälle wollen Einige, nach *Harsdörfer's* Vorschlag, die „Kugeln" (s. d.) dann angesprochen wissen, wenn dieselben silbern tingirt sind.

Bärtigen siehe: „Spitzen".

Balken, auch „Querbalken", „Band", „Strasse" u. s. w. genannt, entsteht durch zweimalige Theilung des Schildes oder Feldes und gleiche Tingirung des ersten und dritten, andere Tingirung aber des zweiten oder mittelsten Platzes, wobei jedoch zu bemerken ist, dass Balken ebenso wie ähnliche aus der Zweitheilung und Zweispaltung entstehende einfache Heroldfiguren, wie z. B. Pfähle, Sparren u. s. w. etwas weniger als den dritten Theil der Länge oder Breite des Schildes oder Feldes einzunehmen pflegen.

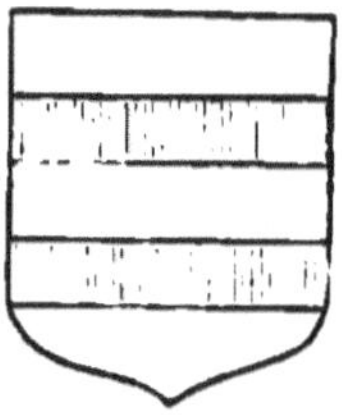

Fig. 17. *Leubelfing*, desgleichen *Rottenburg*, *Johansdorf, Werndle, Breuberg, Braunberg, Wolmershausen, Reibnitz, Lorenz, Massow, Roncherolles, Isenburg-Grensau* —: in Silber zwei rothe Balken oder Querbalken.

Balkenreihe siehe: „Rechts".

Ballen ist einer von den verschiedenen Ausdrücken für „Kugeln" (s. d.).

Ballenkreuz ist das „Kugelkreuz" (s. d.), bei *Rudolphi* jedoch wird *Fig. 282* (s. d.) so benannt.

Band ist soviel als „Balken" (s. d.). Siehe auch: „Bande".

Bande wird zum grössten Ueberfluss von *Bussing* und Seinesgleichen der schräglinke Balken genannt, wogegen wieder andere Zopfige unter „Band" den schrägrechten Balken verstehen. Die Verwirrung ist gross! Die Franzosen nennen „bande" den rechten, „barre" den linken Schrägbalken.

Bandelier nennen ältere Heraldiker, z. B. *Jungenders*, den schräglinken Balken. Siehe: „Gehr" und „Riemen".
Bandreihe siehe: „Rechts".
Bandstelle siehe: „Rechts".
Bank ist eine von den Bezeichnungen für den „Turnirkragen" (s. d.).
Bannerschilde sollen nach der Einbildung gewisser Zopfheraldiker viereckige, völlig quadratische Wappenschilde gewesen sein, wohl auch sogar noch sein, was jedoch keineswegs der Fall ist. Höchst wahrscheinlich liegt hier eine Verwechselung mit den Bannerfähnlein zu Grunde, welche in ihrer ältesten Gestaltung allerdings quadratisch oder doch wenigstens rechteckig und zwar aldaun mit der langen Seite gegen den Fahnenstock gekehrt waren.
Bannschild ist der „Regalienschild" (s. d.) und ist nicht zu verwechseln mit „Bannerschild"; siehe: „Bannerschilde".
Barben sind in Wappen oft vorkommende Fische, meist einwärts gekrümmt und mit den Rücken gegen einander gekehrt. Wo man derartige Fische sieht, da kann man selbige im Zweifelsfalle für Barben halten; wo freilich indicirende Umstände dagegen vorliegen, z. B. wo ein redendes Wappen als solches in Frage kommt, da wird jene Vermuthung abgeschwächt oder beseitigt. Bei *Siebmacher I, 120* ist der Wappenschild der *Karpfen* blau mit zwei einwärts gekrümmten, mit den Rücken gegen einander gekehrten silbernen Fischen dargestellt, welche man jedoch nach dem Namen des Wappeninhabers für Karpfen und nicht für Barben halten möchte. Aehnlich verhält es sich mit *Salm* u. s. w. *Hartitzsch* —: in Blau zwei silberne Barben; *Heldreich* —: gespalten von Schwarz und Gold, darin drei Barben „bandweise" (wie das Diplom sagt) gestellt, der mittlere links, die beiden anderen rechts schauend. Die Tinctur der „Pärmen" (Barben) ist im Diplome nicht angegeben; es werden eben diese *Heldreich*'schen Barben, wie so viele andere Fische, meist naturfarbig dargestellt.
Barmen, auch mitunter „Pärmen" geschrieben, ist ein älterer Ausdruck für „Barben" (s. d.).
Baroke Schilde nennt man gewisse zumeist in der Zeit der *Renaissance* und des Zopfes (Anfang XVI. bis Ende XVIII. Jahrhunderts) gebrauchte, von allen mittelalterlichen Mustern total

abweichende, meistentheils höchst absurd gestaltete und verschnörkelte Wappenschilde.

Die Figuren 18, 19, 20, 21 und 22 sind solche wahrhaft barocke Schilde. Jedenfalls sind derartige wunderliche Machsale aus den Tartschen herausgeballhornt worden. Sie werden von

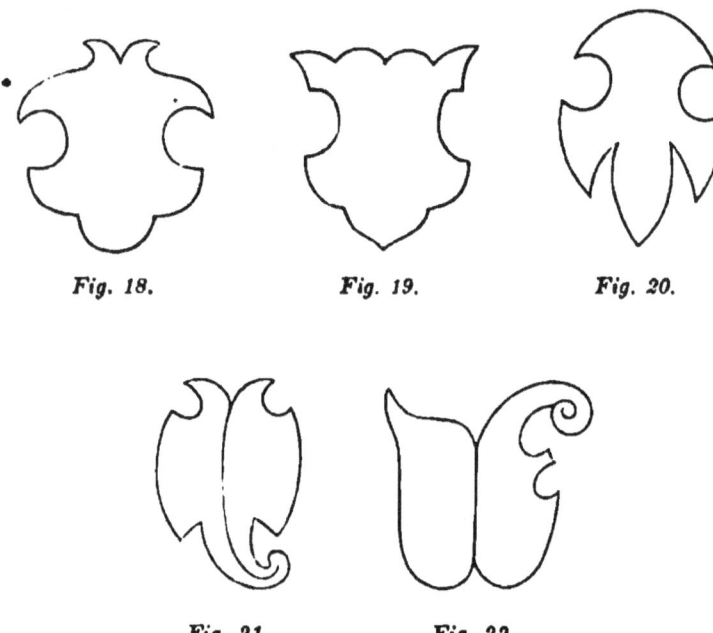

Fig. 18.   *Fig. 19.*   *Fig. 20.*

Fig. 21.   *Fig. 22.*

den Zopfheraldikern auch, obschon höchst unpassend, „Deutsche Schilde" genannt, auch heissen sie mit einem Französischen Worte „cartouches". Es ist einleuchtend, dass nicht jedes Wappen, ohne an seiner Integrität Schaden zu leiden, in derartige Rahmen eingezwängt werden kann — und schon darum sind solche Formen, abgesehen von ihrer bodenlosen Geschmacklosigkeit, durchaus verwerflich. — Vergl. auch *Fig. 45.*

Bart eines Vogels, siehe: „Glocke".

Barte oder **Bardo** ist eine ältere Bezeichnung für ein Beil, wird von den Bergleuten für ihr Parade-Häckchen noch gebraucht und hat sich übrigens noch in dem Worte „Hellebarte" oder „Hellebarde" erhalten. *Bartencck* — : in Silber eine schwarze Barte;

Messenhausen —: in Blau eine goldene Barte; *Cammerberg* —: in Roth eine silberne Barte.

Bastardbalken oder „Bastardfaden" nennen Diejenigen, welche vom Deutschen Rechte nicht die hinlängliche Notiz genommen haben, mit Bezugnahme nicht nur auf Französische, sondern leider auch auf Deutsche Heraldik den mitunter auch hier zu Lande Beizeichens halber über den Schild gezogenen schrägen Balken oder Faden; ja, der gute *Böckler* (1688) will sogar wissen, dass die Bastarde der Edelen einen schwarzen Linkbalken, die eines Fürsten aber einen metallenen Linkbalken geführt hätten!! Diese ganze leidige Verirrung ist aber von dem Französischen Linkfaden und linken Einbruch hergenommen, welche bei den Franzosen den Bastarden meistens zugetheilt worden sind. Hier zu Lande führen aber die ausserehelichen Kinder adeliger Väter *ipso jure* und wenn sie nicht etwa noch besonders geadelt oder doch ehelich gesprochen (legitimirt) worden sein sollten, überhaupt gar keine Wappen, weil sie die Filiationsprobe nicht bestehen — und „das Kind folgt der ärgern Hand", wie die Juristen sagen.

Bausch, früher auch „Pausch" geschrieben, ist soviel als „Helmwulst" oder kurzweg „Wulst" (s. d.).

Begleitet ist eine Figur dann, wenn andere Figuren — z. B. Sterne, Rosen, Herzen, Kugeln, Schindeln u. s. w. — in bestimmter Zahl (also nicht „gesäet" oder „gestreut") um sie oder neben ihr stehen, wie dies bei Heroldfiguren und zwar ganz besonders bei Kreuzen und Sparren, bei letzteren aber wiederum zumeist in Frankreich und England, vorkommt.

Fig. 23.

Fig. 23. Humboldt —: in Gold auf grünem Boden ein grüner, von drei silbernen Sternen in verkehrter Ordnung begleiteter Baum, bisweilen mit braunem Stamm dargestellt; *Malortie* —: in Blau zwei goldene Sparren, begleitet von drei gestürzten silbernen Lanzenspitzen. Dass hier zwei Lanzenspitzen oben stehen unten aber die dritte steht, braucht, als das Gewöhnliche, nicht besonders gemeldet zu werden, wogegen bei *Fig. 23* die „verkehrte Ordnung" (1. 2.) der drei Sterne allerdings gemeldet werden musste. *Hac-*

furth —: in Gold ein rother Balken, begleitet von drei rothen Lilien.

Behangen siehe: „Ueberstiegen".

Beizeichen, auch „Brüche" genannt, sind gewisse Zeichen im Schilde oder im Kleinode, seltener in anderen Bestandtheilen des Wappens, wodurch sich verschiedene Linien eines Geschlechtes oder Hauses, oder auch jüngere Söhne von den älteren, ingleichem — wenn auch nicht in Deutschland, doch in Frankreich und anderwärts — die Bastarde von den ehelich Geborenen unterscheiden.

In Frankreich und England hat von jeher auch in Beziehung auf die Beizeichen eine bessere Ordnung gegolten, als bei uns zu Lande, wo überhaupt die Willkür im Wappenwesen die von den blinden Verehrern des ebenso überschätzten, als unterschätzten Mittelalters gerühmte geniale Freiheit in unangenehm fühlbarer Weise überschreitet und missbraucht, wobei leider die tollsten Verwechselungen und Verwirrungen zu Tage kommen.

Abgesehen von den figürlichen Beizeichen, als von welchen nachher die Rede sein wird, gibt *Dr. von Mayerfels* ganz treffend zwölf Arten an, nach welchen im Deutschen Mittelalter Beizeichen geschaffen worden sind. Diese zwölf Arten sind folgende:

1) Veränderung des Helmkleinodes,
2) Veränderung der Tincturen,
3) Veränderung der Figuren,
4) Stümmelung einer Figur,
5) Hinweglassung einer Figur,
6) Hinzufügung einer Figur (zunächst nämlich eines eigentlichen figürlichen Beizeichens),
7) Vermehrung der Figuren,
8) Veränderte Stellung der Figuren,
9) Verminderung der Figuren,
10) Hinzufügung eines fremden Helmes (Kleinods),
11) Hinzufügung eines fremden Schildes,
12) Hinzufügung eines ganzen fremden Wappens mit Schild und Helm (Kleinod).

Im *Siebmacher*'schen Wappenbuche kann man bei den verschiedenen Wappen der *Nothafften* (III, 125 fg.), der *Zorn*

(III, 143 fg.) und der *Mülheim* (III, 146 fg.) der hierher gehörigen Beispiele viele finden.

Wenn sich das Deutsche Mittelalter derartige zu Störungen manchfacher Art führende Willkürlichkeiten erlaubte, so kann dies für uns heutzutage keineswegs als massgebend noch angesehen werden. Wir können allerdings bei der Heruntergekommenheit unseres gegenwärtigen Wappenwesens viel, sehr viel Gutes von dem Mittelalter lernen (vor Allem eine gesunde und geschmackvolle Ornamentik), aber das Gift möchten wir doch wohl nicht mit dem Honig zugleich einsaugen — und ein etwas eklektisches Vorgehen scheint hier sehr empfehlenswerth. -- Was insonderheit die Beizeichen betrifft, so bleiben uns ja die figürlichen Beizeichen in ihrer kenntlichen und überhaupt mehrfach praktischen Weise unbenommen. Dieselben sind allerdings eine Französische Erfindung, aber die Fanatiker des exclusiven Deutschthums können sich damit trösten, dass das Deutsche Mittelalter die figürlichen Beizeichen wirklich vielfach — ganz auffällig namentlich in dem Rheinlande angewendet hat. (Und unter uns gesagt; wir haben den Franzosen ja von jeher gern gehorsam allerlei Faxen nachgeäfft — warum sollten wir ihr wirklich Gutes dummstolz verschmähen?!)

Die figürlichen Beizeichen sind nun aber folgende:
1) der Turnirkragen, welcher noch unter dem Artikel „Turnirkragen" besonders besprochen ist,
2) der rechte und der linke Schrägfaden,
3) der rechte und der linke Einbruch,
4) etwa auch der Schildesrand und der Stabbord.

Alle die hier genannten Arten von figürlichen Beizeichen sind als Unterscheidungen der Cadetlinie von der Majoratslinie und — wo die unter 2. und 3. genannten links geschränkt erscheinen, bei den Franzosen und auch anderwärts zunächst für die Bastarde gebraucht worden. Finden wir jedoch solche linke Beizeichen auch dann und wann in Deutschland, wo ja die Bastarde als solche gar keine Wappen führen, mithin auch keine Beizeichen brauchen, so können wir im Zweifelsfalle getrost annehmen, dass die linke Stellung jener Figuren etwa aus einer Zusammenstellung mit einem daneben links angeschobenen Schilde (z. B. bei Heirathswappen) erklärlich ist, oder dass auch gar keine besondere Absichtlichkeit dabei zum Grunde liegt, wie denn im lieben Mittelalter so manche Gedankenlosigkeit von Wappendarstellern (Malern, Bildhauern, Siegelstechern u. s. w.) sowohl, als auch von Wappeninhabern verschuldet worden ist, denn der Indifferentismus war trotz aller Werthschätzung der Wappen an sich doch bei der Darstellung derselben nicht selten fast sehr gross.

Der Einbruch ist ein abgeledigter Schrägbalken und sieht daher einer schrägen „Schindel" (s. d.) oft ähnlich. Er sowohl, als auch der Schrägfaden (siehe: „Faden") werden über die davon betroffene Figur oder Section oder überhaupt über die betreffende Stelle des Schildes durch den Mittelpunkt des letzteren hindurch hinübergezogen.

Beladen ist das Nämliche wie „Belegt" (s. d.).

Belebt beliebt man einen Fisch zu nennen, wenn er das Maul zumacht. — Siehe: „Abgestanden".

Belegt oder „beladen" heisst eine Figur oder Section, wenn eine kleinere Figur oder deren mehrere auf dieselbe gelegt sind, sei es nun, dass die aufgelegten Figuren die Ränder der mit ihnen belegten Figur oder Section berühren — wie z. B. Sparren, welche man sehr häufig auf Pfählen liegen sieht — oder auch, dass die belegenden Figuren frei schweben, wie z. B. im Lothringer Schild —: in Gold ein rother Rechtbalken, belegt mit drei an den Fängen gestümmelten silbernen Adlern, auch minder passend „Lerchen" genannt.

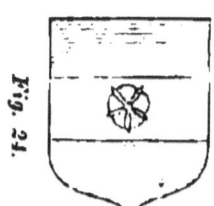

Fig. 24.

Fig. 24. Aufsess —: in Blau ein silberner Balken, belegt mit einer rothen Rose; Piccolomini —: in Silber ein blaues gemeines Kreuz, mit fünf goldenen Mondsicheln. — Es können auch gemeine Figuren oder Bilder mit Figuren, namentlich Heroldfiguren belegt sein.

Dethnaw, desgleichen Mendez —: in Silber ein rother Löwe, belegt mit drei goldenen Rechtbalken. Man nennt jedoch diese Rechtbalken lieber „darübergezogen".

Benebelt ist ein alter Ausdruck für „im Nebelschnitt getheilt". Siehe: „Wolken".

Benestelt ist ein veralteter Ausdruck für schmal und vielfach quergetheilt; es mag jedoch gelten. Quernfort (Querfurth), ältester

— 17 —

Schild, desgleichen *Polignac* —: benestelt sieben Mal von Silber und Roth; *Miltitz*, desgleichen *St. Amand* —: sieben Mal benestelt von Silber und Schwarz; *Multitz* - : sieben Mal benestelt von Schwarz und Silber.

Besaamt heisst eine Blume, namentlich die Rose, deren „Butzen" (s. d.) oder Saamenbutzen eine andere Tinctur hat, als die Blume selbst.

Fig. 25.

Fig. 25. Grafschaft *Altenburg*, desgleichen *Orsini-Rosenberg*, *Rosenberg-Lipinski*, *Reinhold* —: in Silber eine rothe, goldbesaamte, grünbeblätterte Rose. Diese hier grünen Blättlein nennt man auch wohl „Spitzen".

Besät oder „bestreut" wird ein Schild oder ein Feld genannt, wenn dessen Raum entweder allwärts oder neben einer grösseren Hauptfigur mit kleineren Figuren in beliebiger Zahl dergestalt angefüllt ist, dass die an den Schildrändern befindlichen kleinen Figuren nicht mehr in ihrer ganzen Gestalt gesehen werden, so dass also die am oberen Rande befindlichen Figuren oben, die am unteren unten (u. s. w.) nur noch unvollständig, abgeschnitten gesehen werden. Man sagt alsdann von solchen Figuren: „sie verlieren sich am Rande". So führt z. B. das Herzogthum *Nassau* einen goldenen Löwen in blauem, mit goldenen schrägen Schindeln bestreutem oder besäetem Schilde. Einen Unterschied machen zu wollen — wie *Bernd* will - dahin, dass in dem „besäeten" Schilde oder Felde die Figuren am Rande sich verlieren sollen, was in dem „bestreuten" nicht der Fall sei, ist weder theoretisch noch praktisch haltbar, denn wo sich wirklich die Figuren nicht am Rande verlieren, da sind sie gewiss auch gezählt, d. h. sie haben ihre bestimmt vorgeschriebene Zahl, wie z. B. die 21 goldenen Kugeln (Billen) im *Peudrecht'*schen und die gleichfalls 21 silbernen Kugeln (Bälle) im *Leudrecht'*schen Schilde (nach den *Siebmacher'*schen Angaben), was bei „bestreut" ebensowenig wie bei „besäet" der Fall ist — oder aber es liegt, wie sehr oft geschieht, ein Fehler in der Zeichnung vor. *Löwen von Steinfurth* —: ein silberner Kranich in einem blauen, mit goldenen Kreuzen besäeten Schilde.

— 18 —

Besäumet heisst: mit einem schmalen Streifen oder Saume an einer Seite oder an den Seiten versehen.

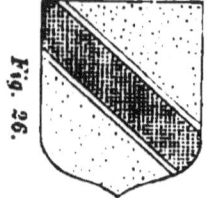

Fig. 26. *Opfingen* —: in Gold ein schwarzer silbern besäumter Rechtbalken.

Beschosset ist ein alter Ausdruck für „Geständert" (s. d.), weil der „Ständer" auch „Schoss" genannt wird.

Beseitet wird eine Figur genannt, wenn ihr zu einer Seite oder zu beiden Seiten Figuren, gewöhnlich kleinere Figuren stehen.

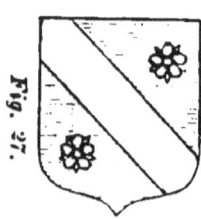

Fig. 27. *Hartmann* —: in Blau ein silberner Rechtbalken, beseitet (rechts unten und links oben) von je einer goldenen Rose. — Das „rechts unten und links oben" versteht sich als die natürlichste Vertheilung von selbst und braucht desshalb nicht besonders gemeldet werden; *Gessler* —: in Blau ein silberner Balken, beseitet von drei silbernen Sternen. (Dass zwei oben sind, unten aber der dritte ist, versteht sich von selbst.)

Besetzt mit einer anderen (kleineren) Figur ist eine Figur oder auch eine Section — im Unterschiede zu „Beseitet" (s. d.) — dann, wenn jene andere Figur an der (grösseren) Figur oder Section dergestalt angebracht ist, dass sie den Rand der letzteren berührt. *Fig. 28.* *Berge*, genannt *Blens*, desgleichen *Berge*, genannt *Durffenthal* —: in Silber ein schwarzer Balken, besetzt rechts oben mit einer schwarzen Amsel.

Bestreut ist völlig gleichbedeutend mit „Besäet" (s. d.)

Betagleuchtert werden bei älteren Heraldikern Thürme, Mauern, Häuser u. s. w. genannt, wenn durch ein offenes Fenster oder Thor oder mehrere dergleichen in diesen Thürmen u. s. w. die Tinctur des Feldes hindurch gesehen wird, gleichsam wie das durch das Fenster dringende Tageslicht. So ist z. B. der gestürzte Thurm in dem Schilde der *Rink von Baldenstein* (*Fig. 82*) „betagleuchtert" oder besser gesagt „betagleuchtet".

Beutelstaud, ein Helmkleinod, meist als Hilfskleinod verwendet, ist eine Art hoher, über den Helm gestülpter Haube, bisweilen oben mit Quasten, Franzen und dergleichen Besätzen geziert und kommt bei dem ältesten Adel und zwar sehr viel im Elsass, in späteren Zeiten jedoch weniger vor. Heutzutage kann man ganze Wappenbücher vergebens nach einem Beutelstande durchsuchen.

Fig. 29. *Wendingen* —: in Silber ein rother linker Seitenbalken und auf dem Helme ein Beutelstand als Hilfskleinod, d. h. ein die Wappenfigur in sich wiederholendes Kleinod.

Bewehrt siehe „Bewehrung".

Bewehrung besteht bei dem Löwen aus Zunge und Prankenspitzen oder Krallen, bei dem Adler aus Schnabel und Fängen, bei Hirschen, Stieren und anderen gehörnten Thieren aus den Geweihen und Hörnern. Wenn diese Bewehrung anders als das Thier selbst tingirt ist (was bei den Franzosen fast das Gewöhnliche bei Darstellung von Adlern und Löwen ist), so muss dies gemeldet werden und dann heist es: so und so „bewehrt".

Bertrand de la Perouse et Chamosset, desgleichen *Namur*, *Beavieu*, *Morel de Fiennes*, *Del Brigia*, *Inhausen*, *Blanckenheim*, *Tegenagen*, *Grasse*, *De Quingo*, *Ligneris-Merenville*, *Montureux*, *Cavaillon-Rochegude*, bisweilen auch das Herzogthum *Flandern* —: in Gold ein schwarzer rothbewehrter Löwe.

Bezinkt siehe „Zinken".

Bierzeiger — das soll hier mehr als *curiosum* erwähnt werden — wird bei *Siebmacher* der „Trudenfuss" (s. d.) genannt.

Bilder sind „Gemeine Figuren" (s. d.)

Billen wollen Einige, nach *Harsdörfer's* Vorschlag, die goldenen „Kugeln" (s. d.) genannt wissen.

Billets ist eine von den verschiedenen Benennungen für „Schindeln" (s. d).

Binde nannte man bisweilen den Balken-Faden. (Siehe „Faden".) In Oesterreich nennt man den „Balken" (s. d.) eine Binde.

Bindeschlüssel wird der goldene, schrägrechtsgeschränkte Schlüssel im päpstlichen Hinterwappen genannt, dagegen der silberne, schräglinksgeschränkte heisst der „Löseschlüssel". Beide Schlüssel haben ihre Namen von dem Umstande, dass dem Papste nach dem Dogma der katholischen Kirche die Macht verliehen ist, zu binden und zu lösen.

Blasonniren — ein Wort, welches bald als Deutschen, bald als Französischen Ursprunges angegeben wird und gar manche wunliche Ableitung hat erleben müssen, bedeutet: Beschreiben heraldischer Objecte in ihrer Totalität und Anordnung, während sich „Ansprechen" (s. d.) nur auf Benennung eines einzelnen Objectes ersteckt. Wenn ich z. B. sage: „Die *Könneritz* führen in Silber drei rothe, doppelhenkelige Kannen", so habe ich den *Könneritz*'schen Schild blasonnirt; sage ich aber: „Das redende *Könneritz*'sche Wappenbild sind Henkelkannen, aber keine „Stempel" oder „Erdrammen", wie Manche wollen", so habe ich das Wappenbild angesprochen.

Blattkreuz wird bei *Rudolphi Fig. 281* (s. d.) genannt.

Blattschnitt kommt meistens in der Form vom „Kleeblattschnitt" (s. d.) vor.

Blumen schlechtweg, d. h. ohne besondere Bezeichnung der *species*, als etwa Tulpen, Nelken u. s. w. werden unter Hinzunennung der Anzahl der die betreffende Blume bildenden Blätter gewisse in der Phantasie der Heraldiker wurzelnde, übrigens aber wurzellose, stiellose, rein ornamental stilisirte blumenähnliche Figuren

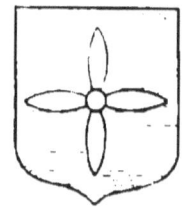

Fig. 30. *Fig. 31.* *Fig. 32.*

genannt, wie solche hier in den Figuren 30, 31, 32, 33 und 34 abgebildet sind.

Fig. 30. Richenberg —: in Gold eine sechsblätterige silberne Blume. *Fig. 31. Aremberg,* desgleichen *Vergy* - : in Roth drei goldene fünfblätterige Blumen. In „der durchlauchtigen Welt

Wappenbuch" sind diese Blumen wie hier abgebildet und als „Nesselblumen" angesprochen, im „livre d'or" werden sie als „fleurs de néflier" (d. h. Mispelblumen) bezeichnet In der „Adelszierde" heissen sie „Pfersich-Blüh" (Pfirsich-Blüthen). — Fig. 32. *Flunteren* —: in Blau eine silberne vierblätterige Blume. — Es kommen auch Blumen mit mehr Blättern vor, als die hier abgebildeten Blumen zeigen. Doch muss allemal die Blätterzahl sowie auch jede Zuthat. z. B. der Umstand, dass zwischen den eigentlichen Blumenblättern noch andere Blätter, Kleestengel und dergleichen vorkommen, ausdrücklich gemeldet werden.

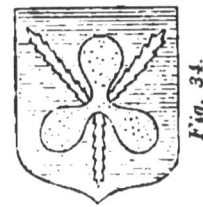

— *Fig. 33. Schwaren* —: in Blau eine rothe fünfblätterige Blume, bewachsen in Gabelstellung von drei silbernen gerade ausgestreckten Kleestängeln. — Wenn eine derartige ornamentale Blume dreiblätterig erscheint und einen Stängel hat, so wird sie als „Kleeblatt" angesprochen.

Fig. 34. Bismarck —: in Blau ein goldenes Kleeblatt ohne Stängel, bewachsen in Gabelstellung von drei langen ausgezackten silbernen Blättern.

Blutfahne wird der „Regalienschild" (s. d.) genannt.
Blutspritzend nennt man den Pelikan, wenn er sich mit dem Schnabel die Brust aufreisst, so dass Blut (für seine Jungen) daraus hervorspritzt. — *Hartmann* —: in Blau ein silberner blutspritzender Pelikan mit drei silbernen jungen Pelikanen. — Nach *Schulz* soll der Pelikan das Symbol des Erlösers sein.
Blutstropfen siehe „Thränen".
Bolzen wird aus Sprachunkenntniss mitunter für „Butzen" (s. d.) gebraucht.
Borde ist soviel als „Schildesrand" (s. d.).
Bordirt heisst mit einem „Schildesrand" (s. d.) umgeben; siehe auch „Eingefasst".
Bordüre ist soviel als „Schildesrand" (s. d.)
Bracke ist ein starker Fanghund mit breitem Behänge (d. h. Ohren), obschon ihn *Oetter* für eine Art Fischotter erklärt. Der Bracken-

kopf (mit Hals) stand als das Symbol der Jagdgerechtigkeit in hohem Ansehen; zumal wird er dann gern als Hilfskleinod gebraucht. Als solches erscheint er auf den Helmen von *Hohenzollern*, desgleichen *Oettingen*, *Teck*, *Nesselrode*, *Hohenstein*, *Truchses von Stetten*.

Fig. 35.

Im Schilde selbst kommt der Brackenkopf oder auch der vollständige Bracke seltener vor, als auf dem Helme. *Fig. 35.* *Hege* —: in Silber ein schwarzer Brackenkopf mit Hals; *Hundt* —: in Blau ein stehender silberner Bracke mit goldenem Halsbande.

Brände nennt man schwarze knotige Aeste mit Flammen daran.

Brandt —: in Gold ein schrägliegender Brand, oben mit zwei Flammen, unten mit einer Flamme.

Breitständer ist eine ältere und zwar irrationale Bezeichnung für die Querspitze, d. h. Rechtspitze oder Linkspitze. — Siehe: „Spitze".

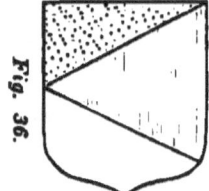
Fig. 36.

Fig. 36. *Barkutin* —: von Gold und Silber durch eine rothe Rechtspitze — von Halbwissern „Breitständer" genannt — getheilt.

Bret ist ein alter Ausdruck für „Glocke" (s. d.) eines Vogels.

Brieflängen werden von *Bussing* und Seinesgleichen die „Schindeln" (s. d.) ebenso unbezeichnender als unnützer Weise genannt.

Brieflein ist einer von den nicht mehr sehr bräuchlichen Ausdrücken für „Schindeln" (s. d.).

Brog (bróg, d. h. Heuschober) ist ein Strohdach auf vier Pfählen, ein in Polen öfter vorkommendes Bild. — *Radolin*, desgleichen: *Koszutzky* —: in Roth ein Brog von Gold.

Brüche sind die „Beizeichen" (s. d.) genannt.

Brücke ist eine von den verschiedenen Bezeichnungen für „Turnirkragen" (s. d.).

Brünlöhr ist soviel als „Zindelbinde". — Siehe: „Wulst".

Brustlatz wollen *Jugenders* und einige seiner Zeitgenossen die

— 23 —

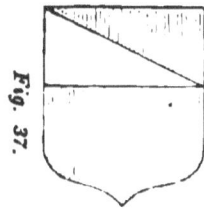

Fig. 37.

Fig. 37. (übrigens eine sehr seltene Erscheinung) benannt wissen und erklären dieselbe für eine Abart des Ständers. Siehe: „Ständer".

Fig. 37. Eyserstelen — : in Roth ein silberner Brustlatz. *Rudolphi* spricht diese Figur als einen „von der Rechten absteigenden K e g el" an.

Buckeln werden bisweilen die Schuppen genannt. Siehe: „Ausgeschuppt".

Büchel ist die in manchen Gegenden Deutschlands noch immer übliche alte Bezeichnung für einen kleinen Berg oder Hügel; der „Büchel" in seiner ordentlichen heraldischen Gestalt kommt dreigetheilt und zwar so, dass die mittlere Erhöhung etwas grösser ist, als die beiden anderen Erhöhungen, am Schildesfusse oft vor, selten allein (wie im *Silberberg*'schen Schilde, welcher im rothen Felde weiter nichts als einen silbernen Büchel am Schildesfusse enthält), meist vielmehr als Fussboden für darauf befindliche andere Bilder, als Thiere, Thürme, Pflanzen u. s. w.

Fig. 38.

Fig. 39.

Fig. 28. Sonnenberg — : in Silber eine rothe Sonne auf grünem Büchel. — Auch schwebend, also nicht auf dem Schildfusse aufsitzend kommt der Büchel, obschon seltener vor, wie uns ein Beispiel hievon der Schild des verdienstvollen Heraldikers Ritter *Conrad Grünenberg* zeigt.

Fig. 39. Grünenberg — ; in Schwarz freischwebend zwei auf einander gestellte goldene Büchel; *Schollenberg* — : in Roth freischwebend drei silberne auf einander gestellte Büchel. — Seiner Gestalt halber nennen Manche den Büchel auch „Dreiberg".

Büffel siehe „Kuh".

Büffelhörner sind die vielfach vorkommenden und darum in ihren gebräuchlichsten Gestalten als bekannt vorauszusetzenden je nach ihrer Darstellung mehr oder minder ausgeschweiften Hörner. In ihrer älteren, mittelalterlichen Darstellung sind sie kürzer und wie natürliche Stierhörner mit den stumpfen Spitzen einwärts gebogen; sie sind in dieser Gestalt nicht selten irrthümlich als „E b e r z ä h n e" oder „E l e p h a n t e nzähne" angesprochen worden. Später und so, wie sie meistens noch gegenwärtig erscheinen, sind diese Büffelhörner grösser, schlank geformt, mehr ausgebogen und in sogenannte „Mundlöcher", welche den Trompeten-Mundstücken ähneln, endigend. In dieser letzteren Gestalt wird das Büffelhorn bei den Französischen Heraldikern „*trompe d'éléphant*", d. h. „Elephantenrüssel" genannt, welche letztere Bezeichnung auch von Deutschen Heraldikern aufgenommen worden ist; ja sogar „Elephantenschnauzen" finden wir die Büffelhörner genannt. Auch hat man diese mit Mundlöchern ornamentirten Büffelhörner als „Füllhörner" bisweilen angesprochen, was wohl daher kommen mag, weil sie mitunter besonders mit Blüttchen, Blümchen und dergleichen verziert und besteckt (siehe: „Kleestängel") erscheinen. Im Schilde sind die Büffelhörner seltener.

— *Hornuff* : in Blau zwei goldene Büffelhörner.

Burgundisches Kreuz wird das „*Andreas*-Kreuz" (s. d.) bisweilen genannt. Dass jedoch das Burgundische Kreuz gerade nur ein „Astkreuz" (s. d. und „Ast") in Form des *Andreas*-Kreuzes — wie neuerdings seltsamerweise behauptet worden ist — sein solle, ist gänzlich unerwiesen und unrichtig.

Butzen, früher auch „Putzen" geschrieben, oder „Saamenbutzen" einer Blume, namentlich der Rose ist die Saamenkapsel oder der Fruchtboden in der Mitte derselben, welcher mitunter in abstechender Tinctur erscheint. — Siehe: „Besaamt".

Byzantiner Münzen, bisweilen auch kurzweg „Byzantiner" genannt, sollen die goldenen „Kugeln" (s. d.) und zwar namentlich dann sein, wenn sich Charactere und Schriftzeichen oder Gepräge auf ihnen erkennen lassen.

Gamin —: in Roth drei (goldene) Byzantiner Münzen mit darauf damascirten menschlichen Gesichtern. Die metallene Kugel heisst in der Französischen Heraldik „*besant*", auch „*bezant*" geschrieben, was ursprünglich eine alte Griechische oder Byzantische Münze bedeutet. Diese Bezeichnung für heraldische Metallkugeln ist übrigens keineswegs grundlos, denn es haben die Kreuzfahrer dergleichen Byzantinische Münzen aus dem Morgenlande heimgebracht und selbige öfters auf ihren

Schilden befestigt, wie denn überhaupt in den älteren Zeiten des Deutschen Mittelalters mancherlei Schildverzierungen und Wappenbilder plastisch und nicht blos mit Farbe gemalt auf dem Schilde angebracht wurden.

Cartouches ist die Französische, jedoch auch in der Deutschen Heraldik gebrauchte Bezeichnung für „Baroke Schilde" (s. d.).
Cherub-Kopf oder „Seraph-Kopf" nennt man einen geflügelten menschlichen Kopf, also „Engelskopf". Man will einen Unterschied machen dahin, dass der „Cherub-Kopf" zwei Flügel, der „Seraph-Kopf" aber deren noch mehr habe.

Fig. 40.

Fig. 40. Parsenow —: in Gold ein silberner Cherub-Kopf mit zwei schwarzen, unter dem Kinn angefügten ausgebreiteten oder aufgethanen Flügeln.

Bucafoco oder *Buocafoco (?)* —: in Roth ein goldener oder silberner (?) Seraph-Kopf mit sechs Flügeln und zwar zweien über, zweien unter dem Kopfe und je einem an jeder Seite des Kopfes. — Derartiges gehört jedoch zu den Seltenheiten.

Cimier (Französisch *cimier*) wird auch in älteren Deutschen Blasonnirungen und zwar schon bei Minnesängern das Helmkleinod genannt, desgleichen „Zimir" oder auch „Zimirde".

Coceine nannte der nur noch unter der Bezeichnung „*Heraldus Britannus*" bekannte Heraldiker die rothe Tinctur.

Crampen siehe: „Hausanker".

Cymbelschnitt, auch „zugespitzter Zinnenschnitt" und „Eisenhutschnitt" genannt, erklärt sich aus *Fig. 41*. Die Ableitung dieser Section von den „Eisenhütlein" (s. d.) ist unverkennbar.

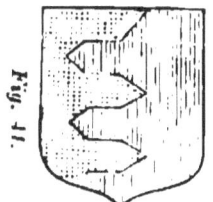
Fig. 41.

Fig. 41. Haslang —: von Gold und Roth in Cymbelschnitt gespalten und zwar mit je zwei und einer halben Eisenhutspitze oder Eisenhutzinne in jeder Tinctur.

Vergl. auch *Fig. 310.* nebst Text dazu.

Cytrine nannte der sogenannte „*Heraldus Britannus*" das Gold als Tinctur.

Damascirt, d. h. mit zur Wesenheit des Wappens nicht gehörigen auch meistens nicht besonders tingirten, sondern nur mit Conturen gezeichneten Kreuz- und Querstrichen, Arabesken und anderen derartigen heraldisch bedeutungslosen Mustern verziert werden mitunter Schilde oder Felder, ja wohl auch einzelne Figuren oder Sectionen in willkürlicher und beliebig zu verändernder oder auch gänzlich hinwegzulassender Weise und zwar meist nur, um die Leerheit grösserer figurenloser Räume etwas zu beleben.

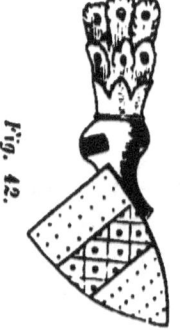

Fig. 42.

Der silberne Balken im rothen Felde ist bekanntlich der Oesterreichische Stammschild. *Albert*, Herzog von Oesterreich und Steyermark, siegelt im XIII. Jahrhundert mit dem in *Fig. 42.* hier dargestellten Wappen, bei dessen hier ersichtlicher Darstellung es sich von selbst versteht, dass die Punkte im Felde nicht etwa Gold bedeuten können, da ja die Schraffirungen der Tincturen erst im XVII. Jahrhunderte aufkamen, ebenso wie das Gitter im Balken sammt seinen Punkten nicht zur Wesenheit des Wappens gehört; Punkte und Gitter vielmehr sind eben nur (willkürliche) Damascirungen.

Dass die Damascirung jedoch auch bleibend und zum Wappen gehörig werden kann, weist *Reinhard* an dem Schilde der Grafen von *Grafenegg* nach.

Fig. 43. Grafenegg —: in Roth eine silberne damascirte Raute. —

Gute Muster von Damascirungen findet man in dem Wappenbuche des Ritters *Grünenberg*, woselbst übrigens auch die Wahrheit wiederum bestätigt gefunden werden kann, dass die Damascirung weder ausschliesslich für Metall, noch auch ausschliesslich für Farbe bestimmt ist, sich vielmehr gleichviel auf Farbe und auf Metall (immer wieder willkürlich) finden lässt. — Wenn die Damascirung anders als mit schwarzen Conturen, z. B. mit Gold geschieht, so muss dies besonders gemeldet werden.

Damenschilde sind selbstverständlicherweise zu keiner Zeit wirkliche Kampf- oder Turnirschilde gewesen, sondern können vielmehr nur Wappenschilde in Siegeln und zu anderen ornamentalen Verwendungen sein. Man weist gern den Damen den rautenförmigen Schild (*Fig. 46.*) zu, allein dies ist so schlechthin gesagt nicht ganz richtig. In Frankreich ist allerdings der Rautenschild der eigentliche Schild der Damen, aber in Deutschland hat man den Frauen und Mädchen keine besondere Art von Schilden als ausschliessliches Eigenthum zugewiesen. — Die spitzovale Form (*Fig. 44.*) galt als Zeichen der Devotion; daher denn Geistliche sowohl, als auch Damen diese Form besonders gern wählten; allein auch dann ist die spitzovale Form zumeist nicht eigentlich die S c h i l d - Form, als vielmehr nur die S i e g e l - Form, denn im Siegel finden wir dann sehr oft die Schildinhaberin selbst in mehr oder minder misslungener Portraitgestalt, sitzend oder auch stehend, als Halterin ihres eigenen angestammten Wappens zugleich mit dem ihres Gemahles dargestellt. So kommen auch sechseckige, runde und andere Siegelformen bei Damen öfters vor. Die eigentlichen Wappenschildformen sind aber in Deutschland von denen der Männer niemals absichtlich unterschiedene gewesen. Nicht selten auch siegelten Damen, denen zwar ein adeliges Wappen zukam, mit blosen selbstgewählten Symbolen. So ist z. B.

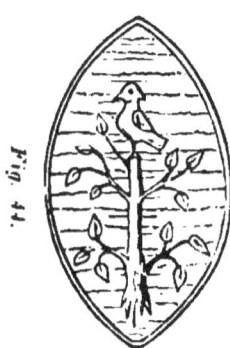

Fig. 44.

Fig. 44. eine Abbildung eines Siegels der *Adelheid*, Witwe des Grafen *Rapoto von Ortenburg*, Tochter des Burggrafen *Conrad I.* von Nürnberg, aus der Mitte des XIII. Jahrhunderts und stellt eine Taube auf einer ausgerissenen Linde sitzend vor. Weder die Taube, noch die Linde sind dem Schilde des Vaters oder dem des Gatten der Siegelführerin entlehnt, es ist demnach dieses Siegel — wie so viele Damensiegel — ein rein symbolisches, ein willkürlich gewähltes Phantasiesiegel.

Insonderheit nun aber den Rautenschild anlangend, so ist derselbe, wie man mit einiger Wahrscheinlichkeit vermuthet, der Form des Nähkissens (— und das rautenförmige Kissen kommt ja auch vielfach als Kleinod und besonders als Hilfskleinod auf

Helmen vor —) entlehnt und bei den Franzosen als wirklicher Rautenschild, bei den Engländern auch bisweilen in baroker Anwendung (siehe: „Baroke Schilde" —) zugleich mit dem gewöhnlichen Rautenschilde bräuchlich.

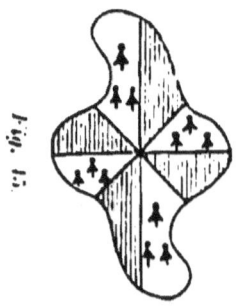

Fig. 45.

Fig. 45. Countess Loudoun —: geständert von Roth und Silber, in jedem silbernen Platze drei (schwarze) Hermelinschwänze in verkehrter Ordnung. — Zur Anschaulichmachung des eigentlichen Französischen Rauten-Damenschildes, umgeben mit den üblichen „Liebesknoten", welche hier die Stelle der Helmdecken vertreten, ist nachstehend der *Baumann*'sche Wappenschild dargestellt.

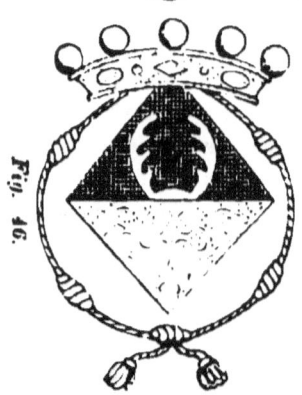

Fig. 46.

Fig. 46. Baumann —: getheilt; oben schwarz, darin ein silbernes Hirschgestänge; unten golden (damascirt). — Zu berichtigen ist auch hier ein durch die Zopfheraldiker verbreiteter Irrthum, der nämlich, dass die adeligen Fräuleins solange einen ledigen weissen (silbernen) Rautenschild zu führen hätten, bis sie sich verheirathet. Ein adeliges Kind kann vielmehr schon in der Wiege den Wappenschild seines Vaters führen.

Dammaschene Schilde ist eine veraltete, doch mitunter noch zu findende Bezeichnung für „Damascirte Schilde". Siehe: „Damascirt".

Darüber laufend oder **darüber gezogen** heisst eine Figur, welche über eine andere Figur oder Schildestheilung, selbige in der ganzen Länge und Breite der darübergezogenen Figur (theilweise) bedeckend, hinübergeschränkt ist, wie z. B. der Schrägbalken, geschacht in zwei Reihen von Roth und Silber, schräg über den goldenen Löwen des blauen *Heldrungen*'schen Schildes darüber gezogen ist; ebenso sind der Schrägfaden und der Einbruch als Beizeichen stets hinsichtlich der von ihnen bedeckten Stellen des Schildes als „darüber laufend" oder „darüber gezogen" anzusehen.

Dieskau —: In Blau ein silberner Schwan mit einem darüber gezogenen rothen Schrägfaden (im Zweifelsfalle schrägrechts).

Deichsel wird zuweilen das „Schächerkreuz" genannt.

Deutsche Schilde werden noch immer trotz des Fortschrittes der Wissenschaft jene auch bei anderen Völkern verschuldeten geschmacklosen Schilde genannt, welche man als „Baroke Schilde" (s. d.) weit richtiger kennzeichnet.

Diamant wird von älteren Heraldikern nach ihrer Art, die heraldischen Tincturen mit Namen von Edelsteinen zu bezeichnen, bisweilen für Schwarz gebraucht. Bei den Engländern, welche darartige Spielereien sehr wichtig machen, ja sogar Rangordnung darin halten, wird bei Wappenbeschreibungen die schwarze Tinctur noch immer sehr oft mit „*diamond*" bezeichnet.

Doppeladler wird der zweiköpfige Adler genannt.

Doppelbändel ist ein veralteter seltener Ausdruck für „Zwillingsstreifen" (s. d.).

Doppelhafte ist eine selten vorkommende Wappenfigur in der in *Fig. 47.* dargestellten Gestaltung.

Fig. 47.

Fig. 47. *Dürkheim*, desgleichen *Eckenbrecht*, *Ahlem* —: in Silber eine schwarze Doppelhafte.

Hiermit fast zu verwechseln sind in manchen Darstellungen die Figuren „Hausanker" (s. d.) und „Mühleisen" (s. d.).

Doppelhaken siehe: „Mauerhaken".

Doppelkreuz — sehr selten vorkommend — ist die Verbindung des gemeinen Kreuzes mit dem *Andreas*-Kreuz oder des Griechischen Kreuzes mit dem schwebenden *Andreas*-Kreuz zu **einer** Figur.

Doppelschlangenkreuz siehe „Schlangenkreuz".

Doppelte Einfassung siehe „Schildesrand".

Doppelte krause Wolken siehe: „Wolken".

Doppelte Lilie wird in Diplomen und anderen Wappenbeschreibungen pleonastischerweise manchmal die gewöhnliche heraldische Lilie und zwar wegen ihrer sich oben und unten ähnlich wiederholenden, also gewissermassen doppelten Gestalt genannt.

Fig. 48. Korf, desgleichen *Schmisinckh, Hammerspach, Merettig, De Scuria, D'Andelot, De Palapussins, Aux Espaules* —: in Roth eine goldene (doppelte) Lilie.

Doppelter Hausanker siehe: „Hausanker".
Doppeltes Kreuz soll das „Patriarchenkreuz" (s. d.) sein.
Doppelt geschränkt siehe: „Geschränkt".
Dreiberg siehe: „Büchel".
Dreiblattkreuz soll das „Kleeblattkreuz" (s. d.) sein.
Dreieckschild ist überhaupt die älteste Form des eigentlich heraldischen Schildes, da man wohl den alten Normannen-Schild noch nicht zu den heraldischen Schilden zählen möchte. Im Anfange des XIII. bis Anfang des XIV. Jahrhunderts kommt der Dreieckschild sehr gross, später aber am Ende des XIII. bis Anfang des XV. Jahrhunderts als kleiner Dreieckschild vor und zwar etwa in der Gestalt der beigefügten *Fig. 49.*

Fig. 49. Hohenlohe (Stammschild) —: in Silber zwei schwarze übereinander schreitende Leoparden. Es ist bei diesen *Hohenlohe'*schen Leoparden übrigens noch als althergebrachte Eigenthümlichkeit zu bemerken, dass sie die Schweife nicht aufwärts winden, sondern gegen die Hinterbeine gekehrt halten, - („unterschlagen").

Uebrigens wird der Dreieckschild gewöhnlich gelehnt und kommt nur dem Uradel zu, denn es wäre unsinnig, wenn Neugeadelte sich uralte Formen anmassen wollten. — Vergl. auch hier *Fig. 179 und Fig. 194* als Dreieckschilde.

Drillingsstreifen siehe: „Zwillingsstreifen".
Druytenfuss ist ein älterer aus Missverständniss hervorgegangener Ausdruck für „Trudenfuss" (s. d.).
Durchbohrt, von der Raute gesagt, ist gleichbedeutend mit „Durchstochen" (s. d.).
Durchbrochen, auch „ausgebrochen" wird die Raute dann genannt, wenn sie in Rautengestalt in der Mitte derartig geöffnet

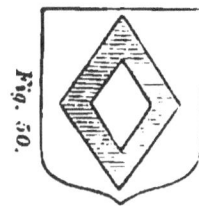

Fig. 50.

ist, dass die Tinctur des Feldes wiederum rautengestaltig hindurchgesehen wird. (Französisch: macle).

Fig. 50. Treana —: in Silber eine durchbrochene blaue Raute. — Vergl. auch *Fig. 145.* In ähnlicher Weise durchbrochen kommen auch andere Figuren vor, z. B. Kreuze, welchen allen man deshalb nicht besondere Namen geben kann, obschon das sogenannte „durchbrochene Kreuz" hier einen Vorzug sich einbildet.

Durchbrochenes Ankerkreuz ist das übel so genannte „Mühleisenkreuz" (s. d.).
Durchgeschwungen siehe: „Untergeschlagen".
Durchschnitten wurde früher für „schräg getheilt" gesagt.
Durchstochen oder „durchbohrt" ist die Raute, wenn sich in derselben eine kugelförmige, die Tinctur des Feldes durchblicken lassende Oeffnung befindet. (Französisch: *rustre*.)

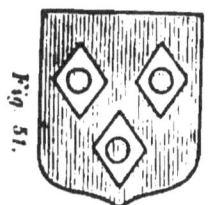

Fig. 51.

Fig. 51. Schesnaye —: in Roth drei durchstochene silberne Rauten. — Bei älteren Heraldikern wurde die „durchstochene Raute" auch „Widernied" oder „Wiedernied" genannt.

Durchzogen siehe: „Geschnitten".
Durchzüge wurden früher bisweilen die „Arme" (s. d.) des Kreuzes genannt.

Eberzähne siehe: „Büffelhörner".
Eck — alter und falscher Ausdruck für „Spitze" (s. d.).
Eckig gezogen heisst nach *Gatterer's* Definition „ein Ehrenstück, das am Rande anstatt der queren oder senkrechten Linien an einander gefügte kleine schrägrechte oder schräglinke Linien hat, und folglich aussieht, als wenn es gefaltet wäre."

Fig. 52.

Fig. 52. Wittelsbach, desgleichen *Murach, Campe, Vilanders, Cleingedanc* —: in Roth ein dreifach eckig gezogener silberner Balken. — *Dorst* bezeichnet diesen Balken als einen „dreimal gebrochenen". *Grote* jedoch, wenn er bei Blasonnirung des auch bei ihm wie hier in

Fig. 52. abgebildeten *Campe*'schen Schildes jene Figur schlechtweg als einen „Spitzenweise gezogenen Balken" anspricht, drückt sich nicht erschöpfend aus. *Martin Schrot* bildet den Schild des Bisthums „*Crackaw*" *(Krakau)* ebenfalls wie *Fig. 52.* (jedoch noch ohne Schraffirungen) ab und blasonnirt ihn folgendermassen: „In ein rothen schildt ein sparrn, 3 mal auff und nieder, sein weiss." Das ist so ein Pröbchen aus der Zopfheraldik! — *Rudolphi* nennt *Fig. 52.* „gross ausgespitzt" und eine „krumme Strasse".

Eckschnitt wollen Einige die schräglinke Schildestheilung genannt wissen. — Siehe: „Schräg".

Edelkrone — seltener Ausdruck für die Krone schlechtweg.

Ehrenreihe siehe: „Rechts".

Ehrenstelle siehe: „Rechts".

Ehrenstücke werden die „Heroldfiguren" (s. d.) genannt.

Einbruch siehe: „Beizeichen".

Einfach ist bei *Schmidt-Phiseldek* gleichbedeutend mit „Ledig" (s. d.).

Einfassung ist soviel als „Schildesrand" (s. d.).

Eingebogen siehe: „Gebogen".

Eingefasst oder „bordirt" heisst nach *Gatterer* eine Figur, welche am Rande mit Streifen oder Laubwerk geziert ist. *Gatterer* führt hierzu das bischöflich *Strassburg*'sche Wappen als Beispiel an, welches quadrirt ist und im zweiten und dritten Felde den landgräflich Elsässischen Schild, nämlich in Roth einen silbernen rautenkranzartig mit Gold längs seiner Ränder besetzten Schrägbalken enthält.

Ueberdem kann „eingefasst" auch noch heissen: mit einer „Einfassung" oder einem „Schildesrand" (s. d.) umgeben.

Eingeschaltet wollen Manche solche kleine Figuren genannt wissen, welche in den Winkeln eines Kreuzes schweben. Es ist jedoch richtiger das Kreuz von solchen Figuren begleitet zu nennen. — Siehe: „Begleitet".

Flotow —: in Roth ein Griechisches silbernes Kreuz, begleitet in jeder Ecke von einem goldenen Ring; *Machiavelli* —: in Silber ein blaues gemeines Kreuz, begleitet in jeder Ecke von einem blauen Nagel. Nach oben erklärter Auffassung würden diese Ringe und Nägel als den Kreuzen oder in die Ecken „eingeschaltet" bezeichnet werden.

Eingeschuppt siehe: „Ausgeschuppt".

Eisenhütlein kommen als gemeine Figuren, Heroldfiguren und auch zu Sectionen verwendet vor und werden in dieser letztgedachten Verwendung auch „Feh" genannt und zum Pelzwerk gezählt. In England kommt derartiges „Feh" in der Bedeutung von Pelzwerk allerdings vielfach in allerhand Tincturen und bunten Variationen, in ganz besondere Classen geordnet, vor. Bei uns in Deutschland jedoch ist die vielberegte Frage, ob und inwiefern die Eisenhütlein zum Pelzwerke zu rechnen seien, noch immer nicht zu vollständigem Austrage gediehen. Der verdienstvolle Forscher Fürst *Hohenlohe-Waldenburg* hat hierüber schätzenswerthe Untersuchungen angestellt. *Dr. v. Sacken* hält die Eisenhütlein für ein besonderes Muster, etwa so wie Schach, Rauten und so weiter, was allerdings Manches für sich hat. Wenn die stehenden Eisenhütlein blau und die gestürzten silbern sind, wie in *Fig. 53.*, so braucht dies als das Gewöhnliche nicht erst gemeldet zu werden.

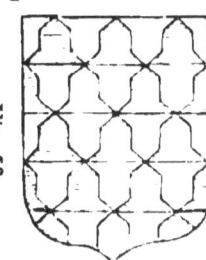

Fig. 53.

Fig. 53. *Verana*, desgleichen *Traisnel*, *Fleuille*, *Morgenne*, *Vaudragon*, *De Vichy*, *De Fresnoy*, sowie auch der Ritter von der Tafelrunde *Damatha de Visafalvont* (letzterer eben nur in der Phantasie der Französischen Zopfheraldiker *Faryn*, *Bara* und Consorten) —: Eisenhutschild. Die Franzosen blasoniren hier — wie fast immer — kurz: „N. N. porte de vair". Bei den Franzosen sind die Eisenhütlein in ihrer geziemenden Färbung blau und silbern, jedoch auch in anderen Tincturen sehr beliebt und finden wir da sogar viele Bilder, z. B. Löwen, Adler etc., mit gewöhnlichen Eisenhütlein tingirt.

Le Sire del Castelneuf, desgleichen *Monloir* —: in Roth ein Löwe von Eisenhütlein (gleichsam wie Tinctur behandelt); *Cresonsart*, desgleichen *Alpen* (letzterer bei *Siebmacher* II, 119 unter den Nieder-Rheinischen erwähnt, welche den Franzosen viel nachgethan haben) —: im Eisenhütleinfelde ein rother Löwe.

Die Eisenhütlein kommen jedoch noch in gar mancherlei variirten Formationen, ähnlich bisweilen den heraldischen „Wolken" (s. d.) vor, mit denen sie gleichen Ursprunges, wo nicht gar —

wenigstens im Mittelalter — identisch zu sein scheinen, wie wir denn finden, dass in dem Wappen eines und desselben Geschlechtes oft beliebig mit Eisenhütlein- und Wolkenformationen abgewechselt wird, was man namentlich aus älteren Darstellungen des *Oettingen*'schen und des *Haslang*'schen Schildes (— siehe *Fig. 41*, nebst Text dazu) abnehmen kann. Offenbar als Bild oder gemeine Figur, eine wirkliche eiserne Kopfbedeckung darstellend, erscheint der Eisenhut hier in *Fig. 54*. und zwar wiederum blau in Silber, in dem redenden Wappenschilde der *Enningen* genannt *Eisenhut*.

Fig. 54.

Uebrigens kommt der gemeinfigürliche Eisenhut in noch gar manchen Gestaltungen vor. Da jedoch weder der Raum, noch der Zweck dieses Buches ein Mehreres hierüber zu geben verstattet, so sei auf die trefflichen Notizen verwiesen, welche *Dr. von Mayerfels* in seinem bekannten „A.B.C-Buch" hierüber unter Beigabe vieler Anbildungen mittheilt. — Siehe auch: „Pfalfeh".

Eisenhutschnitt ist der „Cymbelschnitt" (s. d.).

Elephantenrüssel sollen „Büffelhörner" (s. d.) sein.

Elephantenschnauzen ist eine verwerfliche Bezeichnung für „Büffelhörner" (s. d.).

Elephantenzähne siehe: „Büffelhörner".

Engels-Kopf siehe: „Cherubs-Kopf".

Entgipfelt will *Bernd* für „Gestutzt" (s. d.) eingeführt wissen. Da jedoch der Ausdruck „gestutzt" bereits allgemein recipirt, auch hinreichend bezeichnend ist, so dürfte auch dieser *Bernd*'sche Neuerungsversuch, wie so viele andere Abmühungen dieses neuerungsdürstigen Mannes, als unbrauchbar und höchstens zur chaotischen Verwirrung in der heraldischen Terminologie noch mehr beitragend zu verwerfen sein. Man muss sich hier nur wundern, dass selbst bessere Köpfe durch derartige Nutzlosigkeiten sich auch mit verwirren lassen!

Erhöht siehe: „Erniedrigt".

Erniedrigt heisst eine Figur, wenn sie dem Schildesfusse näher gerückt ist, als ihr ordnungsgemäss zukommt. „Erhöht" als der Gegensatz hiervon erklärt sich hiernach von selbst. — „Erniedrigt" heisst insbesondere ein (alsdann auch etwas schmal dargestelltes) Schildeshaupt, wenn sich noch ein Platz von der Tinctur des Feldes über dem Schildeshaupte befindet. Das erniedrigte Schildsbaupt unterscheidet sich, — wenn es überhaupt mit Parallellinien gezogen ist, da es ja auch von Curven begrenzt sein könnte — von dem Balken nur dadurch, dass letzterer die Herzstelle (siehe: „Rechts") des Schildes einnimmt, das erniedrigte Schildeshaupt jedoch nicht so tief gelegt werden darf.

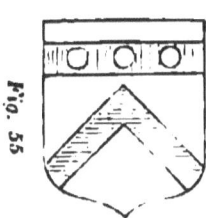

Fig. 55.

Fig. 55. De Bareilh —: in Silber ein blauer Sparren, darüber ein erniedrigtes rothes Schildeshaupt, belegt mit drei silbernen Kugeln oder Bällen.

Manche nennen ein solches mit geraden Linien, also balkenweise geschränktes erniedrigtes Schildeshaupt, einen „erhöhten Balken", was allerdings so ziemlich auf Eines herauskommen dürfte.

Erzbischöfliches Kreuz wird das „Patriarchenkreuz" (s. d.) auch mitunter genannt.

Faden ist ein schmaler, in minderhalber Breite, beziehentlich Höhe dargestellter Pfal, Balken oder Schrägbalken.

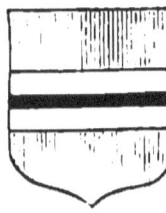 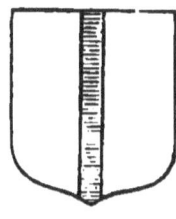 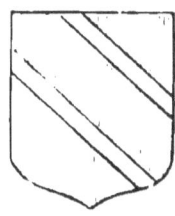

Fig. 56.　　　　　Fig. 57.　　　　　Fig. 58.

Fig. 56. Selbitz —: in Roth ein silberner, mit einem schwarzen Querfaden belegter Balken; *Fig. 57. Beckenstein* —: in Silber ein blauer Pfalfaden oder Stab; *Fig. 58. Schömberg* —: in Roth zwei schrägrechte silberne Faden. — Siehe auch: „Kreuzfaden" und „Beizeichen". — In der Zopfzeit machte man noch gar viele kleinliche und unpraktische Unterscheidungen bezüglich derartiger schmaler Heroldfiguren; jedoch alle Zerbündelungen, Zerstreifelungen, Zerfädelungen und sonstigen Zerzerrungen jener alten Schule hier durchzusprechen, wäre wahrlich die schnödeste Vergeudung von Platz und Zeit. Siehe übrigens noch: „Schmal."

Fänge werden die Krallen des Adlers genannt.

Fallende Blume heisst eine Blume dann, wenn ihr Stiel oder Stängel nach oben statt nach unten gewendet ist, so dass die Blume „gestürzt" erscheint. *Versoris* — : in Silber ein rother Balken, begleitet oder auch beseitet von drei fallenden blauen Aglei-Blumen. — Analog wird „fallend" unter obigen Voraussetzungen auch auf Früchte und Blätter angewendet.

Zoller — : in Gold eine fallende grüne Weintraube mit grünem Blatt am Stiele; *Thoisy* — : in Blau drei fallende goldene Eicheln.

Fallgatter siehe: „Schutzgatter".

Fasshelm siehe: „Topfhelm".

Faustkolben ist soviel als „Morgenstern" (s. d.).

Fechfell siehe: „Pelzwerk".

Federköcher oder „Federkörbe" sind Helmkleinode und zwar meistens Hilfskleinode in Gestalt köcher- oder korbähnlicher Behälter oder Fassungen für Federschmuck verschiedener Art.

Die Figuren 59 und 60 stellen Federköcher vor, beide sind wirkliche Hilfskleinode und zwar *Fig. 59.* das älteste *Querfurth*'sche (*Quernfort*'sche), *Fig. 60.* das *Wolff von Sponheim*'sche Kleinod, ersteres mit Blättern oder Rautenstängeln, letzteres mit Pfauenwedeln. Die Pfauenwedel pflegt man in der Zeichnung mit schrägrechten Strichen, wie Grün, zu schraffiren, in bunter Farbe jedoch bläulich und grünlich schillernd wie natürliche Pfauenspiegel darzustellen. Auch Straussen- und Reiherfedern kommen öfters auf derartigen Federköchern vor. Letztere heissen auch wohl „Eingefässe", (bei *Hoheneck*).

Federkörbe ist soviel wie „Federköcher" (s. d.).

Fehfell siehe: „Pelzwerk".

Fehwammen siehe: „Pelzwerk".

Feld heisst ein bestimmter Raum im Schilde, worin eine Wappenfigur, bestehe diese nun in gemeiner Figur, Heroldfigur, Schildestheilung oder nach Befinden sogar in blosser Tinctur (Letzteres

nämlich bei ledigen Schilden) sich befindet oder auch mehrere
tingirte Räume, dafern sie nur eine Figur oder mehrere dergleichen
gemeinschaftlich haben. Es ist demnach nicht jeder
Schild mit mehreren Plätzen (siehe: „Platz") desshalb zugleich
ein Schild mit mehreren Feldern; z. B. ein drei Mal von
zweierlei Tinctur getheilter oder gespaltener Schild hat vier
Plätze, welche eben die Wappenfigur der Section oder Schildestheilung
bilden, also nur ein Feld; ist jedoch ein Schild in
mehrere Abtheilungen dergestalt durchschnitten, dass in jeder
oder in einigen derselben besondere Wappenfiguren sich befinden,
so sind solche Abtheilungen Felder und nicht blose Plätze.

Fig. 61. Schönfels —: von Silber und Schwarz dreimal (rechts) geschrägt — ist nur ein Feld, in welchem die Section mit ihren vier Plätzen Wappenfigur bildet; *Fig. 62. Holtzendorf*, desgleichen *Tzöchaw* —: von Silber und schwarz quadrirt mit einem dazwischen geschränkten rothen Balken — oder: ein durch einen rothen Balken getheilter, von Silber und Schwarz quadrirter Schild. Hier ist zwar Section und Heroldfigur zugleich vorhanden, aber es gehört die Heroldfigur gleichermassen zu allen vier Plätzen der Section, so dass also auch hier wiederum nur ein Feld im Schilde sich befindet und den Wappenschild bildet. Hingegen:

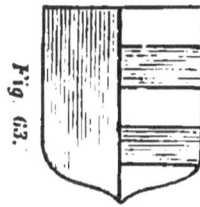

Fig. 63. Sahr —: gespalten; rechts oder vorn roth, links oder hinten in Silber zwei blaue Balken, was offenbar, wenn auch noch so einfach, zwei verschiedene Felder bildet, nämlich das einfürbige rothe und das mit besonderer Heroldfigur versehene silberne Feld.

Ferchfell siehe: „Pelzwerk".

Feuerbock wird der *Hatzfeld*'sche „Hausanker" (s. d.) von einem Ungenannten genannt.

Feuereisen soll „Feuerstahl" (s. d.) heissen; kommt bei *Siebmacher* vor.

Feuerstahl oder „Schurfeisen" kann vielleicht einen Feuerstahl, möglicherweise aber auch — wofür mehrere redende Wappen zu sprechen scheinen — ein zum Schürfen oder Schärfen der Hufe von Pferden u. s. w. gebrauchtes eisernes Instrument vorstellen sollen, kommt an der Ordenskette des goldenen Vlieses vor und hat in Wappen etwa die in den Figuren 64. und 65. abgebildete Gestalt.

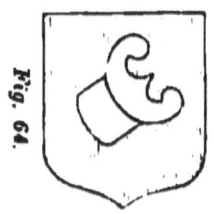

Fig 64. Schurfseysen —: in Roth ein schräg- (links) gestellter weisser Feuerstahl oder ein dergleichen Schurfeisen. — *Bogner* —: gespalten von Silber und Schwarz mit einem aufrechtstehenden Feuerstahl oder Schurfeisen in abwechselnden Tincturen; — *Eysen* —: in Blau die nämliche Figur silbern, begleitet oben und unten von je einem goldenen Stern.

Fig. 65. Schürf —: in Blau ein gelber doppelt durchbrochener Feuerstahl oder ein dergleichen Schurfeisen.

Figürliche Beizeichen siehe: „Beizeichen".
Figur siehe: „Gemeine Figur", „Heroldfigur" und „Wappenfigur".
Fischgeschwänzt werden Menschen- und Thiergestalten genannt, wenn sie in ihrer unteren und beziehentlich hinteren Hüfte in Fischschwänze anslaufen.

Fig. 66. Puttkammer, desgleichen *Rexin* —: in Blau ein oben rother, unten silbern fischgeschwänzter Greif. *Martin Schrot* nennt ein solches Thier einen „Mörwurm".

Das „Fischgeschwänzt" ist eine *species* von dem *genus* „Monströs" (s. d.); von dieser *species* aber gibt es wiederum mehrere *species* mit besonderen Bezeichnungen. — Siehe: „Melusine" und „Seelöwe".
Fischweiblein siehe: „Melusine".
Flämmlein siehe: „Thränen".
Flammen siehe: „Thränen". Einige von der alten Schule wollen auch die „Spitzen" als „Flammen" bezeichnet wissen.

Flammend wird die Sonne genannt, wenn mit und zwischen den geraden Strahlen derselben abwechselnd geflammte, gezüngelte Strahlen vorkommen. Auf derartige kleinliche Unterschiede hat übrigens erst die Neuzeit einen Werth gelegt; im Mittelalter führte man seine Sonne beliebig mit flammigen oder mit geraden oder mit beiderlei Strahlen, mit Blitz-Widerhaken dazwischen oder sonst wie beliebig dargestellt — wenn es nur. eben eine heraldische Sonne war. Jedoch muss dieser *terminus* beibehalten werden, damit man im concreten Falle so ein Ding kurz und bezeichnend nach seiner (zufälligen) Erscheinung ansprechen kann.
Flammenzug ist eine ältere Bezeichnung für die spitzenweise bewirkte Schildestheilung. — Siehe: „Spitzen".
Flitsch nennt man die an einem Pfeil unten angebrachten Flugfedern.
Waldaw —: in Roth ein goldener schräggeschränkter Pfeil mit silbernem Flitsch.
Flüchtig wird von dem Hirsch gesagt, wenn er in raschem Laufe mit einwärts gekrümmten Vorderbeinen dargestellt ist.
Wallwitz —: in Gold ein flüchtiger rother Hirsch.
Flug sind zwei mit einander verbundene Flügel, gewöhnlich Adlerflügel. — Der Flug wird „ausgebreitet" oder „offen" genannt, wenn die Flügel mit den „Sachsen" (s. d.) gegen einander oder einwärts gekehrt sind, so dass man beide Flügel, den einen rechts, den andern links in voller Gestalt sieht. „Geschlossen" dagegen ist der Flug, wenn die Flügel so neben einander stehen, dass der vordere Flügel den hinteren beinahe bedeckt. Es führen gegenwärtig in manchen Geschlechtern Beizeichens halber die Einen ihren Flug als Kleinod auf dem Helme offen, die Anderen geschlossen; allein auch der über dem gerade aufrecht stehenden Schilde und im Visir gesehenen Helme befindliche offene Flug muss, sobald der Helm von der Seite gesehen wird, wie dies bei gelehntem Schilde der Fall ist, alsdann als geschlossener Flug geführt werden. Das massgebende Mittelalter zeigt uns dies an hinreichend vielen Beispielen und der alte und uralte Adel würde wohl daran thun, hiernach sich zu richten.

Auch als Bild im Schilde kommen Flügel und Flug ziemlich oft vor.

Clodt, dessgleichen *Monnich* oder *Münch* —: in Silber ein rother offener Flug. — „Zum Fluge geschickt" wird ein

Vogel genannt, wenn er die Flügel zum Auffliegen ausbreitet. — Siehe auch: „Scherbvogel".

Fluss könnte man wohl einen wellenförmig gezogenen Balken, Schrägbalken oder Pfal dann nennen, wenn die Wellenform nicht bloss an seiner äusseren Begrenzung, sondern auch durch inwendig ersichtliche Conturen zur Darstellung gelangt, gleichsam mit damascirten Wellen gebildet ist. — Siehe: „Wellenschnitt" nebst *Fig. 303* dazu.

Frankise — alterthümliches Wort für Helleburde.

Französische Lilie ist ein unschicklicher Ausdruck für die heraldische Lilie. — Siehe: „Doppelte Lilie".

Französischer Schild wird jetzt allgemein, obschon nicht ganz treffend, der unten spitz ausgebogene Schild genannt, wie derselbe in vorliegendem Buche als gewöhnlicher Beispiels-Schild angewendet sich vielfach findet. Der Ausdruck kann beibehalten werden, weil er nun einmal allgemein verstanden und übrigens an sich ganz harmlos ist.

Freiecke will man die „Vierung" (s. d.) dann benennen, wenn sie nicht den (knappen) vierten, sondern nur den achten Theil des Schildes einnimmt. Bei *Rudolphi* heisst die Freiecke „lediger Winkel".

Freiviertel wird bisweilen die „Vierung" (s. d.), auch die „ledige Vierung" genannt.

Füllhörner werden die ornamentalen „Büffelhörner" (s. d.) mitunter, obschon nicht richtig genannt.

Fussbalken siehe: „Hauptbalken".

Fussgespitzt heisst der Pfal, wenn er unten, an seinem Fusse spitz ausläuft. — Siehe: „Zugespitzt".

Fusskreuz ist ein alter und gänzlich ungeschickter Ausdruck für „Tatzenkreuz" (s. d.).

Fusspfal siehe: „Hauptpfal".

Fussreihe siehe: „Rechts".

Fussstelle siehe: „Rechts".

Fussstück siehe: „Getheilt".

Gabel ist gleichbedeutend mit „Schächerkreuz".

Gabelkreuz verläuft an seinen vier Enden gabelförmig.

Buches —: in Schwarz ein silbernes Gabelkreuz.

Gabelstück ist soviel als „gefülltes Schächerkreuz". — Siehe: „Schächerkreuz".

Gang siehe: „Stehend".

Gebildet heissen die Halbmonde oder Mondsicheln, desgleichen Sterne, wenn sie menschliche Gesichter zeigen. Von der Sonne braucht „gebildet" nicht besonders gemeldet zu werden, weil diese gewöhnlich ein Gesicht hat. — Siehe: „Mittagssonne" und „Ungebildet".

Sterner von Misbrun —: in Silber ein silberner gebildeter Stern mit acht rothen Strahlenspitzen; *von der Pfordten* —: in Blau ein gestürzter gebildeter goldener Halbmond. Dass dieser Mond gestürzt ist, muss desshalb gemeldet werden, weil der Mond präsumtiverweise mit den Hörnern nach oben gerichtet ist.

Gebogen heissen Heroldfiguren oder überhaupt Linien, wenn sie in Curven gezogen sind. „Eingebogen" und „ausgebogen" erklären sich hiernach von selbst.

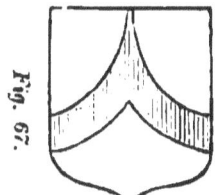

Fig. 67. *Gersnteberg*, desgleichen *Zeidlorn, Ebser von Ebs, Kirberg, Turndl* —: in Silber ein rother eingebogener Sparren. — *Rudolphi* nennt dies einen „ausgerundeten Sparrenstreif."

Gebrochen ist gleichbedeutend mit: „Zerbrochen" (s. d.); siehe auch: „Eckig gezogen".

Gecken werden auch bisweilen die „Puppen" (s. d.) genannt. Wir finden sie im Mittelalter oft humoristisch behandelt; daher wohl der Name „Gecken" sich rechtfertigen lässt.

Gedächtnisswappen ist ein Wappen, welches wegen vormaligen Besitzes, namentlich eines Landes oder einer Provinz noch immer beibehalten wird, wie dies in so vielen Länderwappen vorkommt. Siehe auch: „Anspruchswappen".

Gefüllt siehe: „Ueber einander gefüllt".

Gefascht — wahrscheinlich von dem Französischen Worte „*fasce*" d. h. Balken abgeleitet — brauchen ältere Heraldiker für: balkenweise getheilt.

Gefehet ist ein alter Ausdruck für ein mit Eisenhutsection (Feh) überzogenes Feld oder einen dergleichen Schild. — Siehe: „Eisenhütlein".

Geflschereckt wird mit einem alten, jedoch von einer neueren und besseren Bezeichnung keineswegs überflüssig gemachten Ausdrucke von einem Schrägbalken gesagt, wenn derselbe wie in *Fig. 68.* treppenstufenähnlich gestaltet ist.

Fig. 68.

Fig. 68. Heiligenberg —: in Silber schräglinks gefischereckt in vier Stücken (mit je drei Ecken an jeder Seite). Diese Figur ist neuerdings „Gezahnt" (s. d.) genannt worden, allein dieser Ausdruck ist erstens an sich gar nicht bezeichnend und zweitens existirt derselbe bereits für einen anderen heraldischen Begriff.

Gefluthet siehe „Wellenschnitt".

Gefusster halber Flug wird bei *Reinhard* für „Klauflügel" (s. d.) gebraucht.

Gegehrt soll nach *Bernd* für „schräglinks getheilt" gesagt werden, obschon *Bernd* selbst auch hier — wie immer — rechts und links in der Benennung verwechselt. — Siehe: „Geschrägt".

Gegen . . . . in Zusammensetzung mit Verbaladjectiven, welche Schildestheilungen bezeichnen, bedeutet, dass diese Schildestheilungen in abwechselnden Tincturen zu einander stehen.

Fig. 69.

Fig. 69. Knehem —: gepfält und gegengepfält fünf Mal von Schwarz und Silber. — Analog kommt auch getheilt und gegengetheilt gesparrt und gegengesparrt u. s. w. vor. — Vergleiche auch *Fig. 229* nebst Text dazu.

Gegen die Theilung (Spaltung) gekehrt nennt man in mehrfelderigen Schilden solche Figuren, namentlich Thiere, welche beide oder sämmtlich weder gleichmässig rechts, noch auch gleichmässig links gekehrt sind, sondern ein jedes nach der den Schild oder den betreffenden Theil des Schildes halbirenden Spaltungslinie sich kehren, mithin sich gegenseitig ansehen.

Waldstein —: quadrirt von Gold und Blau mit vier gegen die Theilung gekehrten Löwen in abwechselnden Tincturen, d. h. im ersten (rechts oberen) goldenen Felde ein blauer linkssehender, im zweiten (links oberen) blauen Felde ein goldener rechtssehender, im dritten (rechts unteren) blauen Felde ein goldener linkssehender und im vierten (links unteren) goldenen Felde ein blauer rechtssehender Löwe. — Im Mittelalter zog man es jedoch in derartigen Schilden, welche etwa gegen das Ende des XIV. Jahrhunderts aufkamen, vor, alle Thiere oder sonstige Figuren nach der Lehnung des Schildes und in aufrecht stehenden Schilden rechts anspringen zu lassen oder überhaupt rechts zu kehren.

Gegen einander gesetzte Eisenhütlein siehe: „Pfalfeh".

Gegenhermelin ist dann vorhanden, wenn in schwarzem Felde weisse oder silberne Hermelinschwänze sind. — Siehe: „Hermelin". Dergleichen ist bei den Franzosen, mehr aber noch bei den Engländern gebräuchlicher, als in Deutschland.

Gulielm —: in Silber ein Löwe von Gegenhermelin, d. h. ein schwarzer mit weissen Hermelinschwänzen besäeter Löwe; — *Jones* —: ein goldener Löwe in einem von Hermelin und Gegenhermelin linksgeschrägten Schilde.

Gegürtet nennt man ein Thier, welchem ein bunter Streif gleichsam wie ein Sattelgurt um den Leib gelegt ist; in Schlesien kommen derartige Thiere zumal oft vor.

Weissdorf —: in Roth ein silberner blaugegürteter Löwe; *Zybülka* —: in Roth ein silbernes schwarzgegürtetes muthiges Pferd; *Schwabsdorf* —: in Blau ein schwarzer silbergegürteter gehender Stier; *Glaubitz von Brüg* —: in Blau ein silberner rothgegürteter Fisch. — Diese Beispiele sind allenthalben von dem Schlesischen Adel entlehnt.

Gehäng soll nach *Jugenders* und Anderen der schrägrechte Balken genannt werden. Siehe: „Schrag".

Gehend siehe: „Stehend".

Gehr soll nach *Bernd's* Voschlag der schräglinke Balken, welchen zwar *Bernd* selbst irrig als schrägrechts bezeichnet, genannt werden. Man kann diese Bezeichnung um ihrer Kürze willen empfehlen. — Siehe: „Bandelier" und „Riemen".

Gekerbt ist soviel als geschuppt, wobei jedoch hinzugefügt werden muss, ob einwärts oder auswärts geschuppt damit gemeint sei. — Siehe: „Ausgeschuppt".

Gekerbter Balken ist ein älterer und untauglicher Ausdruck für den „Turnirkragen" (s. d.).

Gekoppelt nennt man zwei oder mehr Heroldfiguren der nämlichen Art, wenn sie unmittelbar, d. h. sich begrenzend neben oder über einander gestellt sind.

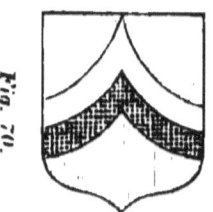

Fig. 70.

Fig. 70. von der Goltz —: in Roth gekoppelt ein silberner und ein schwarzer eingebogener Sparren (bisweilen auch „erniedrigt" dargestellt).

Gekraust sagt *Rudolphi* für „geschuppt". — Siehe: „Ausgeschuppt".

Gekrüpft oder „schmiegend" wird von einem vierfüssigen Thiere gesagt, wenn es in zusammengekauerter Position sitzt, wie dies namentlich bei Eichhörnchen und Affen in Schilden sowohl, als auch auf Helmen so oft vorkommt.

Schertel (auch *Schertelin*) *von Burtenbach* —: in Blau ein goldener gekrüpfter oder schmiegender Löwe, in der rechten Pranke einen silbernen Schlüssel, in der linken eine silberne Lilie haltend; *Beschwitz* —: auf dem Helme ein von Silber und Roth gespaltener gekrüpfter Löwe, in jeder Pranke drei schwarze Binsen haltend.

Gelängt wird von *Bernd* überflüssigerweise für „Gespalten" (s. d.) vorgeschlagen.

Gelehnt, d. h. schräg aufgestellt und zwar zumeist nach rechts hin, kommen auf Siegeln, Grabmälern und anderen Monumenten im Mittelalter wohl die meisten Schilde vor.

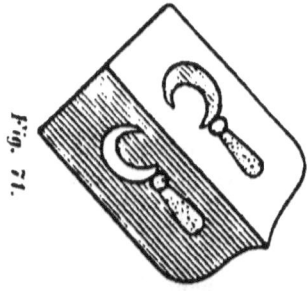

Fig. 71.

Fig 71 Tümpling (hier rechts gelehnt abgebildet) —: gespalten von Roth und Silber mit je einer goldbegrifften Sichel, deren mit den Spitzen gegen die Spaltung gekehrte Klingen in abwechselnden Tincturen.

Bei rechtsgelehnten Schilden steht der Helm rechtssehend am linken Obereck, wie bei *Fig. 42*, bei linksgelehnten aber linkssehend am rechten Obereck. — Die Schraffirung richtet sich bei gelehntem Schilde nach der Lehnung des Schildes, nicht aber nach den Rändern des Blattes Papir oder Stoffes, worauf der Schild abgebildet ist. *Dorst* und *Tyroff* sündigen viel gegen diese Elementarregel. — Ebenso haben sich Figuren, bei deren Stellung überhaupt das Rechts oder Links von Bedeutung ist, nach der Lehnung des Schildes zu richten; es ist z. B. lächerlich, in einem linksgelehnten Schilde ein Thier, etwa einen Löwen rechts anspringen zu lassen.

Wenn zwei zusammengehörige Schilde, wie z. B. bei „Heiraths- wappen" (s. d.) neben einander stehen, so lehnt man gerne den rechten Schild links und den linken rechts. — Die ebenso ungegründete, als unbegreifliche Ansicht gewisser Zopfheraldiker, dass die rechts gelehnten Schilde den Gelehrten zukämen, bedarf wohl kaum noch einer eingehenden Widerlegung und soll hier nur als ein *curiosum* erwähnt sein.

Gelöwet oder „aufrecht" wird der Leopard, da er in seiner normalen Stellung „gehend" ist, dann genannt, wenn er, wie der Löwe, nur auf den hintern Füssen steht und die vorderen ausstreckt oder „vor sich wirft". Im Mittelalter finden wir „gelöwet" und „leopardirt" bei Leoparden und Löwen willkürlich verwechselt, wofür noch heutzutage u. a. das *Sayn*'sche Wappenbild einen Beleg liefert, indem dasselbe bald einen eigentlichen Löwen, bald wiederum einen gelöwten Leoparden (golden in Roth) darstellt.

Raven —: in Silber ein naturfarbiger gelöwter Leopard, ein grünes Blatt im Rachen haltend.

Gemauert siehe: „Schwarzgemauert".

Gemeine Figuren oder „Bilder" werden zum Unterschiede von den „Heroldfiguren" (s. d.) alle in Wappen überhaupt vorkommende bildliche Darstellungen von wirklichen oder eingebildeten natürlichen sowohl, als auch künstlichen Gegenständen und zwar sowohl in ihrer gewöhnlichen, wirklichen, als auch in ihrer heraldisch-ornamentalen Gestaltung und Färbung genannt.

Gemeiner Kürsch ist gleichbedeutend mit Kürsch, d. h. „Pelzwerk" (s. d.).

Gemeines Kreuz ist Heroldfigur und entsteht durch Verschmelzung des Balkens und des Pfales zu einer Tinctur.

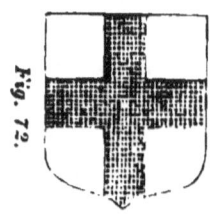

Fig. 72.

Fig. 72. Das Erzbisthum *Cöln*, desgleichen (nach *Martin Schrot*): das Bisthum *Costnitz*, ferner —: die Abtei *Fulda*, *Waldershausen*, *Elsholtz*, *Vaick*, *La Chapelle la Toussière*, *De Laye*, *Blemur*, *Perigné*, *Arnais*, früher auch der Deutschritter-Orden —: in Silber ein schwarzes gemeines (heroldfigürliches) Kreuz. — Früher führte auch die Stadt *Costnitz*, ehe sie das rothe Schildeshaupt dazu erhielt, den Schild wie *Fig. 72*.

Dass das Kreuz in seinen manchfach möglichen Variationen auch getheilt, gespalten, quadrirt, durchbrochen, belegt, gestückt, geschacht, geschindelt, schwebend u. s. w. vorkommen kann, versteht sich von selbst und braucht man desshalb nicht Dutzende von überflüssigen Namen für derartige Kreuze zu haben, ebenso wenig als man für andere Heroldfiguren in derartigen Fällen besondere Namen für nöthig gehalten hat.

Geplätzt ist bei *Bernd* das Nämliche, was Heraldiker als „Geschacht" (s. d.) kennen.

Gequert wird von *Bernd* für „Getheilt" (s. d.) vorgeschlagen.

Gerautet, auch „schräg geschacht" ist soviel als mittels Rautensection abgetheilt.

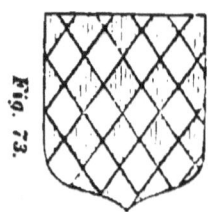

Fig. 73.

Fig. 73. *Grimaldi-Monaco*, desgleichen *Dün* oder *Dungen* genannt *von Stäin*, *Wegisheim*, *Windtsheim*, *Stettfurth*. *Fitzwilliam*, *Du Bec*, *Turpin de Crissé* —: gerautet von Roth und Silber.

Bodendorf —: in Blau ein von Silber und Roth gerauteter Löwe; *Wartenberg* —: ein goldener Löwe in einem von Blau und Silber gerauteten Felde.

Geru will *Dr. von Sacken* die „Spitze" (s. d.) oder Pyramide genannt wissen.

Geryons-Kopf — auch eine Rarität — ist ein menschlicher Kopf mit drei Gesichtern oder ein menschliches Brustbild mit drei aneinander befindlichen Köpfen.

Geschacht oder kurzweg „Schach" entsteht durch mehrfache Spaltung und Theilung mit je gleichviel Linien, wobei die Plätze in den Tincturen abwechseln.

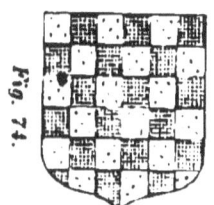

Fig. 74. *Prittwitz*, desgleichen *Briey*, *Amschwangk* —: geschacht oder ein Schach von Gold und Schwarz in 36 Plätzen. — Man findet nicht nur allerlei Heroldfiguren, als Balken, Pfäle, Sparren, Kreuze u. s. w. öfters geschacht, sondern auch sogar gemeine Figuren.

Printz, desgleichen *Serlin* —: in Silber ein von Roth und Gold geschachter Löwe; *Raymund* —: ein schwarzer Löwe in einem Schach von Silber und Roth. —

Man nennt das Schach „verschoben" wenn die Quadrate nicht von durchgehend gekreuzten Linien begrenzt werden, sondern wie Mauersteine mit verwechselten Fugen ähnlich wie beim „Schwarzgemauert" zu einander stehen. Einige wollen die so entstandenen Vierecke „Quaderstücke" genannt wissen. Uebrigens können hier, um Verwechslungen zu vermeiden, die Artikel „Gerautet" und „Geschindelt" verglichen werden.

Geschändet nannten die alten Heraldiker einen an Schwanz und Ohren gestümmelten Hund. — Siehe: „Gestümmelt".

Geschärpt ist ein seltener und überdem veralteter Ausdruck für „rechts geschrägt".

Geschindelt, auch „geziegelt" und „schmal geschacht" genannt, entsteht dadurch, dass der Schild oder das Feld in mehr Plätze gespalten, als getheilt wird (stehend geschindelt), oder umgekehrt in mehr Plätze getheilt, als gespalten wird (liegend geschindelt), wobei die Plätze wie bei dem Schach in den Tincturen abwechseln. Uebrigens kann auch schräg geschindelt werden.

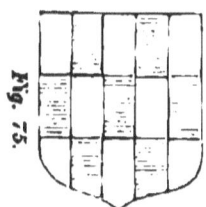

Fig. 75. *Borschnitz* —: stehend geschindelt mit 15 Plätzen von Silber und Blau, nämlich vier Mal gespalten und zwei Mal getheilt von Silber und Blau, wodurch eben die stehende Schindelung bewirkt wird.

Wenn jedoch nur ein Mal getheilt und mehrere Male gespalten ist, so entsteht „gepfält und gegengepfält", und umgekehrt wenn nur ein Mal gespalten und mehrere Male getheilt ist, so entsteht „getheilt und gegengetheilt". — Siehe: „Gegen . . . ."

Geschnitten will *Schumacher* für schrägrechts getheilt gesagt wissen, wogegen „durchzogen" für schräglinks getheilt gelten soll.

Geschrägt soll nach *Bernd* für schrägrechts getheilt gesagt werden, wobei jedoch *Bernd* selbst in der Benennung rechts und links verwechselt. — Siehe auch: „Gegehrt".

Geschränkt heisst soviel als gelegt und zwar in einer bestimmten Richtung in den Schild gelegt.

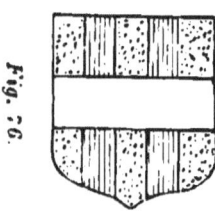

Fig. 76.

Fig. 76. *Vitzthum von Eckstedt* — : in Gold zwei rothe Pfäle mit einem darüber geschränkten silbernen Balken.

Die Sächsischen und *Pappenheim*'schen rothen Churschwerter sind im *Andreas*-Kreuz über den von Schwarz und Silber getheilten Schild geschränkt.

Ein doppelter Löwenzogel wird ein „doppelt geschränkter" Zogel genannt.

Das Königreich *Böhmen* — : in Roth ein silberner Löwe mit doppelt geschränktem Zogel.

Geschränkte Farbe ist eine in ältern Diplomen und andern Blasonnirungen öfters zu findende Bezeichnung für „Abwechselnde Tincturen" (s. d.).

Geschunden nannten die Zopfheraldiker einen Wolf dann, wenn er roth tingirt ist.

Das Bisthum *Passau*, desgleichen *Lamprecht* — : in Silber ein rother zum Raub geschickter Wolf.

Ein würdiges Seitenstück zu dem schundigen Ausdruck „geschunden" ist „Gesotten" (s. d.).

Geschuppt — hier in anderer Bedeutung gebraucht, als bei „Ausgeschuppt" (s. d.) etc. — ist soviel als mit Schuppen belegt,

Fig. 77.

was bei den Fischen, bei den Schwänzen fischgeschwänzter Figuren, bei Drachen und andern derartigen Objecten mitunter vorkommt und zwar bisweilen in abstechenden Tincturen, bisweilen aber auch — wie bei *Fig. 77* — in der Weise von „Schwarzgeschuppt" (s. d.).

Fig. 77. Tettenbach — : in Silber ein rother schwarzgeschuppter schrägrechter Balken.
Vergl. auch *Fig. 66.* nebst Text dazu.
Geschweifte Spitze erklärt sich aus der Darstellung in *Fig. 78.* ohne weitere Definition.

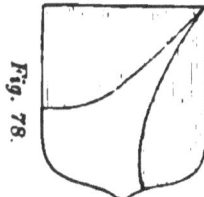

Fig. 78. Blankenstein — : in Roth eine geschweifte schräglinke oder eine schräglinks geschweifte Spitze von Silber. Man kann diese Spitze auch als eine eingebogene bezeichnen.

Gesellschaftswappen sind die Wappen von juristischen Personen als solchen und andern Gesellschaften und Verbrüderungen, welche Wappen der Corporation als solcher, nicht aber den einzelnen Mitgliedern in derselben zustehen. Hieher gehören z. B. die Wappen von Universitäten, Facultäten, früher auch die der adeligen Genossenschaften und der Turnirgesellschaften, wobei zu bemerken ist, dass die Wappenschilde von derartigen adeligen Verbindungen jedes einzelne Mitglied zwar nicht zum Siegeln, wohl aber auf dem Halskleinode des Helmes führen konnte — — und dies scheint der ursprüngliche Zweck des Halskleinodes zu sein.

Gesenkt soll — wie *Reinhard* will — von einem sechsstrahligen Sterne dann gesagt werden, wenn nur zwei Strahlen in die Höhe gerichtet sind. Siehe auch noch: „Untergehend".

Gesotten wollen gewisse Heraldiker verschollenen Angedenkens den Krebs dann genannt wissen, wenn er roth tingirt ist. Man darf wohl dagegen stimmen, indem ja „roth" kürzer, auch nicht so urkomisch, als das hausbackene Wort „gesotten" ist.

Krebs, desgleichen *Turber, Raczek, Ditten, Melem* — : in Silber ein senkrecht (in der Pfalstelle) stehender rother Krebs. — Ein ebenbürtiges Seitenstück zu „Gesotten" ist „Geschunden" (s. d.).

Gespalten wird ein Schild oder ein Feld durch senkrechten Schnitt. Es ist selbstverständlich, dass die Spaltung ebenso wie die Theilung hinsichtlich ganzer Felder oder Schilde ebenso wie auch an einzelnen Figuren einfach und mehrfach stattfinden kann.

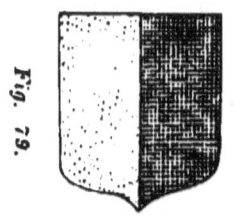

Fig. 79.

Fig. 79. Warttenberg, desgleichen *Steckborn, Fridtingen, Buchwitz, Rumelsheim, Heideck* —: gespalten von Gold und Schwarz.

Radenhausen —: in Silber ein von Roth und Schwarz gespaltener Adler; *Prewalt* —: in Blau ein von Gold und Roth gespaltener (sechsstrahliger) Stern; *Wendt* —: in Gold drei von Blau und Silber gespaltene gemeinfigürliche Eisenhüte, bisweilen mit rothen Sturmriemen daran. Vergl. auch noch *Fig. 135.* nebst Text dazu.

Gespalten und halbgetheilt wird ein Schild oder ein Feld durch Spaltung und überdem noch durch Theilung der linken oder hinteren Hälfte.

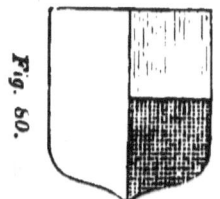

Fig. 80.

Fig. 80. *Harras* —: gespalten und halbgetheilt von Silber, Roth und Schwarz. Es kommen derartige Sectionen selbstverständlicherweise auch schräg vor.

Gespindelt ist soviel als „Geweckt" (s. d.).

Gespiessruthet wurde früher zuweilen ein mit mehreren „Stäben" (— siehe „Stab" —) oder „Ruthen" überzogener Schild oder dergleichen Feld genannt.

Schaffgotsch, desgleichen *Gotsch*, *Dallwitz* —: vierfach roth (d. h. mit vier rothen Stäben) gespiessruthet in Silber.

Gespitzter Sparren ist ein alter und verwerflicher *pleonasmus* für „Sparren" (s. d.), denn wenn der Sparren einmal ausnahmsweise oben flach abgeschnitten, also nicht gespitzt ist, so heisst er eben mit einem besonderen Ausdrucke ein „gestutzter" Sparren.

Gesprenkelt nannten einige Zopfheraldiker Das, was Sachverständige „Damascirt (s. d.) nennen. In der „Adels-Zierde" wird „gesprenkelt" noch für verschiedene andere, einander gar nicht einmal ähnliche Dinge gebraucht.

Geständert heisst: durch „Ständerung" (s. d.) getheilt.

Gestänge siehe: „Hirschgestänge".

Gestelnt ist ein alter Ausdruck für „Geweckt" (s. d.), desgleichen für „Gerautet" (s. d.).

Gestückt oder „zusammengesetzt" heisst eine wechselsweise und

— 51 —

gleichmässig aus zwei Tincturen, gewöhnlich aus Farbe und Metall bestehende Figur; Heroldfiguren, als Balken, Pfäle, Sparren, Schildesränder, u. s. w. findet man öfters „gestückt".

Fig. 45.

Fig. 81. Tagsternen —: in Blau ein goldener Stern, mit einem von Roth und Gold gestückten Schildesrande. — Dass der Stern sechsstrahlig ist, braucht nicht gemeldet zu werden, weil in der Deutschen Heraldik der Stern als ein sechsstrahliger präsumirt wird; bei den Franzosen hingegen ist der gewöhnliche Stern fünfstrahlig. —

Burggrafen von *Nürnberg* (jetzt noch im königlich Preussischen Wappen enthaltenes Feld), desgleichen *Alsace-Flandres* —: in Gold ein schwarzer Löwe, mit einem von Silber und Roth gestückten Schildesrande.

Gestümmelt heisst ein Mensch oder ein Thier, wenn ihm zu seiner normalen Beschaffenheit gehörige Theile, als z. B. Gliedmassen Zähne, Schnabel, Zunge, Klauen, Schweif u. dergl. fehlen und es muss hierbei gemeldet werden, an was die betreffende Figur gestümmelt ist, d. h. was ihr fehlt. Gestümmelte Adler erscheinen gewöhnlich mit gesenkten Flügeln.

Geroltowsky —: in Silber ein schwarzer am Kopf gestümmelter Adler (d. h. Adler ohne Kopf); *Velen* —: in Gold drei rothe an Füssen und Schnäbeln gestümmelten Enten *(canettes)* in der Schildesstrasse oder zur Bandstelle, Mittelstelle des Schildes.

Besondere Stümmelungen siehe unter „Geschändet" und „Ungeziert"; siehe auch „Amsel" und „Rümpfe".

Gestürzt, bisweilen auch „niederwärts gekehrt" heisst eine Figur oder auch ein ganzer Schild, wenn die Figur oder der Schild mit der oberen Seite nach unten und so umgekehrt zu stehen kommt. Unter den Heroldfiguren kommt am meisten der Sparren gestürzt vor.

Fig. 82. Rink von Baldenstein —: in Silber ein gestürzter betagleuchteter schwarzer Thurm.

Manche Figuren haben als gestürzte ihre besonderen Namen, z. B. eine gestürzte Gabel ist ein Göppel, ein gestürzter Mantelzug ist ein Taschenzug; siehe auch: „Fallende Blume".

— 52 —

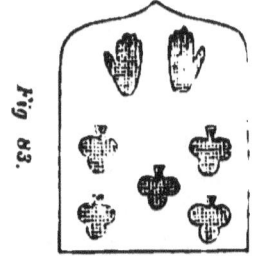

Fig. 83.

Gestürzte Schilde wurden zuweilen auf Grabdenkmälern der Letzten ihres Stammes angebracht.

Fig. 83. Chamisso (im gestürzten Schilde dargestellt) —: in Silber 5 im *Andreas-Kreuz* (2. 1. 2.) gestellte schwarze Kleeblätter, darunter zwei niederwärts gekehrte (im gestürzten Schilde aber wieder aufrecht erscheinende) Hände.

Gestürztes Pfalfeh siehe: „Pfalfeh".

Gestuft siehe: „Mauergiebel".

Gestutzt wird von solchen Figuren, welche in ihrer normalen Darstellung in spitze Ecken auslaufen, wie z. B. die Spitze, der Sparren, dann gesagt, wenn die spitze Ecke abgeschnitten und statt ihrer sonach eine flache, horizontal laufende Begrenzung der Figur bewirkt worden ist.

Rochefoucault —: neun Mal getheilt von Silber und Blau darübergezogen drei rothe Sparren, der oberste Sparren gestutzt.

Getheilt (quergetheilt) wird ein Schild oder ein Feld durch wagerechten Schnitt.

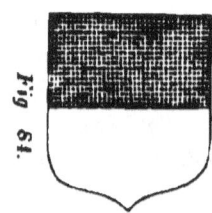

Fig. 84.

Fig. 84. Linstow, desgleichen *Schenk von Gayren, Bardeleben, Bendeleben, Aheim, Wieland, Rädwitz, Emmershofen, Clingenberg, Canton Freyburg* —: getheilt von Schwarz und Silber.

Dass die Theilung auch eine mehrfache sein und auch an gemeinen Figuren vorkommen kann, ist selbstverständlich.

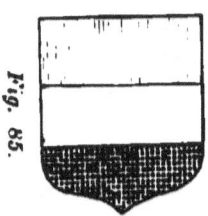

Fig. 85.

Fig. 85. Falkenstein, desgleichen *Machwitz, Bischoffsheim, Göstnitz, Neu-Bechburg, Guffidaun, Salchingen zu Mülldorf, Sparrenberg, Hundoltzhausen, Peryles, Nusslingen* —: getheilt von Roth, Silber und Schwarz; überflüssig wäre es hier zu sagen: „zwei Mal getheilt", da sich dies bei drei so ohne weiteren Zusatz genannten Tincturen vonselbst versteht. Dies jedoch „drei Mal" getheilt zu nennen, ist offenbar fehlerhaft, obschon es leider oft in Büchern und Schriften vorkommt. Bei allen Theilungen und Spaltungen

— 53 —

werden nämlich nicht die Plätze, sondern die Theilungs- und Spaltungslinien gezählt.

Noch sei bemerkt: in obiger *Fig. 85.* würden ältere Heraldiker den obersten (rothen) Platz das „Hauptstück", den silbernen das „Mittelstück" und den schwarzen das „Fussstück" nennen.

Von getheilten gemeinen Figuren mögen einige Beispiele hier Platz finden: *Schönberg,* desgleichen *D'Halluin* —: in Gold ein von Roth und Grün getheilter Löwe; *Mengershausen* —: in Silber ein von Roth und Schwarz getheilter Löwe; *Heringen* –: in Silber ein von Schwarz und Roth getheilter Löwe; *Tizé* —: in Silber ein von Schwarz und Roth getheilter goldenbewehrter Löwe; *Mettich-Tchetschau* (Stammschild) —: in Silber ein von Blau und Roth getheilter Löwe; *Castelwarth* —: in Silber ein von Grün und Roth getheilter Löwe; Herrschaft *Pleissen* —: in Blau ein von Gold und Silber getheilter Löwe; *von der Vorst* —: in Grün ein von Silber und Roth getheilter Löwe.

Getheiltes Schildeshaupt ist von dem „überstiegenen" und dem „unterstützten" Schildeshaupte dadurch unterschieden, dass bei dem getheilten Schildeshaupte beide Tincturen gleichviel Platz einnehmen. — Siehe: „Ueberstiegen" und „Unterstützt".

Getheilt und halbgespalten wird ein Schild oder Feld durch Quertheilung und überdem noch durch Spaltung der unteren Hälfte.

Fig. 86. Gersdorf, desgleichen *Parsberg* —: getheilt und halbgespalten von Roth, Silber und Schwarz.

Solche Sectionen kommen auch schräg vor.

Geviert ist „Quadrirt" (s. d.).
Geviertelt soll „Quadrirt" (s. d.) heissen.
Geweckt oder „gespindelt" heisst ein wecken- oder spindelförmig abgetheilter Schild oder dergleichen Feld; es kann aufrecht, quer und schräg geweckt werden.

Fig. 87. Königseck —: schräg (links) geweckt oder gespindelt von Gold und Roth. — Siehe auch: „Wecken" und „Gerautet".

Die Plätze in solchen Schilden brauchen nicht

einer bestimmten Zahl nach angegeben zu werden, da es ja ohnehin nicht füglich geschehen kann, bei verschiedenen Schildformen z. B. in der Tartsche, gleichviel Plätze bei gleichen Grössenverhältnissen anzubringen; so ist es z. B. geradezu zopfig, von dem Bayerischen Weckenschilde zu behaupten, dass er just 21 Wecken haben müsste.

Gewehr ist ein veralteter und überhaupt unpassender Ausdruck für „Bewehrung" (s. d.).

Gewölbt sagt *Rudolphi* für „gefluthet". — Siehe „Wellenschnitt".

Gewürfelt ist soviel als „Geschacht" (s. d.).

Gewundenes Kreuz wird auch das „Seilkreuz" (s. d.) genannt.

Gezaddelt werden die Helmdecken genannt, wenn sie an den Rändern mit Schuppen, Spitzen und anderen dergleichen Mustern ausgeschnitten sind, wie sie in dieser Weise im XIV. und XV. Jahrhunderte oft vorkommen. (*Fig. 288.*)

Gezahnt oder gezähnelt ist soviel als: mit sehr kleinen Spitzen besetzt, getheilt, gespalten. u. s. w.

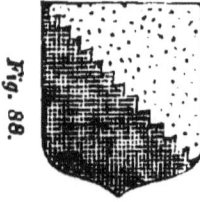

Fig. 88.

Fig. 88. *Sigmar* —: von Schwarz und Gold schräg (rechts) gezähnelt oder im Zahnschnitt getheilt.

Siehe auch: „Spitzentheilung", desgleichen *Fig. 264.* nebst Text dazu.

Geziegelt ist soviel als „Geschindelt" (s. d.).

Gezimiret oder geziemiret, d. h. mit dem Helmkleinod („Cimier" — s. d. —) geschmückt, ist ein uralter, schon bei den Minnesängern vorkommender Ausdruck.

Gezinnet siehe: „Zinne".

Gilgen wird die Lilie bei *Martin Schrot* genannt.

Gipfel heisst ein schmales Schildeshaupt, d. h. ein solches, welches auffällig weniger, als den dritten, etwa nur den sechsten Theil der Schildeshöhe einnimmt; denn auch das eigentliche Schildeshaupt ist um eine Kleinigkeit niedriger und schmäler als ein richtig abgemessenes Schildes-Drittel.

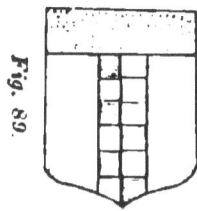

Fig. 89. Liebeck — : in Roth ein in zwei Reihen fünf Mal (also mit 12 Plätzen) von Blau und Silber geschachter Pfal, darüber ein goldener Gipfel.

Gitter ist Heroldfigur und entsteht aus Zusammenkunft mehrerer schräger oder auch quer und senkrecht geschränkter Kreuzfaden. — *Siebmacher* braucht hierfür den Ausdruck „Netz".

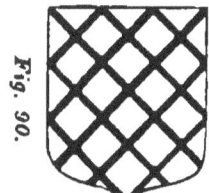

Fig. 90. Hohenstein, desgleichen *Humières* — : in Silber ein schwarzes liegendes Gitter oder Schräggitter; *Marschall von Biberstein* — : in Silber ein schräges rothes Gitter (rothes Schräggitter); *Longuesielle* — : in Gold ein blauer silbern schräg gegitteter Löwe.

Aus queren und senkrechten Faden entsteht das **aufrechte Gitter**.

Gleve ist der in den Rheinländischen Gegenden bräuchliche Ausdruck für die Lilie und bedeutet ursprünglich eine Lanze. — Siehe: „Doppelte Lilie".

Glocke oder „Bart" eines Vogels ist das ihm an der Kehle herabhangende Säcklein oder sein Kropf.

Dettelbach — : in Silber ein blauer, rothbekammter und rothbeglockter Auerhahnkopf mit Hals; *Vaugné* — : in Blau ein silberner, rothgekammter und rothgeglockter Hahn.

Gnadenwappen sind solche Wappen, welche den betreffenden Inhabern als Zeichen besonderer kaiserlicher und landesherrlicher Gnade, also als Auszeichnung verliehen worden sind. So kommt z. B. bei Standeserhöhungen bereits adeliger Personen oder Geschlechter und damit verbundenen sogenannten Verbesserungen und Vermehrungen (— könnte manchmal heissen: Verballhornungen und Ueberladungen —) die Verleihung des kaiserlichen oder landesherrlichen Stamm- oder Hauptwappens in den zu verbessernden und zu vermehrenden Schild öfters vor. Der ganze und der halbe Reichsadler (schwarz in Gold) werden hierbei sehr in Anspruch genommen, obschon bei Erhebungen in den Grafen-

stand auch zuweilen der Löwe als Symbol der Grafenwürde *(dominium)*
figurirt, wie z. B. in dem fürstlich *Auersperg*'schen Wappen im
silbernen Mittelschilde der rothe Löwe. Den ganzen und den
halben Adler in Städtewappen kann man in vielen Beispielen
beisammenfinden bei *Siebmacher* I, 219 ff.
Hier folgen noch einige Beispiele von Gnadenwappen: Fürst
Blücher von Wahlstatt, Graf *Neidhardt von Gneisenau* und Graf
von Schlieben erhielten den Preussischen Adler (schwarz in Silber),
als Gnadenwappen ihren Wappen einverleibt. Der Herzog *von
Leuchtenberg*, Fürst *von Eichstädt*, erhielt einen blauen Mittelschild mit einer goldenen Krone in sein Wappen als ein Gnaden-
zeichen von dem König von Bayern; Graf *Pückler-Groditz*,
Pappenheim, *Dellbrück*, *Dewald* —: den kaiserlichen Adler als
Gnadenwappen.

Göppel ist das gestürzte Schächerkreuz.

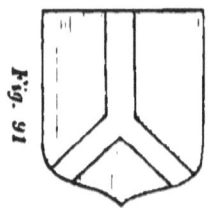 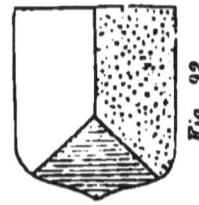

Fig. 91. Kfeller —: in Roth
ein silberner Göppel. In Göppelstellung findet man fast ebenso oft als im „Schächerkreuz"
(s. d.) drei Figuren zusammen-
geschränkt.

Göppeltheilung ist die aus dem „Göppel" (s. d.) construirte und
in *Fig. 92.* dargestellte Section.

Fig. 92. Haldermannstätten —: Göppeltheilung von Silber
Blau und Gold.

Gotteslamm siehe: „Osterlamm".

Grauwerk ist eine von den vielen Benennungen für das gemeine
„Pelzwerk" (s. d.).

Griechisches Kreuz ist aus dem gemeinen Kreuz durch Abledigung
desselben entstanden und wird bei *Spener* „ab-
gekürztes Kreuz" genannt.

Fig. 93. Königreich *Griechenland*, desgleichen
St. Gelais —: in Blau ein silbernes Griechisches Kreuz.

Die *Schweiz* —: in Roth ein silbernes Griechisches Kreuz.

Grimmen siehe: „Zum Grimmen geschickt".
Grimmig wird der Eber oder die Wildsau in aufgerichteter Stellung genannt.
Bassewitz, desgleichen *Schweinböck, Eberbach, Everde* —: in Silber ein schwarzer grimmiger Eber.
Gross ausgespitzt — siehe: „Eckig gezogen".
Gürtel ist einer von den verschiedenen überflüssigen Ausdrücken für „Balken" (s. d.).
Gürtelreihe siehe: „Rechts".
Gürtelstelle siehe: „Rechts".

Hängel nennt man die herunterhangenden Stücke der Kirchenfahne — siehe *Fig. 129* —, sowie auch bisweilen die „Lätze" (s. d.) des Turnirkragens.
Hakenkreuz gehört zu den selteneren Figuren und hat etwa die Gestalt wie in *Fig. 94*.

Fig. 94. Cuntzler —: in Roth ein silbernes Hakenkreuz auf grünem Büchel. — Dass der Büchel im Schildesfuss steht, braucht nicht gemeldet zu werden; wäre er aber schwebend — wie *Fig. 39* —, so müsste man dies melden.

Halb im Unterschiede von „Wachsend" (s. d.) heisst ein Bild, namentlich ein Thier, wenn es mitten im Felde, also nicht aus einer Theilungslinie oder Heroldfigur hervorgehend, nur mit seiner oberen, abgeschnittenen Hälfte gesehen wird.

Fig. 95. Goldaxt —: in Grün ein goldener halber Stier; *Lowtzow* —: in Silber ein rother halber Hirsch; *Barnekow* —: in Silber ein rother halber Widder.
Vergl. auch *Fig. 223*. — „Halber Adler" (s d.) ist jedoch wieder etwas Anderes.
Halber Adler ist ein in seiner rechten oder linken Hälfte an der Spaltungslinie befindlich gesehener Adler. Nicht zu verwechseln

hiermit ist der „wachsende" Adler, welcher zumal öfters als Kleinod vorkommt.

Halber Flug wird ein einzelner Flügel, gleichviel ob im Schilde oder auf dem Helme befindlich, genannt.

Halbe Zirkel sollen Seeblätter sein, siehe: „Seeblatt".

Halbgekrücktes Kreuz siehe: „Krückenkreuz".

Halbgespalten und getheilt wird ein Schild oder ein Feld durch Theilung und überdem durch Spaltung der oberen Hälfte.

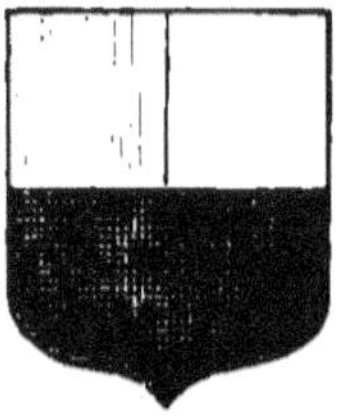

Fig. 96.

Fig. 96. Wittern, desgleichen *Volstett* —: halbgespalten und getheilt von Roth, Silber und Schwarz. —

Derartige Sectionen kommen auch schräg vor.

Halbgestänge ist ein halbes Hirschgeweih, d. h. ein einzelnes Hirschhorn.

Liebenau, desgleichen *Blanckenburg, Behem von Adelshausen, Vogt von Sumerau* —: in Gold ein schwarzes umgebogenes Hirschgestänge.

Halbgetheilt und gespalten wird ein Schild oder Feld durch Spaltung und überdem noch durch Theilung der rechten oder vorderen Hälfte.

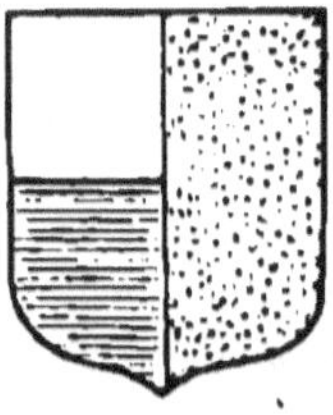

Fig. 97.

Fig. 97. Fünfkirchen —: halbgespalten und getheilt von Silber, Blau und Gold.

Auch schräg kommen solche Sectionen vor.

Halbrunder Schild wird der sogenannte „Spanische" Schild mitunter genannt. — Siehe: „Spanischer Schild".

Halsgekrönt nennt man Thiere, z. B. Löwen, Hunde, Kraniche, in England besonders oft als Wappenhalter gebrauchte Thiere, welche mit einer Krone am Halse umgeben sind.

Siegenheim —: in Roth zwei silberne halsgekrönte Kraniche neben einander.

Halskleinod, Lateinisch „monile", ist das an einem Bande oder an einer Kette gewöhnlich am Kleinodhelme hangende Medaillon und mochte wohl öfters das Abzeichen oder Wappen derjenigen adeligen Genossenschaft oder Turnirgesellschaft enthalten, zu welcher der Inhaber des betreffenden Helmes gehörte. Gegenwärtig darf das Halskleinod, obschon es seine Bedeutung verloren hat, wohl kaum an einem Helme mehr fehlen.

Hand, ohne besonderen Beisatz, ist eine aufrechte, flache, von innen, d. h. mit dem Handballen, gesehene Hand.

Gieser —; in Roth eine silberne Hand, belegt mit einem rothen Kreuzlein; *Zehrer von Ramsenthal* —: in Roth eine silberne Hand.

Hangender Flügel ist ein mit den „Sachsen" (s. d.) aufwärts gerichteter Flügel.

Fig. 98.

Fig. 98. Schenk aus der Au, desgleichen *Soneck, Uben, Werner von Waldeck* (Letzterer laut des Constanzer Concilium-Buches) —: in Schwarz ein goldener hangender Flügel. — Der hangende Flügel erscheint mitunter noch besonders ausgeziert, mit einem Kopfe versehen und dergleichen mehr, wie z. B. der Flügel in *Fig. 99*.

Fig. 99.

Fig. 99. Ehrenberg —: in Silber ein mit einem goldenen Halbmonde belegter, an den „Sachsen" (s. d.) rechts in einen zurücksehenden Vogelkopf, links in ein Kleeblatt endender hangender rother Flügel.

Auch gestürzt, d. h. mit den Sachsen nach unten gekehrt, kommt der hangende Flügel, obschon seltener vor.

Peringen — in Silber ein gestürzter schwarzer hangender Flügel; *D'Osmond* —: in Roth ein gestürzter hangender Hermelin-Flügel (d. h. ein silberner mit Hermelinschwänzen besäeter Flügel).

Hangende Spitze ist eine zu empfehlende Bezeichnung des *Rudolphi* für *Fig. 258*.

Harpyie ist soviel als „Jungfrauenadler" (s. d.).

Haube oder „Kappe" ist der Ueberzug, welchen man öfters über die Augen des Falken gezogen sieht.

Waldeckh, einer von den „vier Knechten" des Reiches (bei

Grünenberg) —: auf dem Helme ein goldener zum Fluge geschickter Falke mit rother Haube, oder ein rothbekappter Falke.

Hauptablanger Streif wird bei *Rudolphi* der „Hauptpfal (s. d.) genannt.

Hauptbalken ist die Vereinigung des Schildeshauptes mit einem Rechtbalken oder einem Linkbalken zu **einer** Tinctur.

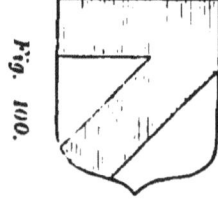

Fig. 100.

Fig. 100. Wisbeck —: in Silber ein rother schräglinker Hauptbalken. Der „Fussbalken" erklärt sich hiernach wohl ohne besondere Definition vonselbst. — *Fig. 100.* wird bei *Rudolphi* „hauptlinker Streif" genannt.

Hauptgespitzt ist der Pfal, wenn er nach oben in eine Spitze ausläuft.

Hauptpfal ist die Vereinigung des Schildeshauptes mit dem Pfal in **einer** Tinctur.

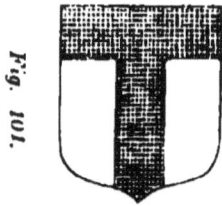

Fig. 101.

Fig. 101. Mendorf, desgleichen *Marzell* —: in Silber ein schwarzer Hauptpfal.

Der „Fusspfal" bedarf hiernach, als aus dem Vorstehenden sich vonselbst erklärend, weiter keiner besonderen Beschreibung.

Hauptreihe siehe: „Rechts".
Hauptschild siehe: „Rückenschild".
Hauptschnitt wird bei älteren Heraldikern die Schildesspaltung genannt. — Siehe: „Gespalten".
Hauptsparren ist die Vereinigung des Schildeshauptes mit dem Sparren zu **einer** Tinctur.

In dem *Windischgrätz*'schen Wappenschilde kommt in silbernem Felde eine solche Vereinigung einer schwarzen Sparrenstütze mit einem schwarzen Schildeshaupte vor und könnte man daher diese Figur — um recht sicher zu gehen — als „Hauptsparrenstütze" ansprechen.

Hauptstelle siehe: „Rechts".
Hauptstück nennen *Böckler* und Consorten das „Schildeshaupt" (s. d.); siehe auch: „Getheilt".

— 61 —

Fig 102.

Hausanker, auch „doppelter Hausanker", ja sogar „Feuerbock" genannt, ist ein dem „Mühleisen" (s. d.) und der „Doppelhafte" (s. d) ähnliches Bild.

Fig. 102. Hatzfeld (Stammschild) —: in Gold ein schwarzer Hausanker oder doppelter Hausanker. Derselbe wird bisweilen auch in der nämlichen Stellung wie die Doppelhafte in *Fig. 47.* dargestellt, was die Verwirrung nur vergrössern hilft.

Fig. 103. Breidenbach —: in Gold ein rother Hausanker oder doppelter Hausanker.

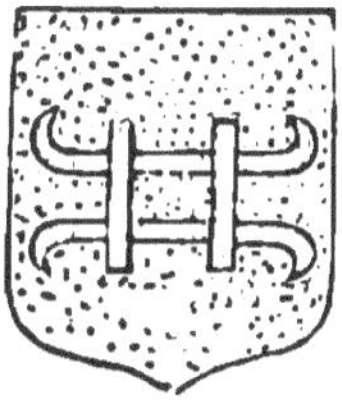

Fig 103.

Jedenfalls fliessen die Darstellungen der Figuren Hausanker, Doppelhafte und Mühleisen in einander, was wohl seinen Grund darin haben mag, dass etwa die maasgebenden Originale verloren gegangen, oder auch, dass man sich gar niemals recht die Mühe genommen habe, die betreffenden Objecte genau darzustellen. Das *Hatzfeld'*sche Wappenbild zählt *Spener* mit zu den Doppelhaften: *Trier* nennt es: zwei in einander geflochtene Crampen.

Hausmarken sind zwar keine eigentlichen heraldischen Objecte, möchten aber dennoch, da nicht selten Wappenfiguren aus ihnen entstanden sind und öfters auch den Hausmarken sehr ähnliche Figuren, ja sogar wirkliche Hausmarken in Wappen (auffällig oft in Polnischen Wappen) vorkommen, hier nicht mit Stillschweigen übergangen werden.

Die Hausmarken sind nicht nur in Deutschland, sondern auch in anderen Ländern und so auch in den Skandinavischen Reichen und zwar in den letzteren öfters als eigentliche Runen erscheinende, gebrauchte Abzeichen (Marken) für Häuser und Höfe, sozusagen bürgerliche und bäuerliche Grundstücks-Wappenzeichen

Fig 104.

und kommen nicht nur einfach als blose Zeichen über Thüren und Thoren, sondern auch — was allerdings zu den manchfachen Wappen-Anmassungen der mittelalterlichen Stadtbürger gehören dürfte — in förmliche heraldische Schilde eingefasst vor.

Fig. 104, ein richtiges Bierzeichen ist

die Hausmarke des *Wolff Hübner*, *1639*, zu finden auf dem *Rochus*-Kirchhofe zu Nürnberg.

Mitunter haben die Hausmarken Aehnlichkeit von Buchstaben oder Ziffern, wie in *Fig. 105*,

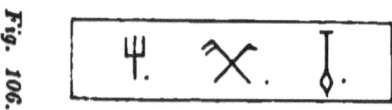

mitunter auch von Geräthschaften, wie in *Fig. 106*.

Etwas ganz Aehnliches wie die Hausmarken sind die an Bauwerken mitunter zu findenden „Steinmetzzeichen" oder „Ehrenzeichen der Steinmetzen", welche von den letzteren sozusagen als Personalmarken geführt und an den von ihnen gelieferten Arbeiten als Kennzeichen angebracht wurden. Am Orangeriegebäude zu Dresden, namentlich an der westlichen Langseite desselben kann man viele Steinmetzzeichen sehen. An dem sogenannten Markomannischen Thurme zu Klingenberg in Böhmen hat man auch solche Steinmetzzeichen gefunden, deren einige gewissen Runen wirklich gleichkommen und welche der gelehrte *Thomord Legis* desshalb irrig für runische Inschriften erklärt.

Heidenhut ist Das, was auch als „Tartarische Mütze" (s. d.) angesprochen wird.

Heirathswappen, auch „*Alliance*-Wappen" *in specie* genannt, sind solche Wappen, welche aus der Vereinigung der Wappen zweier mit einander Verheiratheter entstehen, welche Vereinigung früher öfters vorkam, während man es gegenwärtig vorzieht, beide Wappen in zwei besonderen Schilden neben einander zu stellen. Das Wappen des Mannes nimmt ordentlicherweise allemal die vornehmere Stellung ein; rechts und oben sind vornehmer, als links und unten.

Die Vereinigung oder Zusammenstellung der Schilde der Verheiratheten geschieht auf mancherlei Art; es sei in den nachstehenden Beispielen allemal *A.* der Schild des Mannes und *B.* der der Frau.

— 63 —

Fig. 107.

Fig. 107. zeigt uns die Nebeneinanderstellung, wobei zu bemerken ist, dass die Wappenfiguren beider Schilde — soweit dies überhaupt thunlich — einander zugekehrt sein müssen, nicht aber beide nach einer und derselben Seite gerichtet sein oder gar einander die Rücken zukehren dürfen.

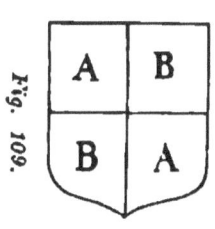

Fig. 108.

Das Nämliche gilt von zusammengeschobenen Wappen, als welche mit ihren Seitenrändern sich berühren, (*Fig. 108.*).
In einem Schilde wurden im Mittelalter eheliche Wappen am schicklichsten durch Quadrirung (*Fig. 109*) und wenn der Schild des Mannes ein einfacher, der der Frau jedoch ein mehrfelderiger ist, durch Auflegung (*Fig. 110.*) eines Mittelschildes bewerkstelligt. — Das Mittelalter in seiner gewohnten Willkürlichkeit hat sich hierin beinahe gar nicht an feste Regeln gebunden; es ist auch in der That schwer, allgemein gelten sollende Regeln aufzustellen, da man im concreten Falle gar sehr die Beschaffenheit der Wappen berücksichtigen muss. Zudem dürfte überhaupt die Vereinigung beider Wappen in einem Schilde eine Licenz sein, welche wir dem Mittelalter nun einmal lassen müssen, aber nicht nachahmen möchten. Wappen aller möglichen Art vereinigen sich am besten durch Nebeneinanderstellung und durch Zusammenschiebung, wobei auch nicht — wie dies bei Verschränkungen vorkommen kann — Anlass zu Verwirrungen gegeben werden mag. Heirathswappen sind überhaupt in Deutschland nie so vielfach in Anwendung gekommen, wie in anderen Ländern, z. B. in Italien, auch in Frankreich.

Fig. 110.

Helmlöhr ist soviel als „Zindelbinde"; siehe: „Wulst".
Helmwulst wird kurzweg „Wulst" (s. d.) genannt.
Heppe soll heissen „Hippe" und ist ein älterer Ausdruck für die Sichel, ein in Wappen nicht selten vorkommendes Bild. Man vergleiche hierzu den *Tümpling*'schen Schild, *Fig. 71.* Ferner:

Larisch —: in Roth zwei mit den Schneiden einander zugekehrte silberne, goldbegriffte Sicheln (im Diplome „Wein-Messer" genannt), zwischen denen ein goldenes Scepter aufrecht steht; *Gridenfingen* —: in Roth zwei silberne, an ihren Klingen gezähnelte, mit den Rückseiten gegen einander gekehrte Sicheln; *Streitberg*, desgleichen *Lüder* —. in Roth eine silberne, goldbegriffte Sichel; *Hausen* —: in Blau drei goldene Sicheln.

Hermelin gehört zwar mit zu dem Pelzwerke, muss jedoch als eine besondere Art desselben auch besonders besprochen werden.

Dasselbe wird durch schwarze Zipfel — ungefähr wie in *Fig. 111*, jedoch in mancherlei Variationen vorkommend —, sogenannte „Hermelinschwänze", und zwar ordentlicherweise schwarz in Silber dargestellt.

Fig. 111. Die alten Herzöge *von der Bretagne*, desgleichen *Volckensdorf, St. Hermine, De Vorré, Quinson, Coagne, St. Martin, Beureron*, auch *Agrior*, ein Ritter von der Tafelrunde —: Hermelinschild (d. h. ein silberner mit schwarzen Hermelinschwänzen besäeter Schild).

Quesada (der eigentliche Name des in einem bekannten und vielgerühmten Machwerk so genannten *Don Quixote*) —; in Roth drei Hermelinpfäle.

Bei den Franzosen und Engländern und zwar bei den letzteren vielfach auch in buntfarbigen Variationen ist Hermelin gebräuchlicher, als in Deutschland.

Montagu, desgleichen *St. Fargeau, St. Martin, Aubigny, Coagne, Du Chemin* —: in Roth ein Löwe von Hermelin; *Schleiden* —: in blauem, mit goldenen Hermelinschwänzen bestreutem Felde ein silberner Löwe; *Locquenghien* —: in goldenem, mit (schwarzen) Hermelinschwänzen besäetem Felde ein grüner Löwe.

Auch als Figuren werden die Hermelinschwänze angewendet, wie dies ja auch mit dem Eisenhute der Fall ist, und zwar wiederum vorzüglich in Frankreich.

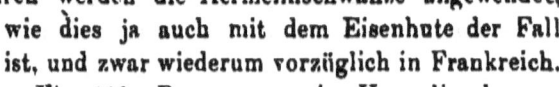

Fig. 112. Druyas —: ein Hermelinschwanz. Dass derselbe schwarz in Silber ist, versteht sich von selbst.

Man kann hierzu auch „Gegenhermelin" vergleichen.

Hermelinkreuz (ein völlig nutzloser *terminus*) besteht aus vier mit den Köpfen in gemeiner Kreuzform zusammengeschränkten Hermelinschwänzen.

Hurleston —: ein sogenanntes Hermelinkreuz (nämlich schwarz in Silber).

Wenn man alle in Kreuzform zusammengeschränkte Figuren als besondere Sorten von Kreuzen gelten lassen dürfte, so würde man eine unendliche Menge besonderer Kreuze hervorzaubern können; so würde z. B. *Fig. 279.* mit dem nämlichen Rechte ein „Säcke-*Andreas*-Kreuz" genannt werden können, wie das „Hermelinkreuz" eben ein „Hermelinkreuz" genannt wird; ebenso könnte *Fig. 32.* vielleicht ein „Blätterkreuz" sein sollen?!

Hermelinschwänze siehe; „Hermelin".

Hermen werden auch die „Rümpfe" (s. d.) genannt.

Heroldbilder ist eine falsche, eine offenbare *contradictio in adjecto* enthaltende Bezeichnung für „Heroldfiguren" (s. d.). — Bilder sind eben gemeine Figuren; Heroldfiguren aber stellen heraldisch-abstracte Begriffe graphisch dar (wenn auch nicht allemal lauter Waffen, wie zwar der alte *Zschackwitz* will), sind also jedenfalls erst recht keine Bilder.

Heroldfiguren, auch „Ehrenstücke" genannt, entstehen dadurch, dass ein Schild oder Feld mit zweierlei Tinctur entweder *a)* in eine ungleiche Zahl von Plätzen (siehe: „Platz") getheilt oder doch *b)* dass durch eine Theilung oder Spaltung eine ungleiche Vertheilung des von einer jeden der beiden Tincturen eingenommenen Raumes bewirkt wird, während bei der Schildestheilung" (s. d.) oder Section jede der beiden oder mehreren Tincturen gleichviel Plätze oder gleichviel Raum einnimmt. — Zu den unter *a* beschriebenen Heroldfiguren gehören z. B. die Quer- und Schrägbalken, die Pfäle, Sparren, u. s. w., zu den unter *b* beschriebenen: Schildeshaupt, Schildesfuss, rechte und linke Seite, Schildesecken, Schildesrand, u. s. w.

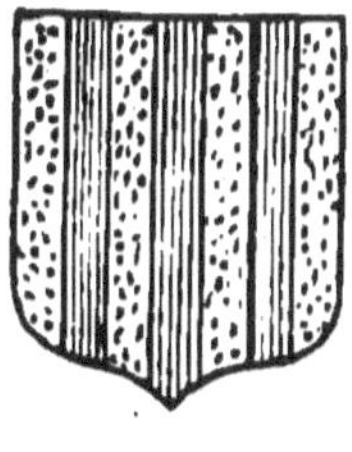

Fig. 113. **Steffen**, desgleichen *Les Vieux Weyher, Puttlingen, Foix, Du Fos, Raux, De Benserade* —: in Gold drei rothe Pfäle; hier ist Roth Heroldfigur in Gold; Gold hat vier, Roth nur drei Plätze. Hingegen:

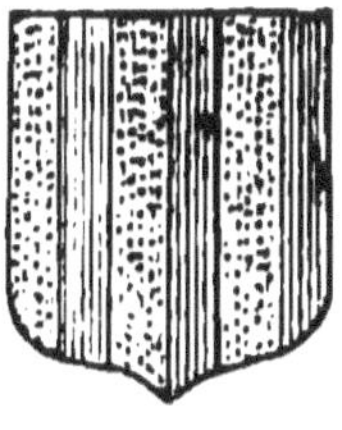

Fig. 113.

Fig. 114.

Fig. 114. **Mecheln**, desgleichen *Hatmansdorf, Briqueville, D'Amboise, Mars* —: fünf Mal gespalten von Gold und Roth, wodurch jede Tinctur gleichmässig drei Plätze erhält, so dass eben nicht Heroldfigur, sondern Section vorhanden ist. Gegen diese einfache Elementarregel wird noch immer sehr viel gesündigt. Heroldfiguren der hier fraglichen Art können selbstverständlicherweise auch gespalten, getheilt, quadrirt, belegt, abgekürzt, abgeledigt oder schwebend, u. s. w. vorkommen.

Die Heroldfiguren sind jedoch nicht allemal solche, welche die Schildränder berühren, sondern es gibt auch *c)* solche, welche ihrer Natur nach schwebend sind, als z. B. Schindeln, Rauten, Kugeln u. s. w., wovon sich in diesem Buche mehrere Beispiele finden. Man kann hierzu vergleichen die Figuren: 51, 55, 143, 145, 221, 230, 231, 232. — Diese kleineren Heroldfiguren bilden gleichsam den Uebergang zu den gemeinen Figuren oder Bildern.

Heroldstücke sagen einige Neuere für Heroldfiguren entweder allein oder auch zugleich mit Inbegriff der Sectionen — im Gegensatze zu den Figuren schlechtweg, d. h. den gemeinen Figuren.

Herrschaftswappen ist ein Ausdruck, welcher sich wohl eigentlich vonselbst erklärt; man wolle jedoch noch den Artikel „Anspruchswappen" hierzu vergleichen.

Hervorbrechend ist soviel als „Hervorschauend" (s. d.)

Hervorgehend ist gleichbedeutend mit „Wachsend" (s. d.).

Hervorschauend oder „hervorbrechend" heisst der Kopf eines Thieres etc. (bisweilen auch ein Stück Hals dabei), wenn er aus einer Section, einer Heroldfigur, an dem Schildrande oder aus dem Helme herausragt. — Nicht zu verwechseln hiermit ist „Wachsend" (s. d.).

Herzen siehe: „Seeblatt".

Herzschild ist der auf den „Mittelschild" (s. d.) aufgelegte Schild, sodass also der Herzschild auf dem Mittelschilde, letzterer aber wiederum auf dem Haupt- oder Rückenschilde aufliegt.

Herzstelle siehe: „Rechts".

Hierosolymitanisches Kreuz siehe „Krückenkreuz".

Hilfskleinod ist ein solches Helmkleinod, welches die im Schilde ersichtliche Wappenfigur wiederholt, was bisweilen allerdings nicht ganz vollständig geschieht. Als Hilfskleinode kommen zumeist vor: Flüge, Flügel, Hörner, Hüte und Mützen, Schirmbreter

Scheiben, Kissen, Fahnen, Federköcher, Rümpfe, Beutelstände, Brackenköpfe, mitunter auch Pfauenwedel u. a. m. — Man vergleiche hierzu die Figuren 29, 59, 60, 130, 233, 234 und zwar allenthalben nebst Text dazu.

Hinten ist links; siehe: „Rechts" und „Vorn".

Hinterwappen sind hinter dem Schilde stehende und an den Schildrändern hervorragende, meist nur unwesentliche und der Neuzeit angehörige Beigaben und gewöhnlich Standes-Symbole, z. B. die päpstlichen Schlüssel, das Malteserkreuz, Krummstäbe und Schwerter, Fahnen, Marschallstäbe — und nun vollends bei den Franzosen allerhand Attribute von Thron- und Hofbeamten oder sonstigen hohen Würdenträgern, als da sind Anker, Scepter, Hellebarden, Fahnen etc. — Der übelste Bombast wurde zur Zeit des Zopfstiles mit den Hinterwappen verübt, und wer da recht viel Gerüll — Römische *fasces* neben Bajonettflinten, Ritterschwerter neben Pistolen, Kanonen und Morgensterne, Fahnen, Armbrüste, sprühende Bomben, Heerpauken und Feldtrompeten, Kanonenputzstücke, u. s. w. u. s. w. hinter seinem schnörkelhaft verunstalteten Schilde aufgestapelt hatte, der dachte, er hätte es niedlich gemacht. Heutzutage treibt man die Wappen-Mummenschanze wieder anders, aber der Zopf der hangt eben immer noch hinten.

Hirschgestänge, auch kurz „Gestänge" wird in Wappen das Hirschgeweih genannt.

Castner von Schnadebach, desgleichen *Schenck von Castel, Hirnheim, Waiblingen* — : in Silber ein rothes Hirschgestänge.

Hochgetheilt will man neuerdings für „Gespalten" (s. d.) eingeführt wissen; es ist aber kein Bedürfniss für diese Neuerung vorhanden.

Hirschgestehm ist ein veralteter Ausdruck für Hirschgeweih oder „Hirschgestänge" (s. d.).

Höfe nennt man jene bekannten, um den Schild gelegten, zur Wesenheit des Wappens nicht gehörigen Randverzierungen (*rectius:* Verunzierungen), welche im Zopfstile ihre eklatanteste Tragweite äusserten. Das XVIII. Jahrhundert hat ganz insonderheit viel derartigen Vorrath für unsere Rumpelkammern und Holzböden geliefert.

Hohes Kreuz wird auch das „Passionskreuz" (s. d.) genannt.

Hosengestaltet siehe: „Spitzen".

Hyacinth wird von alten Heraldikern nach ihrer Weise, die Farben mit Namen von Edelsteinen zu benennen, für die Orangenfarbe gebraucht. Ist aber schon diese Farbe ein Ueberfluss, so ist die Benennung „Hyacinth" gar ein Ueberfluss des Ueberflusses.

Im Visir gesehen sagt man von Köpfen, wenn sie „*en face*" gesehen werden.

Fig. 115.

Fig. 115. Tschirschky, desgleichen *Lescinski* — : in Roth ein schwarzer, goldberingter im Visir gesehener Büffelkopf. Die Franzosen nennen einen solchen Kopf „*rencontre*".

In die Zwerch, seltener „nach der Zwerch" brauchten die älteren Heraldiker bei Blasonnirungen für „quer"; wo diese Bezeichnung aber und zwar meist später für „schräg" vorkommt, da ist sie eben falsch angewendet, wogegen man ja in der heraldischen Terminologie hinreichend abgehärtet sein dürfte. Man vergleiche hierzu noch: „Nach der Schrembs".

Inful wird die Bischofsmütze genannt.

Innere Einfassung, auch „Umzug" genannt, gehört zu den Heroldfiguren und erklärt sich ohne besondere Definition aus *Fig. 116.*

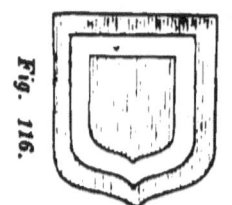

Fig. 116.

Fig. 116. Randau, desgleichen *Cornu, Vaudricourt* — : in Roth eine silberne innere Einfassung.

Bei den Spaniern kommt diese innere Einfassung öfter vor, als in Deutschland.

Innerer Fuss ist bei rechtsgerichteten Thieren oder ähnlichen Objecten der rechte, bei linksgerichteten der linke Fuss. — „Aeusserer Fuss" erklärt sich hiernach vonselbst.

In verkehrter Ordnung stehen Figuren in einem Schilde oder Felde, wenn eine oben und zwei unten befindlich, da doch die gewöhnliche Ordnung — aus der Form des ursprünglichen Dreieckschildes erklärlich — nicht 1. 2., sondern 2. 1. ist.

— 69 —

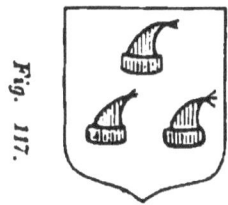

Fig. 117.

Fig. 117. **Ronstet** —: in Silber drei rothe Tartaren- und Ungarmützen, gestellt 1. 2., also in „verkehrter Ordnung". Die Sterne in *Fig. 23.* stehen gleichfalls in „verkehrter Ordnung", desgleichen die Sterne in *Fig. 305.*

Italiänische Schilde werden von den Zopfheraldikern, aber auch nicht selten noch heutzutage die ovalen Schilde genannt, obschon dieselben den Italiänern in keiner Beziehung vorzugsweise zukommen. Die Bezeichnung, da sie einmal eine allgemein verstandene ist, kann als eine an sich höchst harmlose beibehalten werden. Die sogenannte Italiänische Schildform findet sich im Zopfstile, umgeben alsdann von Guirlanden, Fruchtzöpfen, Engelsköpfen und anderem Schnörkeltand, stark vertreten. — Vergl. auch *Fig. 178.*

Jakobs-Kreuz, von den Spaniern zuerst so benannt, ist das Ordenskreuz der *St. Jakobs*-Ritter in Spanien. — *Trier*, ein Mann, welcher doch gewiss zu den fleissigsten Heraldikern gehört, sagt, dass er kein Beispiel hierfür in Büchern gefunden habe. In einem Schilde dürfte dies Kreuz auch wirklich kaum anzutreffen sein.

Fig. 118.   Fig. 119.   Fig. 120.

Die hier gegebenen Figuren 118, 119, 120 zeigen verschiedene Formen, in denen das *St. Jakobs*-Kreuz vorkommt, jedes Mal roth.

Jakobs-Muschel, nach dem Apostel *Jacobus (major)*, welcher in Pilgerkleidung dargestellt wird, so benannt, ist eine in Wappen in der Gestalt wie in *Fig. 121.* öfters vorkommende Muschel, welche der unter dem wissenschaftlichen Namen „*lima rudis*" vorkommenden Muschel etwa zumeist ähnelt.

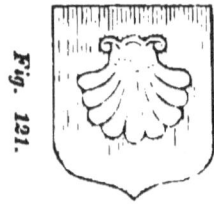

Fig. 121.

Fig. 121. *Sothen*, desgleichen *Heritzsch* —: in Roth eine silberne Jakobs-Muschel; *Metternich* —: in Silber drei schwarze Jakobs-Muscheln.

Janus-Kopf, selten vorkommend, nennt man nach bekanntem Lateinischen Vorbilde einen menschlichen Kopf mit zwei Gesichtern, oder ein menschliches Brustbild mit zwei mit den Hinterköpfen zusammengewachsenen Köpfen, von denen der eine rechts, der andere links sieht.

Jan —: in Schwarz eine goldene *Janus*-Kopf-Büste.

Jochschnitt siehe: „Mantelzug".

Johanniterkreuz wird das „Malteserkreuz" (s. d.) von Einigen, obschon streng genommen nicht ganz richtig, benannt.

Judenhut oder „Schebbes" ist eine eigenthümliche, sowohl in Schilden, als auch auf Helmen vorkommende Kopfbedeckung, wie selbige von den Israeliten im Mittelalter und zwar meistens weiss oder gelb getragen wurde.

Fig. 122.

Fig. 122. *Jüdden* oder *Juden* —: in Roth drei silberne Judenhüte oder Schebbes; eine andere Linie dieses Rheinländischen Geschlechtes führte (Beizeichens halber) in Gold drei schwarze Schebbes.

Uebrigens kommen die Judenhüte auch in den in den Figuren 123, 124, 125 abgebildeten Gestalten vor.

Fig. 123.   Fig. 124.   Fig. 125.

Ja, mitunter werden sogar die Judenhüte — sei es nun absichtlich oder sei es aus ächt mittelalterlichem Ungeschick mit den Eisenhüten (siehe: „Eisenhütlein") oder mit den diesen letzteren formverwandten Kesselhüten (siehe: „Kesselhut"), auch mit den sogenannten Schützenhüten (siehe „Schützenhut") verwechselt.

Junge Adler wollen Einige die kleinen jedoch ungestümmelten Adler dann genannt wissen, wenn deren mehr als drei in dem nämlichen Felde oder auf der nämlichen Figur, z. B. auf einem Balken liegend, vorkommen. Dasselbe gilt von den kleinen oder „jungen Löwen". Es sind jedoch solche Bezeichnungen überflüssig, indem es sich ja bei mehreren Adlern, Löwen oder sonst welchen Figuren vonselbst versteht, dass sie desto mehr verjüngt in ihren Proportionen zur Darstellung gelangen müssen, jemehr ihrer im Raume zusammengedrängt werden.

Junge Löwen siehe: „Junge Adler".

Jungfrauenadler, auch „Harpyie" genannt, ist ein Adler mit einem menschlichen und zwar weiblichen Kopf, im Visir gesehen, oft auch mit dem nackten Oberleib oder Rumpf eines Weibes. — Die Bezeichnung „Adlerweibchen" ist nicht zu empfehlen.

Merlaw —: in Roth ein goldener Jungfrauenadler mit blauen Flügeln und blauer Krone; *Erlin von Rohrberg* —: in Blau ein goldener Jungfrauenadler.

Kammrad wird mitunter das „Mühlrad" (s. d.) genannt.

Kappe des Falken ist soviel als dessen „Haube" (s. d.).

Karfunkelrad ist gleichbedeutend mit „Lilienscepterstern" (s. d.).

Karfunkelstern ist dasselbe wie „Lilienscepterstern" (s. d.).

Katharinen-Kreuz siehe: „Krückenkreuz".

Kegel siehe: „Brustlatz" bei *Fig. 37*.

Keil will *Bernd* die „Spitze" (s. d.) dann genannt wissen, wenn sie an dem oberen Schildrande anstösst und unten in beiden Unterecken einsetzt; allein dann heisst sie eben einfach „Spitze". Wenn sie nicht anstösst, so ist sie eine abgekürzte Spitze und wenn sie schmal ist, so wird auch dies nach Bedarf gemeldet. Es ist demnach durchaus nicht zu wünschen, dass *Bernd* mit seinem höchst überflüssigen „Keil" Proselyten keilen möge.

Koln ist eine mittelalterliche Bezeichnung für die rothe Tinctur (Französisch: *gueules*).

Kerbschnitt oder „Narbenschnitt" wird der Schuppenschnitt von Einigen dann genannt, wenn die Schuppen sehr klein sind und dann selbstverständlichermassen in grösserer Zahl beisammen stehen. Siehe: „Ausgeschuppt".

Kesseleisen siehe: „Kesselhaken".

Kesselhaken ist ein in Wappen, vorzugsweise bei dem norddeutschen Adel, oft und zwar in verschiedenen Gestalten vorkommendes Bild. *Spener* braucht hierfür den Ausdruck „Kesseleisen".

Fig. 126. *Ziethen*, desgleichen *von der Decken, Gruben, Zerssen* —: in Silber ein schwarzer Kesselhaken.

Eine hiervon abweichende Gestalt hat der sogenannte „offene Kesselhaken".

Fig. 127. Twickel —: in Silber ein schwarzer offener Kesselhaken.

Kesselhut ist eine Abart des Eisenhutes (siehe: „Eisenhütlein") und in manchen seiner verschiedenen Darstellungsweisen mit dem ebenfalls vielfach verschieden dargestellten Eisenhute fast zu verwechseln.

Fig. 128. Ketelhodt (redend) —: in Silber drei schwarze Kesselhüte mit Sturmriemen daran. —

Tyroff in seiner vollständigen Unkenntniss der Heraldik, ja sogar *Tiedemann* haben Beide diese Kesselhüte recht natürlich und hausbacken wie Schlafhauben oder Sackmützen abgebildet!!

Kesselrinken siehe „Rinken".

Kirchenfahne, wahrscheinlich zumeist Symbol der Schirmvogtei oder Advocatie über Kirchen etc., kam im Mittelalter vorzugsweise in Wappen von Dynasten vor. Bei *Siebmacher II, 12.* sind allein sieben Grafenwappen mit Kirchenfahnen dargestellt.

Fig. 129.

Fig. 129. Werdenberg, desgleichen *Detnang, Montfort*, die Stadt *Böblingen* — : in Silber eine rothe Kirchenfahne. — *Dorst* nennt die Kirchenfahne fälschlich „Kirchenfächer". —

Kissen nennt man eine gewisse Art viereckiger Helmkleinode, welche öfters als Hilfskleinode gebraucht werden und den Näh- oder Rückenkissen wirklich ähnlich sehen. Sie sind gewöhnlich mit Quasten oder Troddeln an den Ecken besetzt, oder auch mit Schellen und dergleichen und pflegen mit einer ihrer vier Ecken und somit in Rautengestalt auf dem Helme zu stehen. Mitunter trifft man auch liegende Kissen, sehr oft roth (purpurfarbig), auf Helmen an, welche jedoch dann keine Hilfskleinode sind, sondern nur anderen Kleinoden als Unterlage dienen.

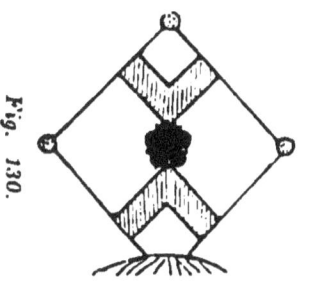

Fig. 130.

Fig. 130. Stens — : auf dem Helme ein mit goldenen Schellen an den Ecken besetztes weises Kissen, den Schild vollständig wiederholend, nämlich: in Silber eine grüne Rose zwischen zwei rothen Sparren, von denen der obere von beiden gestürzt ist. —

Im Schilde selbst kommt das Kissen seltener vor.

Tannwitz — : ein weises, an den Ecken betroddeltes Kissen in einem von Schwarz und Gold gespaltenen Schilde.

Klauflügel ist ein Adlerflügel mit daran befindlichem Fange, d. h. mit der Klaue oder Kralle.

Fig. 131.

Fig. 131. Kracht — : in Blau ein silberner Klauflügel mit daraufgelegtem rothem Schrägbalken. —

Wildenstein, desgleichen *Topacz (herb)* in Polen mit 16 Wappenverwandten — : in Roth ein goldener Klauflügel; *Canissa* — : in Silber ein schwarzer Klauflügel.

Kleeblatt siehe: „Blumen".

Kleeblattkreuz, auch „Kleekreuz" und „*Lazarus*-Kreuz" genannt, verläuft an seinen Enden kleeblattförmig, ist schwebend und gehört zu den wenigen Kreuzen, welche wirklich so oft vorkommen, dass es sich lohnt, einen besonderen Namen dazu zu erfinden oder zu haben.

Fig. 132.

Fig. 132. Edelkirchen, desgleichen *Pereira, St. Lambert* —: in Silber ein rothes Kleeblattkreuz.

Kleeblattschnitt ist eine der gemeinen Figur ziemlich nahe kommende Section, meist wie in *Fig. 133.* dargestellt.

Fig. 133.

Fig. 133. Feur von der Au —: in Roth ein gestürzter silberner Kleeblattschnitt. — Der „Blattschnitt" überhaupt kommt in verschiedenen Gestalten vor.

Fig. 134.

Fig. 134. Hermansdorf, desgleichen *Winterberg* —: in Silber ein rother Blattschnitt. *Moss* —: in Silber ein schwarzer Blattschnitt oder Kleeblattschnitt.

Man sieht, dass die Grenze zwischen Section und gemeiner Figur hier eine sehr schmale ist.

Kleekreuz siehe „Kleeblattkreuz".

Kleestängel kommen in der in *Fig. 135* dargestellten Weise, mitunter jedoch auch nur an einer Seite auf Adlern und Adlerflügeln vor, werden auch wohl in älteren Darstellungen vom Adler im Schnabel gehalten.

Fig. 135.

Fig. 135. Sahrer von Sahr, desgleichen *Olbramowitz, Czeyka, Zdiarski von Zdiar* —: in Blau ein von Silber und Roth gespaltener, mit einem goldenen Kleestängel belegter Adler.

Kleinspalt ist einer von den mehreren veralteten Ausdrücken für das gemeine „Pelzwerk" (s. d.)

Kletternd werden die Ziege, der Geissbock, der Steinbock, die Gemse, überhaupt alle zu dem Geissengeschlechte gehörigen Thiere in aufgerichteter Stellung genannt. — Siehe: „Aufgerichtet".

Pfalheim, desgleichen *Bock*, *Böcklin von Böcklinsau* —: in Roth ein kletternder silberner Steinbock.

Knebelspiess — wie *Fig. 136.* dargestellt — ist ein besonders

bei dem Pommerischen Adel in Schilden, mehr aber noch als Helmkleinod vorkommender Spiess.

Kamecke —: als Helmkleinod drei silberne, mit den Spitzen niederwärts gekehrte Knebelspiesse; *Reckow* —: drei desgleichen goldgeschäftete als Kleinod; ferner als Kleinod —: *Bulgrin*, *Butzgen* — allenthalben dem Pommerischen Adel angehörig.

Knopf ist ein älterer und wenig gebräuchlicher Ausdruck für „Butzen" (s. d.).

Königliche Krone wird manchmal in älteren Quellen die gewöhnliche heraldische Helmkrone genannt.

Körner, auch „Körnlen" sind zwei alte thörichte Ausdrücke für „Kugeln" (s. d.).

Kohlfarbe wird in alten Büchern und Diplomen die schwarze Tinctur öfters genannt.

Kolbenturnirhelm siehe: „Turnirhelm".

Kometen oder „Schweifsterne" haben in den Wappen — wie andere Himmelskörper auch — eine besondere, hergebrachte Gestalt und zwar sind es gewöhnlich strahlengespitzte Sterne mit einem Schweif daran.

Fig. 137. Comazzi —: in Blau ein schrägrechts aufsteigender silberner Komet oder Schweifstern. —

In Deutschland dürfte dieses Bild zu den selteneren gehören.

Kragen ist ein seltener und veralteter Ausdruck für: „Innere Einfassung" (s. d.).

Kranzbändel ist eine ungeeignete ältere Bezeichnung für den „Rautenkranz" (s. d.)

Kraus oder „zierlich", vom Schwanz des (heraldischen) Adlers gesagt, heisst soviel als: ornamental arabeskenhaft ausgeziert. — Vergl. *Fig. 135.*

Krelde ist ein älterer Ausdruck für den Kamm eines Vogels.

Kreuzfaden nennt man ein um mehr als die Hälfte, etwa zwei Dritttheile der gewöhnlichen Balkenhöhe und Pfalbreite schmäler dargestelltes Kreuz.

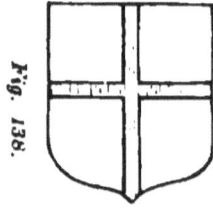

Fig. 138.

Fig 138. Solen — : in Silber ein gemeiner rother Kreuzfaden. Vergl. hierzu: „Gemeines Kreuz" und „Faden".

Kronenkreuz wird ganz nutzloser Weise ein Kreuz dann genannt, wenn es an seinen Enden mit Kronen besetzt ist. Mit dem nämlichen Rechte wie den aparten Kunstausdruck „Kronenkreuz" könnte man aber noch ganze Massen von Ausdrücken erfinden, weil ja die Möglichkeit, Kreuze mit allerhand Gegenständen zu besetzen, eine unbegrenzte ist. Nicht anders verhält es sich mit dem sogenannten „Lilienkreuz". Siehe auch das unter „Rautenkreuz" Angemerkte.

Krücke nennt man eine in der Weise wie *Fig. 139.* dargestellte Schildestheilung oder auch Heroldfigur, wodurch sowohl complicirte Heroldfiguren mit ganzen Krücken, als auch complicirte Sectionen mit ganzen und halben an den Rändern des Schildes oder Feldes angefügten, also am Rande sich verlierenden Krücken gebildet werden können. — Die Krücken sowohl, als auch der „Krückenschnitt" sind übrigens äusserst selten, und Begriffe wie „Krückenfeh", und „Kreuzkrückenfeh" und dergleichen mehr gehören zu den Hirngespinnsten, deren die Heraldiker leider gar viele zu Wege gebracht haben.

Fig. 139

Uebrigens nennt man eine „Krücke" als gemeine Figur auch ein solches „*Antonius*-Kreuz" (s. d.), bei welchem der Pfal mehr als noch einmal so lang als der Balken ist.

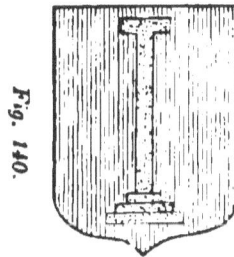

Fig. 140.

Fig. 140. Kloch —: in Roth schwebend eine auf drei Stufen stehende goldene Krücke. Hingegen *Sobeck* —: in Roth ein auf drei goldenen Stufen stehendes goldenes *Antonius-Kreuz*; hier ist nämlich die Proportion von Pfal und Balken die nämliche wie oben bei *Fig. 8.*

Krückenkreuz ist ein an jedem Ende in eine „Krücke" (s. d. und *Fig. 139*) endigendes Kreuz.

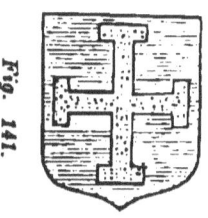

Fig. 141.

Fig. 141. Rubat —: in Blau ein goldenes Krückenkreuz.

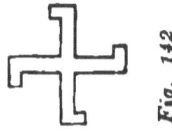

Fig. 142.

Wenn der krückenförmige Ansatz nur an je einer Seite der vier Enden ersichtlich ist — wie bei *Fig. 142* — so nennt man dies ein „halbgekrücktes Kreuz"; wären aber die Krücken selbst wiederum nochmals gekrückt, so würde dies — wie die Schule des unverwüstlichen Zopfes mit minutiöser Genauigkeit angiebt — ein „wiedergekrücktes Kreuz" sein.

Wenn das (gewöhnliche) Krückenkreuz in jedem seiner vier Winkel von kleinen schwebenden (Griechischen) Kreuzen begleitet ist oder — wie man sich auch wohl anders ausdrückt — wenn diese kleinen Kreuze in den vier Winkeln „eingeschaltet" sind, so heisst dann dieses Krückenkreuz mitsammt seinen vier Kreuzlein ein „Hierosolymitanisches Kreuz" oder „Jerusalemer Kreuz", wie solches bei dem *Katharinen*-Orden in Verbindung mit einem Rade als sogenanntes „*Katharinen*-Kreuz" vorkommt. Alles dies gehört jedoch in die Kategorie der Raritäten.

Krückenschnitt siehe: „Krücke".
Krumme Strasse siehe: „Eckig gezogen".
Kuchen sind in der „Adels-Zierde" die farbigen „Kugeln" (s. d.) zum Unserschiede von den metallenen genannt, als welche letztere „Münzen" heissen sollen. Beide Ausdrücke sind nichtsnutzig da man bei beiden erst noch die Tinctur angeben muss.
Kübelhelm siehe: „Topfhelm".

Künstliche Farbe siehe: Natürliche Farbe".

Kürsch ist eine von den vielen Benennungen für das „Pelzwerk" (s. d.).

Kugelkreuz ist — wie schon der Name annäherungsweise sagt — ein aus zusammenstossenden Kugeln gebildetes Kreuz und gehört zu den Seltenheiten. Vergleiche hierzu noch das unter dem Artikel „Rautenkreuz" Gesagte.

Kugeln, auch „Ballen" und noch mit einer ganz kolossalen Menge von mehr oder minder unpassenden Namen genannt, sind sehr gebräuchliche schwebende und zwar meistens in Mehrzahl vorkommende Heroldfiguren, in den Wappen als flache Scheiben dargestellt, weil in Wappenschilden überhaupt — mit Ausnahme etwa gewisser „natürlicher" Bilder — Nichts plastisch-schattiert, sondern Alles flach dargestellt werden soll.

Fig. 134.

Fig. 143. Sickingen —: in einem schwarzen, mit rothem Schildesrande eingefassten Schilde fünf silberne Kugeln oder fünf „Bälle" im *Andreas*-Kreuz (2. 1. 2.) gestellt.

Harsdörfer will nur die farbigen Kugeln mit dem Namen „Kugeln" bezeichnet wissen; die goldenen nennt er „Billen", die silbernen „Bälle".

Noch weiter gehen hierin die Franzosen und die Engländer, welche bei jeder besonderen Tinctur der Kugel auch einen besonderen Namen geben.

Kugelstabkreuz (nicht zu verwechseln mit „Kugelkreuz"), auch „Pilgerstabkreuz", „Pilgerkreuz" und „Apfelkreuz" geheissen, ist ein solches Kreuz, welches an jedem seiner vier Enden mit einer Kugel besetzt ist.

De la Isle —: in Roth ein goldenes Kugelstabkreuz.

Kuh soll ein Stück Rindvieh in Wappen dann genannt werden wenn es den Schwanz zwischen die Beine nimmt oder „unterschlägt", während der „**Stier**" oder „**Ochs**" und der „**Büffel**" den Schwanz erheben oder rückwärts winden (wie der Löwe). Auch soll die Kuh meistens „geheud" dargestellt werden. Dies liesse sich allenfalls hören; aber man geht jedenfalls zu weit, wenn man einen Ochsen oder Stier von dem Büffel dadurch unterscheiden will, dass letzterer einen dicken Haarbüschel zwischen den Hörnern, auch einen breiteren und wüthenderen Kopf haben müsse, als der gemeine Haus- und Stallochs, namentlich, da sich ja nirgend ausgezirkelt findet, wie dick und wie wüthend schon der Kopf des communen Ochsen sein dürfe. Wahrhaftig — ein mittelalterlicher Herold würde Einem in's klare Angesicht lachen, der da etwa fragen wollte: „Führen denn die N. N. eigentlich eine Vogtländische neumelke Kuh, oder einen Allgäuer Ochsen, oder aber einen Podolischen Zuchtbullen?" Kunstlilie oder sogar auch „Französische Lilie" soll nach Schumacher und seinen Glaubensgenossen die eigentliche heraldische Lilie zum Unterschiede von der natürlichen Lilie genannt werden. Allein derartige Distinctionen sind überflüssig, da unter „Lilie" ohne weiteren Zusatz eben nur die heraldische Lilie zu verstehen ist. Wollte man jedoch just natürliche Lilien gemeint haben, so müsste man dies eben besonders melden. Eine ähnliche Verkehrtheit wie „Kunstlilie" ist der Ausdruck „Wappenrose" (s. d.).

Tluck und Toschonowitz —: in Blau 9 silberne, grünbestängelte und grünbeblätterte natürliche Lilien, aus einem holzfarbenen Kübel fächerartig emporragend. Vergl. übrigens noch: „Doppelte Lilie" mit *Fig. 48.*

Lägerhölzer oder „Liegerlinge", von den Franzosen, „*hamaydes*" oder „*hamaides*" genannt, sollen kleine Balken sein, welche man unter die Fässer legt und sehen meistens aus, wie in *Fig. 144* dargestellt ist.

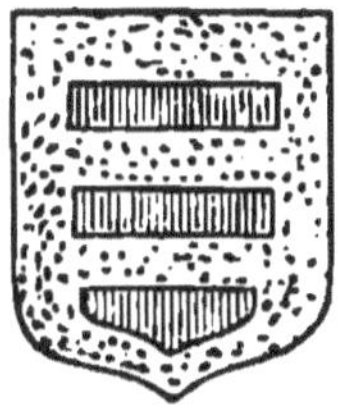

Fig. 144. *Hamayde* (also redend), desgleichen *Halney de Hainault* —: in Gold drei rothe Lägerhölzer, Liegerlinge oder Hamayden.

Oft findet man dieselben auch nur wie abgeledigte Querbalken abgebildet. — Etwas anders — nämlich wie in *Fig. 145.* — findet sich im „*Livre d'or*" die „*hamaide*" dargestellt.

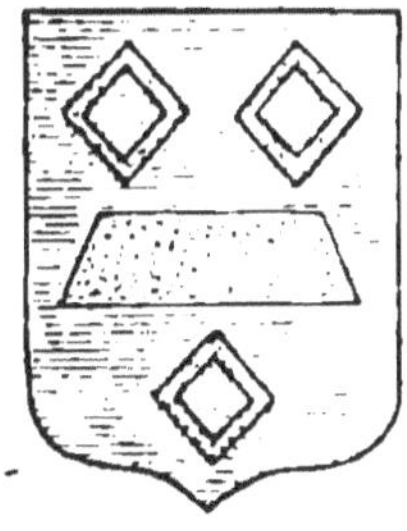

Fig. 145. Baudin —: in Blau eine goldene, von drei goldenen durchbrochen Rauten begleitete „*hamaide*" (in der Vertiefung).

Längsgetheilt wird sogar von neueren Heraldikern da und dort noch für „Gespalten" (s. d.) gesagt.

Läpplein ist ein älterer Ausdruck für den Kamm eines Hahnes oder überhaupt eines Vogels.

Moltke —: in Silber drei schwarze Rebhühner mit rothen Läpplein oder Kämmen. — Andere nehmen „Läpplein" gleichbedeutend mit „Glocke" (s. d.).

Lätze, mitunter auch „Hüngel" genannt, sind die von dem (querlaufenden) „Turnirkragen" (s. d.) herabhangenden Theile desselben.

Lasur oder **Lasurfarbe** wird in älteren Büchern und Diplomen die blaue Tinctur genannt.

Lateinisches Kreuz wird auch das „Passionskreuz (s. d.) genannt.

Lazarus-Kreuz ist eine andere Benennung für das „Kleeblattkreuz" (s. d.).

Ledig heisst ein Schild, welcher nur Tinctur und nichts weiter enthält, und zwar nur eine Tinctur. Es ist falsch, mit Sectionen versehene Schilde (siehe: „Schildestheilung") als ledige Schilde zu bezeichnen. In ledigen Schilden, wenn sie nicht eben Warteschilde sind (siehe: „Warteschild"), ist eben die Tinctur selbst als Wappenfigur im weiteren Sinne dieses Wortes anzusehen und zu beurtheilen.

Das Königreich *Arragon* (älterer Schild, in welchen später vier rothe Pfäle hineinkamen), ferner *Bandinelli* (später mit einem Adler), *Bossenstein, Majorca, Menesses, Puy Paulin, Bordçaux, Parnon,* auch der Ritter *Giron le Courtois* von der Tafelrunde (Phantasieschild) —: ledig von Gold.

White, desgleichen *Bielski, Czerwina, Boquet,* auch (als Phantasieschild) *Chevalier sans peur,* Ritter von der Tafelrunde —: ledig von Silber.

Herrtenstein, desgleichen *Starkenstein, Rubei, Albret, Narbonne* —: ledig von Roth.

Gournay, desgleichen *Desgabets-Dombale-Lorraine* —: ledig von Schwarz.

De Barge —; ledig von Blau.

Prado, desgleichen König *Meliadus,* Ritter von der Tafelrunde (Phantasieschild) —: ledig von Grün.

Lediger Winkel siehe: „Freiecke".

Lediges Dreieck wird und zwar muthmasslich nach Analogie der Bezeichnung „ledige Vierung" bei *Bussing* höchst inepter Weise der „Ständer" (s. d.) genannt.

Lediges Pferd braucht man — obschon dies neuerdings vorgeschlagen worden — ein ganz nacktes Pferd nicht besonders zu benennen, da das Pferd im Zweifelsfalle eben als „ledig" präsumirt wird und daher vielmehr der Umstand besonders zu melden ist, wenn das Pferd eben nicht „ledig" erscheint. — Siehe: „Stechzeug".

Ledige Vierung siehe: „Vierung".

Leiste ist soviel als „Schildesrand" (s. d.).

Leopardirt oder „gehend" wird der Löwe in der modernen Heraldik genannt, wenn er auf drei Füssen steht und nur den nach dem Schildrande hin gekehrten inneren Vorderfuss aufhebt. Genau genommen nennt man dies übrigens nicht „gehend", sondern „zum Gange geschickt". Man verlangt wohl auch noch hierbei, dass der „leopardirte" Löwe den Kopf im Visir (siehe: „Im Visir gesehen") zeigen müsse. Es ist über derartige Specialitäten unter dem Artikel „Gelöwet" das Nöthige angemerkt worden. Wo mehrere Löwen über einander vorkommen, wie in den Wappen der Königreiche *Würtemberg* und *Dänemark*, sowie auch im *Gloster*'schen, *Truchsess von Waltburg*'schen und anderen ähnlichen Wappen, erscheinen sie aus räumlichen Rücksichten gewöhnlich über einander „gehend".

Truchsess von Raperswil —: in Gold ein schwarzer sogenannter leopardirter Löwe.

Liebesknoten siehe: „Damenschilde".

Liegendes Gitter siehe: „Gitter".

Liegerlinge siehe: „Lägerhölzer".

Lilienkreuz, auch nach den *Alcantara*-Rittern, welche ein grünes Lilienkreuz zum Ordenszeichen hatten, „Alcantara-Kreuz" genannt, verläuft an jedem seiner Enden mit der oberen Hälfte einer Lilie (siehe hierzu *Fig. 48*), also eigentlich schon mehr mit einem Rochen (siehe: „Roch" und zwar namentlich *Fig. 210.* daselbst) und könnte daher ebenso schicklich oder unschicklich auch „Rochenkreuz" getauft werden.

Arnold, desgleichen *Jully*, *St. Denis*, *Troussel* —: in Silber ein rothes Lilienkreuz.

Uebrigens vergleiche man das unter dem Artikel „Kronenkreuz" Angemerkte.

Lilienscepter ist ein Stab oder Scepter oben wie das „Lilienkreuz" (s. d.) endend.

Fig. 146.

Oefters findet man in Wappen zwei im *Andreas*-Kreuz über einander geschränkte Lilienscepter.

Fig. 146. Bortfeld, desgleichen *Venningen* --: in Silber zwei rothe im *Andreas*-Kreuz über einander geschränkte Lilienscepter.

Lilienscepterkreuz, nicht zu verwechseln mit dem „Lilienkreuz" (s. d.) und womöglich noch eine grössere Rarität als dieses, besteht aus vier mit den unteren Enden der Schäfte in (gemeiner) Kreuzform zusammengeschränkten, oben lilienartig (wie in *Fig. 146.*) endenden Sceptern.

Lilienscepterstern, auch „Karfunkelstern" und „Karfunkelrad" genannt, ist ein Rad von meistens 8 Liliensceptern, mitunter auch mit Kugeln an den Stäben besetzt.

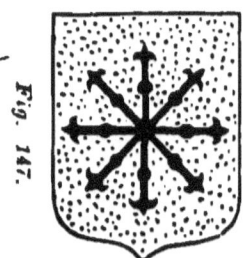

Fig. 147.

Fig. 147. Bölhardt —: in Gold ein schwarzer Lilienscepterstern.

Dass derselbe aus **acht** Strahlen oder Liliensceptern besteht, braucht als das Gewöhnliche nicht besonders gemeldet zu werden.

Lindenblätter und **Lindenzweige** nennt man gern im Zweifelsfalle in Wappen, namentlich auf älteren Helmen die den natürlichen Lindenblättern und Lindenzweigen irgend ähnlichen Blätter und Zweige, wie z. B. in den Figuren 44. und 283., weil die Linde in dem älteren Deutschland, wie überhaupt in Germanischen Ländern ein höchst bedeutungsvoller Baum war, welcher auch mit der Sage und der Dichtung vielfach in Berührung kommt. Lindenzweige auf Helmen haben sich bisweilen im Laufe der Zeiten in mit Lindenblättern besteckte Büffelhörner verwandelt wie auch Fürst *Hohenlohe* dies in gelehrter Forschung neuerdings nachgewiesen hat.

Im Schilde sind Lindenblätter und Lindenzweige ebenfalls bisweilen zu finden.

Seckendorf —: in Silber ein rother, im Form der Ziffer 8 gewundener Lindenzweig mit je 4 Blättern an jeder Seite. (Auch die Wappensage hierzu erklärt diesen Zweig als Lindenzweig.) *Reinhofen* führen den nämlichen Schild. Die Franzosen nennen diese Figur „redorte".

Lindwurm (richtig geschrieben „Lintwurm") will man einen ungeflügelten Drachen nennen, namentlich, wenn er vier Beine hat, was jedoch zum Begriffe des Lintwurms nicht unbedingt nöthig ist. Zur Erklärung der Orthographie sei bemerkt: *Lint*, vorkommend in weiblichen Eigennamen wie *Dietclint, Siglint, Gotclint* u. s. w., ist ein uraltes Deutsches Wort und bedeutet „Schlange" daher denn „Lintwurm" eine Tautologie enthält.

Wurmb (redend) —: in Blau ein goldener Lintwurm.

Linkarm ist ein entweder aus dem rechten Seitenrande des Schildes oder Feldes herausragender, oder doch wenigstens von rechts her nach links gekehrter, gewöhnlich gebogener (nicht gerade ausgestreckter) Arm, auch als Kleinod auf dem Helme öfters vorkommend und erscheint mitunter geharnischt, auch irgend einen Gegenstand (ein Schwert, eine Blume etc.) in der Hand haltend. Siehe auch: „Rechtarm" mit *Fig. 197.*

Linkbalken ist ein kürzerer und um seiner der Deutlichkeit keinen Abbruch thuenden Kürze willen zu empfehlender Ausdruck für den schräglinken Balken. — Siehe: „Schräg".

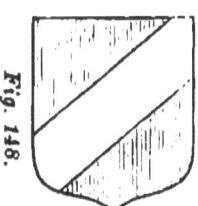

Fig. 148.

Fig. 148. Kageneck, desgleichen *Wildenstein* —: in Roth ein silberner Linkbalken; *Hutten* —: in Roth zwei goldene Linkbalken.

Linke Seite siehe: „Rechts".

Litera Pythagorica wird zuweilen das „Schächerkreuz" (s. d.) genannt.

Löwin wollen Einige den Löwen dann genannt wissen, wenn er ohne Mähne dargestellt ist. Dann sollte wohl er oder vielmehr sie auch „Ungeziert" (s. d.) sein?! — Es ist auch hier vor allzuweit getriebenen Distinctionen zu warnen, von denen die gute alte Zeit der Heraldik, welche uns wenigstens in Darstellung der Figuren maasgebend sein sollte, nichts wissen mochte.

Löseschlüssel siehe: „Bindeschlüssel".

Lohehörner ist ein veralteter Ausdruck für „Büffelhörner" (s. d.).

Lothringer Kreuz wird das „Patriarchenkreuz" (s. d.) zuweilen genannt.

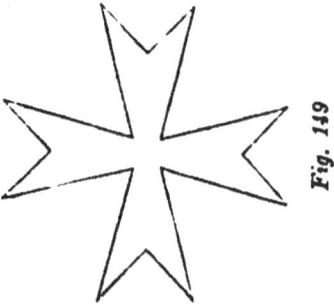

Malteserkreuz ist das Ordenszeichen der Malteser-Rittter und kommt in der hier in *Fig. 149.* vereinfacht dargestellten Gestalt als Hinterwappen vor. Auch andere Orden haben diese Kreuzform als Ordenszeichen.

Mantelschnitt siehe: „Mantelzug".

Mantelzug oder Mantelschnitt ist eine Schildestheilung mittels eingebogener oder geschweifter Spitze. Wenn die Spitze gestürzt ist, so wird die Section „Taschenzug" genannt.

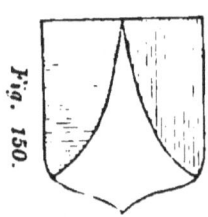

Fig. 150. Cappel —: von Blau und Roth durch Silber im Mantelzug gespalten. Es ist auch vorgeschlagen worden, den mit **ausgebogener** stehender Spitze bewerkstelligten Schnitt „Jochschnitt" zu nennen, wie z. B. *Fig. 11.* einen solchen darstellen würde.

Vergl. auch: „Ausgebogene Spitze".

Mantuanisches Kreuz wird das „Tatzenkreuz" (s. d.) mitunter genannt.

Margramapfel ist eine obscure Bezeichnung für den Granatapfel.

Das Königreich *Granada*, dessen Schild dem Wappen des Königreichs *Spanien* einverleibt ist, führt in Silber einen rothen geöffneten (aufgeplatzten) Granat- oder Magramapfel mit zwei grünen Blättern daran; nach einer anderen Blasonnirung aber —: in Silber einen grünen Granat- oder Magramapfel mit rothem Butzen.

Maueranker kommt in Wappen gegenwärtig meistens in der in Figur 151 dargestellten Weise vor.

Fig. 151.

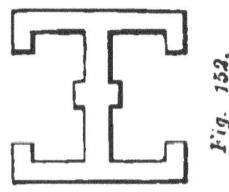
Fig. 152.

Fig. 151. Hanxleden, desgleichen *Reven* oder *Reffen* —: in Blau ein goldener schräg (rechts) geschränkter Maueranker.

Eine ältere Darstellungsweise zeigt *Fig. 152*. — Der „Maueranker" ist übrigens nicht zu verwechseln mit dem „Mauerbrecher" (s. d.) und dem „Manerhaken" (s. d.).

Mauerbrecher, richtiger vielleicht „Sturmleiter" genannt, ist eine in verschiedenen Gestalten vorkommende Figur. *Siebmacher* nennt diese Figur mit dem bei ihm beliebten Ausdrucke „Stock".

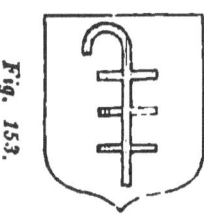
Fig. 153.

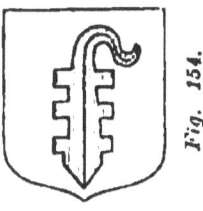
Fig. 154.

Fig. 153. Ramin —: in Silber ein rother Mauerbrecher: so wird die Figur bei *Bagmihl* abgebildet; in neueren Darstellungen findet man den *Rammin*'schen Schild meist wie in *Fig. 154*.

Als redendes Wappen erklärt sich dieses Wappen nach dem Dänischen Wappenlexikon, woselbst dieser Schild wie in *Fig. 155*.

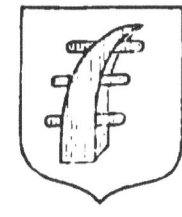
Fig. 155.

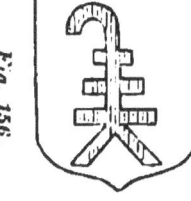
Fig. 156.

abgebildet und die Figur „*Rammepäl med tre Bolte paa hver Side*" (Rammpfal mit drei Bolzen auf jeder Seite) angesprochen ist. — Schwarz mit 4 silbernen (?) Sprossen oder Bolzen in Silber führt ganz das nämliche Bild *Blanckenfjell* laut des Schwedischen Wappenbuches. Als das Wappenbild der Familie *Splid*, desgleichen der ausgestorbenen *Fassi* oder *Fasti* giebt das Dänische Wappenlexikon den Schild in *Fig. 156*. mit der Ansprache „*klöftet Stormstige*" (gespaltene Sturmleiter) sowie den Schild in *Fig. 157*. als den der Familie *Bredo* oder *Bredow* mit der Ansprache „*Grenestige*" (Ast- oder Zackenleiter). Bei *Siebmacher I, 174*. findet sich der

— 86 —

Fig. 157.

Bredaw'sche Schild wie oben in *Fig. 155.* ebenfalls roth in Silber, jedoch mit goldenen Bolzen oder Sprossen abgebildet und *Tiedemann* in seinem Mecklenburgischen Wappenbuch giebt den *Bredow'schen* Schild im Wesentlichen übereinstimmend hiermit.

Ausgespalten wie in *Fig. 156*, ebenfalls wiederum roth in Silber, jedoch oben glatt abgeschnitten (sodass also der Haken oben hinweggelassen ist) findet sich in dem Dänischen Wappenlexikon der Schild der ausgestorbenen Familie *Skram*.

Man sieht aus dem Vorstehenden, dass hier sowohl in den Figuren selbst, als auch in den Bezeichnungen vielerlei Variation obwaltet. — *Brüggemann* hat die „Zeltnägel" (s. d.) als „Mauerbrecher" angesprochen; das ist offenbar falsch.

Mauergiebel ist eine zinnenförmig in der hier in *Fig. 158.* gezeigten Weise construirte Heroldfigur, der gemeinen Figur sehr nahe kommend.

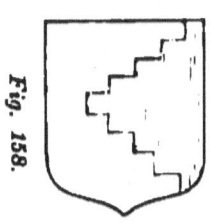

Fig. 158.

Fig. 158. Ruhstein —: ein von dem linken Schildrande ausgehender rother Mauergiebel in Silber.

Man will diesen Mauergiebel neuerdings auch einen „gestuften" oder „abgetreppten" genannt wissen, was jedoch keinen ersichtlichen Zweck hat; allenfalls könnte man beim Blasonniren dieses Schildes noch melden, dass der Mauergiebel ein vierfach gestufter ist, d. h. dass er auf jeder Seite vier Stufen hat; nur soll „gestuft" nicht als ein besonderer Kunstausdruck in dem Sinne gelten, als ob es auch ungestufte Mauergiebel gäbe.

Fig. 159.

Fig. 159. Klammenstein —: in Schwarz ein schrägrechts construirter schwarzgemauerter silberner Mauergiebel.

Hier ist der Mauergiebel Bild oder gemeine Figur. — Wenn er an seiner Basis durchbrochen ist, sodass die Tinctur des Feldes hindurchschaut, so nennt man ihn einen „offenen Mauergiebel".

Mauerhaken, auch wohl „Widerhaken" oder „Doppelhaken" genannt, bisweilen mit dem „Maueranker" (s. d.) verwechselt, ist eine öfters dem Lateinischen Buchstaben Z sehr ähnliche Figur, welche sich übrigens in ihren Darstellungsweisen in landesüblicher Freiheit bewegt.

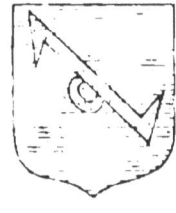

Fig. 160. *Tettenborn*, desgleichen *Venner* —: in Silber ein schwarzer Mauerhaken, zur Pfalstelle.

Grote und *Fahne* sprechen diese Figur fälschlich als „Wolfsangel" (s. d.) an.

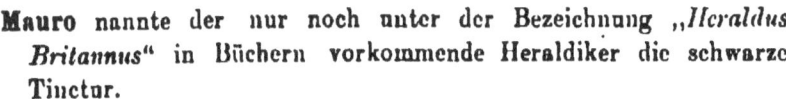

Fig. 161. *Gilleis* —: in Blau ein schräg (rechts) geschränkter goldener Mauerhaken. — Uebrigens kommt der Mauerhaken noch in mancherlei ähnlichen Gestalten vor. — *Siebmacher* nennt ihn kurz „Hacken".

Mauro nannte der nur noch unter der Bezeichnung „*Heraldus Britannus*" in Büchern vorkommende Heraldiker die schwarze Tinctur.

Medusen-Haupt wird ein menschlicher (weiblicher) Kopf, mit Schlangen statt der Haare bewachsen, genannt. Derartige der sogenannten classischen Mythologie entlehnte Objecte sind jedoch im Deutschen Wappenwesen nie recht heimisch geworden.

Meerfrau oder „Meerweib" wird die „*Melusine*" (s. d.) auch genannt.

Meerschwein, bei *Linné* „*delphinus phocaenus*" genannt, ist eine *species* von dem *genus* „*delphinus*" und wird darum von einigen älteren Heraldikern der heraldische, dem natürlichen Delphin durchaus unähnliche Delphin ungeschickterweise „Meerschwein" genannt. Man stelle sich ein Meerschwein noch dazu schmachtend vor! (Siehe: „Schmachtend".)

Meerweib ist soviel als „Melusine" (s. d.).

Melden, d. h. besonders bezeichnen, erwähnen muss man beim Blasonniren alles Dasjenige, was sich nicht vonselbst versteht und was doch nöthig ist, um nach einer solchen Beschreibung das betreffende heraldische Object gebührend bildlich darstellen zu können — *nota bene*: wenn eine Wortbeschreibung überhaupt in erschöpfender Weise möglich ist, was freilich mitunter nicht der

Fall ist. Bei der Frage über Melden oder Nicht-Melden kann man füglich nach Analogie eines ähnlichen juristischen Sprüchwortes sagen: „Ordinaria praesumenda, extraordinaria nuntianda sunt".

Nicht gemeldet wird z. B. dass der Turnirkragen drei Lätze hat und im Schildeshaupte schwebt; dass Mondsicheln mit ihren Hörnern aufwärts gekehrt sind (obschon *Anton Peter* in Troppau diese Regel nicht zu kennen scheint); dass ein Stern sechs (bei den Franzosen fünf) Strahlen, ein Lilienscepterstern aber acht Strahlen hat; dass im aufrechtstehenden und im rechtsgelehnten Schilde die Figur, z. B. ein Thier, nach rechts gekehrt ist; dass die blauen Eisenhütlein stehen und die silbernen gestürzt sind; dass der gewöhnliche heraldische Löwe die Pranken vorwirft, die (rothe) Zunge ausschlägt, den Zogel rückwärts windet, überhaupt zum Grimmen geschickt ist; dass drei Figuren im Schilde in der Ordnung 2. 1. stehen; dass die Sonne gebildet, oder dass der Mond oder ein Stern ungebildet ist; — u. s. w.

Melusine, auch „Meerfrau", „Meerweib" oder „Sirene", bei *Martin Schrot* sogar „Mörthier" und bei *Rudolphi* mit der Bezeichnung „Fisch-Weiblein" genannt, ist ein nacktes, von der Hüfte an fischgeschwänztes, manchmal sogar doppeltfischgeschwänztes Weib, meistens mit langem Haar, auch wohl Spiegel und Kamm haltend und sich das Haar strählend. In dem meerumflossenen England kommen Melusinen und „Tritonen" (s. d.) als Schildhalter öfters vor, nicht minder in Frankreich.

Baibel —: in Roth eine (naturfarbige oder auch silberne) doppeltfischgeschwänzte Melusine, beide Schwänze mit ihren Armen umfassend.

Ô Byrn —: als Helmkleinod eine Melusine, in der rechten Hand einen Spiegel, in der linken einen Kamm haltend; *Prenger*, als Helmkleinod —: eine Melusine, in jeder Hand einen Pfauenwedel haltend.

Merle soll die „Amsel" (s. d.) sein, im Französischen *merle* und in Wappen als gestümmelte Amsel *merlette*, im Lateinischen *merula* genannt.

Merlette ist der Französische, nicht selten jedoch auch bei Deutschen Blasonnirungen angewendete Name für die „Amsel" (s. d.).

Metalle sind in der Heraldik Gold oder Gelb und Silber oder Weiss.
Midas-Kopf, selten vorkommend, ist ein menschlicher Kopf mit Eselsohren.
Herden oder Herda —; in Roth ein schwarzer Midas-Kopf.
Mittagssonne nannten einige Heraldiker aus der alten Schule die Sonne, wenn sie in der Mitte des Schildes steht; allein diese Stellung als die natürlichste und gewöhnliche braucht überhaupt nicht gemeldet, noch gar die Sonne um dieser Stellung halber mit einem besonderen Namen belegt zu werden.

Fig. 162.

Fig. 162. Sonnentag, desgleichen Ludwiger, Vetter, Breitenacker, Schmeling, Solages, Piast la Bellangerie, Livet —: in Blau eine goldene Sonne (Mittagssonne).

Darauf, ob die Strahlen theilweise geflammt sind oder nicht, kommt etwas Wesentliches nicht an. — Siehe: „Flammend". — Gewöhnlich hat die Sonne 16 Strahlen.
Mittelreihe siehe: „Rechts".
Mittelschild ist ein, selbstständige Wappenfigur enthaltender (was bei dem „Schildlein" nicht der Fall ist), auf einen grösseren Schild, als welcher letzterer dann der „Rückenschild" heisst, aufgelegter kleinerer Schild. — Vergl. hiezu noch: „Herzschild" und „Schildlein".
Mittelstelle siehe: „Rechts".
Mittelstück siehe: „Getheilt".
Mitten ausgebrochenes Kreuz siehe: „Neungeschacht".
Mitterstrich ist ein thörichter Ausdruck aus der Schule des Zopfes, für den „Balken" (s. d.) gebraucht.
Mörthier siehe: „Melusine".
Mörwurm siehe: „Fischgeschwänzt".
Molossen (Lateinisch molossi) werden bisweilen die Bracken genannt; siehe: „Bracke".
Mondschein — altes Wort für „Mond".
Mondschnitt, auch wohl „Zirkelschnitt" genannt, ist ein halbmondförmiger, runder Ausschnitt (Section) und gehört zu den Seltenheiten.
Monile ist der auch in Deutschen Blasonnirungen öfters gebrauchte Lateinische Ausdruck für das „Halskleinod" (s. d.).

Monogramme — ein eigentlich mehr der Diplomatik und der Sphragistik angehöriger, bei heraldischen Besprechungen jedoch mitunter vorkommender Begriff — waren in älteren Zeiten und im Mittelalter gewisse aus Anfangsbuchstaben oder auch aus allen Buchstaben eines Namens etc. zusammengesetzte Namenszüge. — Es sollen — wie man sagt — die ordentlichen Monogramme in ihren Zusammenstellungen alle Bestandtheile oder einzelnen Buchstaben derjenigen Worte, welches sie repräsentiren sollen, enthalten, was jedoch nicht gar wörtlich genommen werden mag.

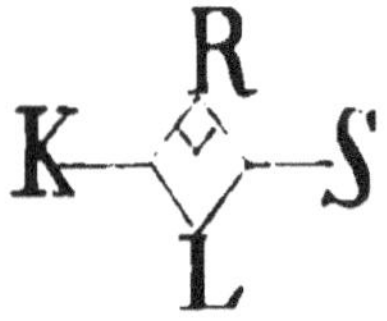

Fig 163.  *Fig. 164.*

Fig. 163. und *Fig. 164.* sind zwei deutlich ausgedrückte Monogramme; *Fig. 163.* nämlich ist das Monogramm des Kaisers *Karl's* des Grossen, des Stifters der Dynastie der ächten Karolinger (regierte 768 bis 814) und *Fig. 164.* das des Kaisers *Otto's I.*, auch „der Grosse" genannt, aus der Sächsischen Dynastie (regierte 936 bis 973). — So einfach und deutlich, als diese beiden, sind übrigens nicht alle Monogramme.

Monozeros ist das Einhorn. Dasselbe hat — wie es sich auch noch auf der rothen Neun in der Deutschen Spielkarte (Schwerterkarte) volksthümlich erhalten hat — ein gerade vorgestrecktes Horn an der Stirn und soll eigentlich nach alter Tradition den Kopf eines Hirsches, zweigespaltene Klauen, die Hinterbeine behaart wie ein Geis und einen kurzen Schwanz, übrigens aber eine Gestalt ungefähr wie ein Pferd haben.

Schatten von K.,burg, desgleichen *Gachnang* —: in Roth auf einem grünen Büchel ein silbernes zum Gange geschicktes Monozeros oder Einhorn.

Monströs nennt man diejenigen gemeinen Figuren, namentlich Thiere in Wappen, welche in einer ihrer eigentlichen Wesenheit widersprechenden Weise, meist unter Vertauschung ihrer ursprünglichen Bestandtheile mit fremdartigen Bestandtheilen dargestellt sich finden.

Pasterwitz —: ein silberner Löwe mit einem Brackenkopf in einem von Schwarz und Roth getheilten Felde; *Eppli von Falanden* —: in Gold ein rother Löwe mit einem Pfauenschweif; *Leiptziger* —: in Gold ein rother zum Raub geschickter Fuchs mit einem Schwanz von sechs schwarzen weissgespitzten Hahnenfedern; *Stumpfen von Stumpfsperg* —: in Silber ein blauer Hund mit zwei rothen Köpfen, einer davon zurücksehend; *Kockorsch* —: in Gold ein schwarzer Haushahn mit Geisskopf; *Rudeck* —: in Roth ein silberner Fisch mit einer Hirschstange oder einem Halbgestänge (halbem Hirschgeweih) auf dem Kopf; *Böltzig* —: in Roth ein schräg (rechts) aufsteigender silberner goldengeflügelter Fisch.

Die fischgeschwänzten Thiere (siehe: „Fischgeschwänzt") sind allerdings auch monströs, bilden jedoch unter jenem Namen eine besondere Classe für sich.

Morgenstern, auch „Faustkolben" genannt, ist ein am oberen Ende mit Stacheln besetzter Streitkolben.

Fig. 165.

Fig. 166.

Fig. 165. Dahmen, desgleichen *Bischofsrod* —: in Gold zwei schwarze im *Andreas*-Kreuz über einander geschränkte Morgensterne oder Faustkolben; *Greul von Wamerspach* —: das nämliche Bild silbern in Roth; *Brusse* —: in Silber drei rothe schräg (rechts) gelehnte Morgensterne über einander. — Der Morgenstern kam auch an einen besonderen Schaft gesteckt als Waffe vor. Einen solchen Morgenstern oder Faustkolben zeigt *Fig. 166.*, der redende Schild der Stadt *Kolmar* —: in Silber ein rother Morgenstern oder Faustkolben mit schwarzem Eisen daran, schräg (rechts) gelehnt.

Mühleisen soll ein an Mühlsteinen vorkommendes Eisen vorstellen und hat verschiedene Gestalten in älteren und neueren Wappendarstellungen. Die gegenwärtig gewöhnliche Darstellung ist wie in *Fig. 167.*

Fig. 167.

Fig. 167. Ropertz (älterer Schild) desgleichen Schade, Pless —: in Gold ein rothes liegendes Mühleisen. —

Die hier abgebildeten Figuren 168, 169, 170, 171 stellen ältere Mühleisen vor, wie solche namentlich in den Rheingegenden zu finden. — Man vergl. auch noch: „Doppelhafte" und „Hausanker".

  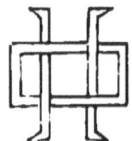

Fig. 168.   *Fig. 169.*   *Fig. 170.*   *Fig. 171.*

Mühleisenkreuz, auch „durchbrochenes Ankerkreuz" und zwar mit Recht so genannt, ist eben weiter nichts als ein in der Mitte durchbrochenes „Ankerkreuz" — (s. d. mit *Fig. 6.*) und bedurfte darum keines besonderen Namens, namentlich, da es wirklich zu den Seltenheiten gehört.

Fig. 172.

Fig. 172. Viry —: in Schwarz ein silbernes Mühleisenkreuz oder — besser gesagt — in der Mitte durchbrochenes Ankerkreuz.

Mühlrad, auch „Kammrad" genannt, ist ein Rad mit Kämmen oder Zähnen und unterscheidet sich hierdurch von dem „Wagenrad" (s. d.), auch hat es gewöhnlich nur vier im gemeinen Kreuze gestellte Speichen.

Fig. 173.

Fig. 173. Wedell, Mülinen, Payer im Hoff, Müller —: in Gold ein schwarzes Mühl- oder Kammrad. —

Mühlräder sowohl, als auch Wagenräder findet man bisweilen auch zerbrochen in Wappen dargestellt.

Billick —: in Roth die Hälfte eines zerbrochenen silbernen Rades, mit der Curve nach oben gekehrt; *Rusetzker* —: in Roth die Hälfte eines zerbrochenen silbernen Rades, die Curve rechts gekehrt.

Münzen sollen metallene „Kugeln" (s. d.) sein.
Münzkreuz ist nur eine andere, weniger gebräuchliche Benennung für das eben auch wenig gebräuchliche „Kugelkreuz" (s. d.).
Mumblatt wird das „Seeblatt" (s. d.) mitunter genannt.
Mundlöcher nennt man die ungefähr wie Trompetenmundstücke ausgebogenen Oeffnungen an den oberen Enden der Büffelhörner wie solche bei Hörnerkleinoden heutzutage gewöhnlich vorkommen.
Muthig wird von dem Pferde gesagt, wenn es laufend, etwa galoppirend erscheint.

Pferdsdorf, desgleichen *Renner von Almendingen*, *Zume*, *Krieger*. auch die Stadt *Stuttgart* —: in Gold ein schwarzes muthiges Pferd; *Kanig* —: in Silber ein schwarzes muthiges Pferd.

Nabelreihe siehe: „Rechts".
Nabelstelle siehe: „Rechts".
Nach der Schrembs, seltener „in die Schrembs" pflegten die älteren Heraldiker für „schräg" (s. d.) zu sagen.
Nagelspitzkreuz — auch so ein unnützes Ding — sieht aus wie ein schwebendes „Tatzenkreuz" (s. d.) und hat am unteren Ende nach dem Schildesfusse zu einen schmalen Dorn wie eine Bassgeige. (Siehe in *Fig. 222.*)
. *Fresen* —: in Silber ein rothes Nagelspitzkreuz.
Namenwappen siehe: „Redend".
Narbenschnitt ist soviel als „Kerbschnitt" (s. d.).
Natürlich ist in der Heraldik dem heraldisch Ornamentalen und dem heraldisch Hergebrachten entgegengesetzt. Als „natürlich" müssen alle diejenigen Figuren besonders bezeichnet werden, welche, von ihrer eingeführten heraldischen Auffassungsweise abweichend, einmal in ihrer gewöhnlichen, wirklich existirenden Gestalt erscheinen, z. B. die natürliche Lilie, Rose, der natürliche Löwe, Adler, die natürliche Wolke, u. s. w.
Natürliche Farbe wird diejenige Farbe genannt, welche dem damit gemalten Gegenstande wirklich seiner Natur nach zukommt. Wo überhaupt natürliche Färbung vorkommt, da ist auch Licht, Schatten und plastische Rundung in das Bild hineinzubringen, wogegen die heraldische, „künstliche" Färbung in monotonem Anstriche besteht. Zu den natürlichen Farben gehört auch die

Fleischfarbe, nämlich die menschliche und zwar hauptsächlich die der Kaukasischen Race angehörige Hautfarbe; natürlich gefärbte menschliche Gesichter werden nicht mit einem gleichmässig hellfarbigen Anstriche überzogen, sondern können an den Wangen, an den Ohrläppchen, vielleicht auch am Kinn, namentlich aber an den Lippen etwas röther gefärbt sein, als an den übrigen Gesichtstheilen.

Barth von Koppenhausen (redend) —: in Schwarz ein naturfarbiger Mannskopf mit weissem Vollbart. Unter den Thieren ist der Hirsch, nämlich der eigentliche Edelhirsch, dasjenige, welches in Wappen am meisten in seiner Naturfarbe vorkommt. Der natürliche Edelhirsch ist aber weder gelb, noch roth, obschon er zu verschiedenen Zeiten mit seiner Behaarung der einen oder der anderen dieser obengenannten Färbungen ziemlich nahe kommt, der natürliche Hirsch muss vielmehr bräunlich, am Bauche aber, am sogenannten Spiegel und nach den Fesselgelenken hin heller gefärbt dargestellt werden.

Mücke —: gespalten; vorn in Blau zwei silberne Linkbalken, hinten in Gold ein aufgerichteter natürlich gefärbter Hirsch; *Egidy* —: getheilt, im oberen, von Gold und Blau gespaltenen Felde ein naturfarbiger flüchtiger Hirsch, unten zwei Mal getheilt und gegengetheilt von Blau und Gold (mitunter auch etwas anders dargestellt).

Zeppelin, desgleichen *Ahnen* (redend), *Hamppersdorff* —: in Roth ein naturfarbener Maulthierkopf mit Hals; *Ritter* —: in Silber ein im Visir gesehener naturfarbiger Büffelkopf (*recontre* genannt); *Czettritz* —: ein dergleichen Kopf in einem von Roth und Silber gespaltenen Schilde (Stammschild dieses Geschlechtes).

Der Gegensatz von natürlicher Farbe ist „künstliche Farbe", d. h. willkürliche, mit der Naturfarbe in conträrem Gegensatze stehende Farbe – z. B. ein weisser, rother, schwarzer, blauer, grüner, ja sogar auch ein gelber oder goldener Löwe.

Vergl. auch: „Schraffirungen".

Natürlich schreitend oder „natürlich gehend" wird ein Thier dann genannt, wenn es beim Gehen die Füsse so setzt, wie wirklich Thiere der betreffenden Art die Füsse zu setzen pflegen. Das heraldische Thier setzt, wenn es rechts schreitet, beide linke (auswendige) Beine zurück und beide rechte (inwendige)

Beine vorwärts und so *vice versa* beim Linksschreiten; anders die natürlichen Quadrupeden, bei denen wir bemerken, dass sie stets beim Ausschreiten auf der einen Seite beide Füsse convergirend (gegen einander) und auf der andern Seite divergirend (aus einander) setzen und hierin bei jedem Schritte abwechseln. In Wappen wird das natürliche Schreiten nicht vermuthet, ist daher vorkommenden Falles zu melden. Man findet dasselbe jedoch öfters bei Widdern und Lämmern, auch wohl bei Eseln und Maulthieren, seltener bei anderen Quadrupeden, namentlich selten bei wilden Thieren.

Der *Poniatowski*'sche Stier, roth auf grünem Rasenboden in silbernem Felde, wird bisweilen natürlich schreitend abgebildet.

Nebelschnitt siehe: „Wolken".

Nesselblatt ist eine ganz eigene Figur, welche im gräflich *Schauenburg*'schen Schilde vorkommt und von diesem in das herzoglich *Holstein*'sche Wappen übergegangen ist.

Fig. 174. Schauenburg
—: in Roth ein roth und blau gerauteter kleiner Schild, besetzt in Göppelstellung mit 3 goldenen Nesselblättern u. zugleich in Gabelstellung von drei silbernen gewöhnlichen spitzen Blättern.

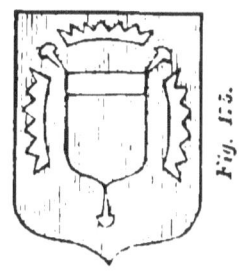

Fig. 175. Das Herzogthum *Holstein* —: in Roth ein mit silbernem Schildeshaupte versehener rother oder auch ein von Silber und Roth getheilter kleiner Schild, besetzt am rechten und linken Obereck, sowie auch in der Mitte des Schildesfusses mit je einem silbernen Nagel und beseitet oben, rechts und links von je einem silbernen Nesselblatt.

Graf *Adolf I.* soll nämlich das Schloss Schauenburg oder Schaumburg auf dem Nesselberge gebaut und *Adolf III.* um das Jahr 1189 die Nägel von dem Kreuze *Christi* (welche übrigens auch die Lombardische Krone in Anspruch nimmt) aus dem heiligen Lande mitgebracht haben, welche beiden Umstände zu dem in *Fig. 175.* dargestellten Wappen Anlass gegeben haben sollen. Nach neueren Forschungen soll sich jedoch dieses „Nesselblatt" zufolge eines Siegels der Brüder *Johann* und *Gernhart von Holstein* als ein gezackter Schildesrand ausweisen.

Bei *Martin Schrot* findet sich der Schild des Bisthumes „Hamborg" mit einem im Schächerkreuz gestellten spitzen, ausgezackten Dreiblatt mit einem Butzen und drei in Göppelstellung in das Dreiblatt hineingeschlagenen Nägeln, wozu der Text lautet: „Ein grünes Nessel blat mit eim gelben butzen, der schildt weiss."

Nestel nannte man früher die queren, wohl auch (weil doch zu keiner Zeit eine Ordnung in der Deutschen heraldischen Terminologie war) die schrägen „Faden" (s. d.). — Siehe auch: „Benestelt"

Netz braucht *Siebmacher* für „Gitter" (s. d.).

Neungeschacht ist eine nicht selten vorkommende Heroldfigur (nicht Section), welche entsteht durch zweimalige Spaltung und zugleich durch zweimalige Theilung des Schildes oder Feldes, wobei die hierdurch gleichmässig abgetheilten neun Plätze in abwechselnden Tincturen erscheinen. Die 5 Plätze (uneigentlich hier „Plätze" genannt) bilden das Feld, die 4 aber die Heroldfigur.

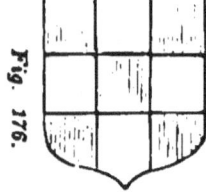

Fig. 176.

Fig. 176. Ottenfells —: neungeschacht von Roth und Silber, oder auch — weil Silber die Heroldfigur bildet — von Silber in Roth.

Bei einer nur geringen Veränderung der Proportion kann hieraus auch ein silbernes „mitten ausgebrochenes Kreuz" werden.

Niederwärts gekehrt ist soviel als „Gestürzt" (s. d.).

Oben ist im Schilde oder Felde alles Dasjenige, was im Verhältnisse zu einem anderen Objecte dem Schildeshaupte näher befindlich ist, „unten" aber, was sich dem Schildesfusse näher befindet.

Oberstelle siehe: „Rechts".

Oberwappen besteht aus dem Helme nebst Kleinod und den Helmdecken, oder statt des Kleinodhelmes und den Decken in den für den Helm substituirten Mützen, Hüten, „Standeskronen" (s. d.) etc.

Ochs siehe: „Kuh".

Offen wird der „Flug" (s. d.) genannt, wenn er ausgebreitet ist oder — wie die alte Schule sich ausdrückt — wenn die Flügel mit den Sachsen einwärts gekehrt stehen.

Offener Kesselhaken siehe: „Kesselhaken".

Offener Mauergiebel siehe: „Mauergiebel".

Oiscy nannte der blos noch als „*Heraldus Britannus*" bisweilen erwähnte Heraldiker den Purpur als Tinctur.

Orlog, auch Urlug war ein altes Wort für Krieg; z. B. Orlogschiff heisst ein Kriegsschiff. (Der Ausdruck kommt z. B. bei *Hoheneck* noch vor.)

Orth ist ein mitten am Schildrande angebrachtes, keine Figur oder Theilung, sondern nur Tinctur enthaltendes Quadrat, unterscheidet sich also von der ledigen „Vierung" (s. d.) dadurch, dass letztere nicht mitten am Rande, sondern nur an der einen oder der anderen Ecke des Schildes vorkommt.

Fig. 177.

Fig. 177. Ruesdorf —: in Schwarz ein silbernes oberes Orth.

Von dem unten abgekürzten Pfal unterscheidet sich dieses obere Orth dadurch, dass der unten abgekürzte Pfal sich weiter herab erstreckt, als das Orth, welches ein richtiges Quadrat bilden soll.

Osterlamm, auch Lateinisch „*agnus dei*", d. h. Gottes Lamm genannt, ist das aus biblischen und ähnlichen Darstellungen bekannte gehende oder auch zum Gange geschickte Lamm, welches eine sogenannte Kreuzfahne hält. Gewöhnlich wird dieses Osterlamm natürlich schreitend und zurücksehend dargestellt. (Siehe: „Natürlich" und „Zurücksehend".) In kirchlichen und überhaupt in geistlichen Wappen, z. B. in dem Schilde des Bisthumes *Brixen*, der Probstei *Prüm* u. s. w., aber auch in weltlichen Wappen, namentlich bei dem Oesterreichischen Adel, z. B. in den Schilden der *Ostermayer*, *Lämpel* (beide redend) kommt das Osterlamm vor.

Pannerschild siehe: „Bannerschild".

Panther ist ein selten vorkommendes der mittelalterlichen Heraldik angehöriges Phantasie-Thier, welches dem natürlichen Panther nicht im mindesten verwandt ist. Der heraldische Panther hat — wie er zu verschiedenen Zeiten in verschiedenen Wappen dargestellt ist — mitunter Aehnlichkeit mit dem (heraldischen) Löwen, mit dem Drachen, mit dem Pferd, auch mit dem Stier.

Fig. 178.

Fig. 178. zeigt hier den Panther, wie solcher in einem Siegel des „*Rapoto comes palat. Bawarie*" (wie die Ringschrift sagt) im XIII. Jahrhundert erscheint und wie wir den Panther auch in zehn besonderen, sich einander und auch der *Fig. 178.* fast gleichkommenden Abbildungen bei *Pfeffel* „Versuch in Erläuterungen baierischer Siegel" abgebildet finden. Wiederum diesem hier mitgetheilten und mit den *Pfeffel'*schen Abbildungen übereinstimmenden Panther sehr ähnlich finden wir auf einem Siegel des *Thessemer Crakewitz* aus dem Anfange des XIV. Jahrhunderts das in *Fig. 179.* hier ersichtliche Wappenthier. Nun aber hat die Familie *Krackewitz*, wie die Wappen-

Fig. 179.

bücher, u. a. das Meklenburgische Wappenbuch von *Tiedemann*, angeben, von jeher einen Löwen und zwar roth in Silber geführt, obschon *Bagmihl* in seinem Pommerischen Wappenbuche die Figur als „Panther" anspricht, wobei er freilich dieselbe wie einen ungemähnten Löwen, also wie eine sogenannte „Löwin" (s. d.) abbildet. *Siebmacher* giebt allerdings — was hier nicht verschwiegen werden mag — im III. Bande 155 das unzweifelhafte Bild eines feuerspeienden Panthers, ebenfalls roth in Silber, mit einem Greifengesicht und Pferdeschwanz. Es lassen aber doch die Vergleichung der Figuren 178 und 179, sowie auch die Schwankungen in den Wappenbüchern hinsichtlich des *Krackewitz'*schen Thieres der Vermuthung, dass Panther und Löwe früher mindestens sehr oft (etwa geradeso wie Eisenhütlein und Wolken) in einander verschwommen und absichtlich oder unabsichtlich mit einander vertauscht worden sein mögen, einigen nicht zu unterschätzenden Spielraum und es sind die Acten hinsichtlich der Abstammung und Bedeutung des Panthers noch lange nicht inrotulirt oder geschlossen.

Weiter liegen aber auch noch andere und zwar solche Momente vor, welche dafür zu sprechen scheinen, dass der Panther möglicherweise auch ein Stier gewesen sein könne. Es ist wenigstens erwiesen und u. a. auch in dem „heraldischen A-B-C-Buch" darauf hingewiesen, dass der Panther mitunter auch gehörnt vorkommt. Das Helmkleinod der Familie *Scheurl* ist es vorzugsweise, welches a. a. O. nach einem Originale aus dem XVI. Jahrhundert wie ein Stier mit ordentlichen Stierhörnern dargestellt und dabei ausdrücklich als „Panther" angesprochen ist. — *Siebmacher I. 212* giebt das *Scheurl'*sche Wappenbild geradezu als einen Stier (silbern in Roth). Uebrigens findet sich in einem Siegel der Stadt *Ingolstadt* (wahrscheinlich aus dem XIII. Jahrhundert), gehalten von dem Schutzpatrone dieser Stadt, ein Schild mit einem den in den Figuren 178 und 179 ähnlichem Thiere, bei dessen Betrachtung man nicht recht klar wird, ob dieses Thier Mähne oder ob es Hörner habe.

In der Darstellung des Ingolstädter Stadtwappenschildes bei *Siebmacher I. 220* ist nun der heraldische Panther (und zwar blau in Silber) ganz unverkennbar, man kann jedoch die an seinem Kopfe angebrachten langen Zipfel ebensowohl für grosse Ohren oder für feuerflammende Ohren, als auch für Hörner halten.

Das Wappenthier des Herzogthumes *Steyermark* (grün in Silber) wird fast allgemein als „Panther" angesprochen, es sagt jedoch der fleissige Forscher *Menestrier* bei Besprechung des Steyerischen Wappenthieres: „*La Styrie, Province d' Allmagne, de sinople au taureau furieux d'argent, ardent de gueules par les oreilles, la gueule et le naseaux. Ceux qui n'ont pas entendu que* Stier *signifie en Allemand un taureau, et qu'il fait des armoiries parlantes dans l'écu de Stirie, en ont fait un animal monstrueux de la forme d'un griffon*". Also von einem Franzosen müssen wir Deutsch lernen! — Auch *Reinhard* spricht geradezu aus, dass das Wappen von *Steiermark* ein redendes, nämlich ein Stier ursprünglich gewesen sei (— *Stiria*, Stirmark, Steyermark —). Desgleichen bei dem gelehrten *Spener (Op. her. p. II, pag. 54)* lesen wir wohlbegründete Deductionen, welche auf die

Ansicht hinauslaufen, dass der Steyerische sogenannte Panther ursprünglich ein Stier gewesen sei — und in der berühmten Züricher Wappenrolle (No. 20) ist er auch wirklich mit Hörnern wie ein Stier abgebildet. — Ausser den hier bereits erwähnten Beispielen mögen als Panther-Wappen nur noch folgende augeführt werden. *Mynner* oder *Vetter* —: in Schwarz ein goldener Panther, welcher sich auf dem Helme wachsend wiederholt; *Panthier* —: in Schwarz ein silberner, gekrönter, aus Rachen, Ohren und Krone Feuer speiender Panther, auf dem Helme wachsend wiederholt; *Eberwein* —: fünf Mal schräg (rechts) getheilt von Roth und Silber, darüber ein goldener Panther, dessen Hörner bei *Siebmacher II, 97* gar nicht zu verkennen sind. — Auch verschiedene von den Steyer'schen abstammende Geschlechter führten den Panther im Schilde und zwar meistens gehörnt wie einen Stier. Man vergleiche noch No. 492 in der Züricher Rolle (*Hochenberg*). —

Möchte diese kleine Deduction besseren Kräften zur Anregung für weitere Forschungen werden!

Parte siehe: „Barte".

Passionskreuz, auch „hohes Kreuz" und „Lateinisches Kreuz", mitunter auch „Calvarienkreuz" genannt, ist ein aufrechtstehendes, gewöhnlich schwebendes Kreuz mit etwas verkürzten und dabei erhöhten Armen.

Fig. 180.

Fig. 180. Das Bisthum *Dorwick* (nach *Martin Schrot*) —: ein silbernes Passionskreuz in einem von Gold und Roth gespaltenen Schilde schwebend.

Das „gemeine Kreuz" (s. d.) als „Lateinisches Kreuz" anzusprechen — wie dies in neuerer Zeit noch möglich gemacht geworden — ist grundfalsch.

Pastorale ist der Hirtenstab, Krummstab eines Prälaten.

Patriarchenkreuz, auch „erzbischöfliches Kreuz", „Lothringisches Kreuz" und „Ungarisches Kreuz" genannt, ist ein Kreuz mit zwei kurzen Querbalken, dessen unterer etwas länger, als der obere ist.

Fig. 181. Die Stadt *Aschaffenburg*, desgleichen das Fürstenthum *Herschfeld* —: in Silber ein rothes Patriarchenkreuz.

Fig. 191.

Bisweilen und zwar namentlich bei geistlichen Hinterwappen wird dieses Kreuz kleeblattartig wie das „Kleeblattkreuz" (s. d. nebst Fig. 132.) an den Enden geziert. Auch kommt das Patriarchenkreuz, obschon selten, mit drei Querbalken vor, was jedoch alsdann gemeldet werden muss. — Siehe übrigens noch „Ungarisches Kreuz" mit Fig. 293.

Pausch siehe: „Bausch".
Pavillons sind eben nur „Wappenmäntel" (s. d.).
Pelikanenart, nach . . so wird der Adler, überhaupt jeder Vogel genannt, wenn er sich — wie der Pelikan — mit dem Schnabel in die Brust hackt. (Z. B. *Bambel* bei *Siebmacher I. 41.*)
Pelzwerk, gemeines, zum Unterschiede von dem Hermelin auch „Rauchwerk", „Kleinspalt", „Kleingrau", „Granwerk", „Kürsch", „Feh", „Fehfell", „Fechfell", „Ferchfell", „Fehwammen" (obschon die letztgenannten fünf Ausdrücke auch für die Eisenhütlein in ihrer Deutung als Pelzwerk gebraucht werden) genannt, wurde in älteren mittelalterlichen Zeiten öfters *in natura* (vergl. hierzu: „Zobel") auf Schilden angebracht und wird in Wappen gegenwärtig wie bei *Fig. 182.* dargestellt.

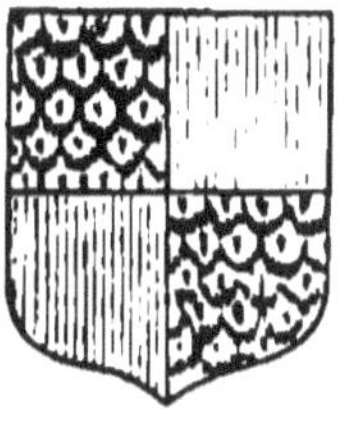

Fig. 182. *Jarsdorf* —: quadrirt von Pelzwerk und Roth.

Hier können übrigens auch noch die Artikel „Eisenhütlein" und „Hermelin" verglichen werden.

Pentalpha wird mit einem aus der Griechischen Sprache gebildeten Ausdrucke der „Trudenfuss" (s. d.) bisweilen genannt und zwar desshalb weil er fünf Mal den Buchstaben *A (alpha)* in sich enthält.

Perlenschnitt wurde ehedem mitunter der Wolkenschnitt, d. h. die wolkenweise bewerkstelligte Schildestheilung genannt. Siehe: „Wolken".

Pfal entsteht durch zweimalige Spaltung des Schildes oder Feldes und gleichmässige Tingirung der beiden Seitenräume im Unterschiede zu dem anders tingirten, übrigens etwas weniger, als

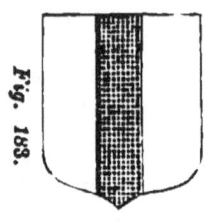

Fig. 183.

gerade den strenggemessenen dritten Theil der Schildesbreite einnehmenden mittleren Raume, welcher letztere eben den 'Pfal bildet.

Fig. 183. Kettenheim, desgleichen *Zechau, Kreutzen (Kreytz), Wall, Skrebensky, Spanofsky, Fremuth von Tropschitz, Richterschwyl —:* in Silber ein schwarzer Pfal.

Pfalfeh wollen Manche die Schildestheilung mit „Eisenhütlein" (s. d) genannt wissen, wenn die gleichfarbigen Eisenhütlein pfalförmig in der Reihe über einander stehen; stehen sie aber gestürzt pfalförmig, sodass die silbernen alsdann aufrecht stehen, so ist dies „gestürztes Pfalfeh" oder die Eisenhütlein sind „über einander gestürzt;" stehen die Eisenhütlein jedoch pfalförmig dergestalt über einander, dass eines und das andere abwechselnd gestürzt steht, sodass sich also stets zwei gleichfarbige Eisenhütlein abwechselnd auf der einen Seite mit den Spitzen, auf der anderen mit den Füssen berühren, wie in *Fig. 184*, so heissen sie „gegeneinander gesetzt;" endlich „verschoben" oder auch „Wechselpfalfeh" werden die Eisenhütlein genannt, wenn sie (was übrigens der seltenste Fall von allen diesen hier angeführten seltenen Fällen ist) wie in *Fig. 185.* stehen — und dann erinnern sie allerdings am meisten an ihren

Fig. 184.

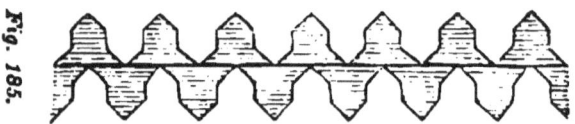

Fig. 185.

ursprünglichen Zusammenhang mit den heraldischen „Wolken" (s. d.).

Pfalstelle siehe: „Rechts".

Pfalweise gespitzt siehe: „Reihenweise gespitzt".

Pfeiler siehe „Schächerkreuz".

Pfeilkreuz (auch so eine Nutzlosigkeit!) heisst ein Kreuz, wenn es an seinen vier Enden mit Pfeilspitzen oder Widerhakenspitzen versehen ist.

— 103 —

Pfennige oder „Wappenpfennige" werden die metallenen „Kugeln" (s. d.) zuweilen genannt.

Pferdebremse, bei *Fahne* „Pferdepramme" genannt, ist eine Vorrichtung zum Bändigen der Pferde bei dem Hufbeschlage und wird in Wappen verschieden abgebildet.

Fig. 186. *Lissperg,* desgleichen *Tüngefeld* —: in Silber eine rothe Pferdebremse, schräglinksgestellt.

Fig. 187. Ense —: in Gold zur Pfalstelle eine schwarze Pferdebremse.

Pferdepramme wird mit einem undeutschen Worte bei *Fahne* die „Pferdebremse" (s. d.) genannt. *Hoheneck* sagt: „Prembse".

Pfüllen ist eine ältere Bezeichnung für „Kissen" (s. d.).

Phönix siehe: „Scherbvogel."

Pilgerkreuz soll „Pilgerstabkreuz" heissen und ist gleichbedeutend (d. h. gleich unbedeutend) mit „Kugelstabkreuz" (s. d.).

Pilgermuschel ist die „*Jakobs*-Muschel" (s. d.).

Pilgerstabkreuz wird das „Kugelstabkreuz" (s. d.) zuweilen genannt.

Plätzlein wird in älteren Quellen für „Butzen" (s. d.) gebraucht.

Platerspiel war ein Krummhorn mit sechs Grifflöchern und scheint dem Zinken oder Kinkhorn etwa am nächsten zu kommen.

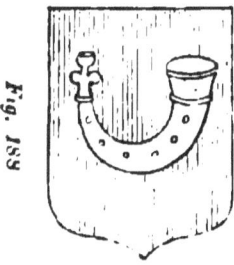

Fig. 188. Limburg —: in Roth ein silbernes Platerspiel mit goldenem Mundstück und goldenem Randbeschläge am Schallloch; ferner noch ein *Lönburg*'scher Schild —: in Roth zwei mit ihren Mundstücken und Schalllöchern einander zugekehrte aufrecht stehende silberne Platerspiele; *Lonberg* —: in Blau ein goldenes Platerspiel.

Plattkragen wird von *Hübner* und Consorten der „Hauptpfal" (s. d.) genannt.

Plattkreuz wird bei *Bussing* und Anderen das „*Antonius*-Kreuz" (s. d.) genannt.

Platz heisst ein lediglich aus Tinctur bestehender, also nicht Figur habender Raum in einem Schilde, welcher sich zwischen dem einen Schildrande und einer Theilungslinie oder zwischen zwei Theilungslinien befindet; z. B. ein zwei Mal gespaltener oder getheilter Schild (vergl. *Fig. 85.*) hat drei Plätze; die gewöhnliche Ständerung (vergl. *Fig. 265.*) hat acht Plätze — etc. Sobald eine Figur hineinkommt, wird aus dem blosen Platze ein „Feld" (s. d.); siehe auch: „Heroldfigur".

Pözlein ist eine alte Schreibweise für „Butzen" (s. d.).

Prachtstücke in oder vielmehr an Wappen sind die Schildhalter, Wappenmäntel, Ordenszeichen, Rangattribute, als da sind: Marschallstäbe, Fahnen, Anker, Schlüssel, ferner die Abzeichen von Aemtern, dann auch die Standeskronen und Hüte, Krummstäbe und Kreuze, Kränze und Liebesknoten, Devisen, fliegende Bänder, Schnallriemen — und wie derartige Erfindungen einer nicht allenthalben classischen Richtung irgend Namen haben oder ersonnen werden mögen.

Pranken werden die Füsse des Löwen genannt.

Prasino nannte der nur noch unter der Bezeichnung „*Heraldus Britannus*" in Büchern erwähnte Heraldiker die grüne Tinctur.

Pratzen ist ein verkehrter Ausdruck für „Pranken" (s. d.).

Prembse siehe: „Pferdepramme".

Preussisches Kreuz ist das bekannte Preussische Ordenkreuz, welches mitunter in Wappen als schwebendes schwarzes, silbereingefasstes Tatzenkreuz vorkommt.

Fürst *Blücher von Wahlstatt* führte im dritten Felde seines quadrirten Schildes in Gold ein Preussisches Kreuz.

Puppen, auch „Gecken" nennt man die vielfach als Helmkleinode verwendeten wachsenden Figuren. — Vergl. hierzu: „Rümpfe".

Pusikankolben, auch „Pusikane" genannt, ist eine besondere Art von Streitkolben, unterschieden von dem sogenannten „Morgenstern" (s. d.).

Fig. 189. Varnbüler, desgleichen *Kappel* —: in Roth zwei silberne im *Andreas*-Kreuz über einander geschränkte Pusikankolben oder Pusikanen; *Kirchperg* —: in Roth zwei goldene desgleichen.

Auf Helmen als Kleinod angebracht ist diese Trutzwaffe gleichfalls nicht selten und kommt vor auf den Helmen der *Ebeleben*, *Kreischelwits* u. A. m.

Putzen ist eine veraltete Schreibart für „Butzen" (s. d.).

Pyramiden werden die stehenden „Spitzen" (s. d.) mitunter genannt. Wirkliche Aegyptische Pyramiden kommen in der übelberüchtigten Napoleonischen Heraldik in Schilden vielfach vor.

Quaderstücke siehe: „Geschacht".

Quadrirt, auch „geviert" seltener „viergetheilt" genannt, ist eine Section, welche entweder durch einmalige Spaltung und einmalige Theilung („quadrirt" schlechtweg), oder durch einmalige Rechtsschrägung und zugleich durch einmalige Linksschrägung („schräg quadrirt") entsteht, wobei allemal die Tincturen abwechseln.

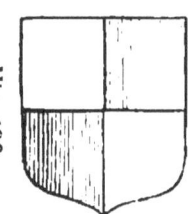

Fig. 190.

Fig. 190. *Wackerbarth*, desgleichen *Wackerbrodt, Mayendorf, Rosauen, Tscherny, Schott von Schottenstein, Dol, Bocancry, Armignac, De Feillens, De Cordon, D'Euvillers*, sowie auch (als Phantasieschild) *Osewain au coeur hardy*, Ritter von der Tafelrunde und (nach der Züricher Rolle) *Kasteln* —: quadrirt von Silber und Roth. Die silbernen Plätze werden hier als der erste und vierte, die rothen als der zweite und dritte Platz bezeichnet.

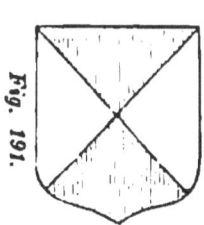

Fig. 191.

Fig. 191. *Paulsdorf*, desgleichen *Esingen, Benstedt, Baldorff, von der Kyrn, Essendorfe*, das Bisthum *Cornate*, sowie auch (nach dem Constanzer Conciliumbuch) *Regnaldus von Carnoco* —: schräg quadrirt von Roth (am ersten und vierten) und Silber (am zweiten und dritten Platze).

Dass auch Heroldfiguren, als z. B. Pfäle, Balken, Kreuze u. s. w. quadrirt erscheinen, kommt sehr oft vor.

Fig. 192. *Biel* —: in Roth ein von Schwarz und Silber quadrirter Balken.

Das quadrirte Kreuz wird in vielen heraldischen Lehrbüchern (ebenso wie das durchbrochene Kreuz) noch als eine besondere Art des Kreuzes genannt, was es jedoch ebenso wenig, als etwa der quadrirte Balken, Pfal u. s. w. ist, welche ja auch nicht als besondere Arten aufgeführt werden.

Quartiere werden von Manchen die vier durch Quadrirung (siehe: „Quadrirt") entstehenden Plätze genannt, was jedoch eben nur ein unnützes Wort ist, da man hier mit den Bezeichnungen „Plätze" und, dafern es sich nicht blos um solche handelt, beziehentlich „Felder" sehr wohl auskommt.

Quartirt ist eine veraltete Form für „Quadrirt" (s. d.).

Quartirtes Kreuz sagt *Spener* für „Gemeines Kreuz" (s. d.). Er nennt es sogar auch „viereckiges Kreuz"; Beides ist unrichtig.

Quaste, auch wohl „Zopf" genannt, ist der breite Haarbüschel, in welchen der Zogel des Löwen ausgeht.

Vonderen, genannt *von der Ilove* —: in Blau ein silberner Balken, darüber ein rother Löwe mit goldener Zunge und goldener Quaste.

Querbalken wird kürzer „Balken" (s. d.) genannt. *Hübner* versteht unter „Querbalken" den Schrägbalken, wogegen er den eigentlichen Querbalken kurz und richtig „Balken" nennt.

Querkreuz ist ein alter unpassender Name für das „*Antonius-Kreuz*" (s. d.).

Querschindeln siehe: „Schindeln".

Querschnitt wollen ältere Heraldiker die Schildestheilung (Quertheilung) genannt wissen.

Querspitze ist die generelle Bezeichnung für die beiden *species* „Rechtspitze" und „Linkspitze". — Siehe: „Spitzen".

Querzinne siehe: „Zinne".

Rad siehe: „Wagenrad" und „Mühlrad". Im Zweifelsfalle dürfte unter „Rad" kurzweg wohl das Wagenrad zu verstehen sein.

Räthselwappen wird ein Wappen genannt, welches gegen irgend eine heraldische Elementarregel, namentlich gegen die Regel visirt ist, wornach nicht ohne Noth Farbe in oder neben Farbe, und Metall in oder neben Metall gestellt werden soll. Bisweilen mögen solche Wappen ursprünglich mit Farbe und Metall richtig abgewechselt haben, jedoch durch Nachdunkeln oder Bleichen der einen oder der anderen Tinctur zu solchen „Räthselwappen" erst später geworden sein. *Rüssingen* (nach *Eisenberger's* Wappenmanuscript) —: in Grün ein schwarzer Löwe; *Wülffen*, desgleichen *Wolf*, *Luillier* —: in Blau ein schwarzer Löwe; *Durnach* (nach *Eisenberger*), desgleichen *Chastelet* —: in Roth ein blauer Löwe; *Adelbach* —: getheilt von Roth und Blau mit einem Löwen in abwechselnden Tincturen. *Salza* —: im 2. und 3. silbernen Felde des quadrirten Schildes zwei goldene Angelhaken. Uebrigens können hier noch verglichen werden die Figuren: 30, 174, 175, 215.

Eine Ausnahme von obiger Elementarregel haben sich im alten Deutschland die Farben Roth und Schwarz nicht selten gestattet — und es ist wirklich, als ob die Zusammenstellung dieser beiden Farben einen recht urwüchsigen, alterthümlichen Eindruck mache.

Treffurt —: in Roth ein schwarzes Mühlrad; *Rüdiger von Radek* (nach *Schöller*) —: in Schwarz ein rothes Mühlrad; *Haugwitz* —: in Roth ein schwarzer, goldengekrönter und goldengehörnter Widderkopf. Hierzu kann auch *Fig. 115.* verglichen werden. Ferner: *Reckentin* —: in Roth drei schwarze, schräg über einander liegende fünfmal geknotete Aeste; die Stadt *Oschatz* —: in Roth ein schwarzer, von 3 goldenen Sternen begleiteter Löwe; *Wratislaw*, desgleichen *Ortmannsdorf*, *Kockorzowitz* —: gespalten von Roth und Schwarz. Man kann hier auch noch *Fig. 228.* vergleichen.

Raub siehe: „Zum Raub geschickt".

Raubend wird ein Thier genannt, welches ein Object, gewöhnlich ein kleineres Thier mit den Zähnen gepackt hat.

Reinecke —: in Blau ein silberner Fuchs, einen Knochen raubend; *Brandenstein* —: in Gold ein Fuchs, eine silberne Gans raubend; später wurde der Schild quadrirt und hat das ebenbeschriebene Bild im zweiten und dritten, im ersten und vierten silbernen Felde aber einen goldenen, einen Hirschkopf raubenden Löwen; *Dresky* —: in Blau ein grauer Wolf, eine silberne Gans raubend; *Wolframsdorff* —: in Silber ein rother Wolf, ein Hirschgeweih oder Hirschgestänge raubend; *Berlichingen*, desgleichen *Aicholtzheim*, *Flehingen* —: als Helmkleinod

ein sitzender oder gekrüpfter silberner Wolf, ein silbernes Lamm
raubend; *Wolffurt* —: in Blau auf grünem Büchel ein Wolf,
eine silberne Gans raubend.

Rauchwerk ist eine von den vielen Bezeichnungen für das gemeine
„Pelzwerk" (s. d.).

Rauten sind in der Heraldik ebenso wie in der Geometrie gleichseitige schiefwinkelige Parallelogramme *(rhombi)* und zwar in
ihrer Gestalt etwas weniger verschoben, mithin nicht so schlank, als die „Wecken" (s. d.)
oder „Spindeln".

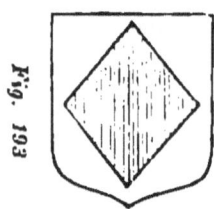

Fig. 193

Fig. 193. Schwerin, desgleichen *Eubing*,
Köller —: in Silber eine rothe Raute. —
Man kann hierzu auch noch *Fig. 43.* (nebst
Text dazu) vergleichen.

Rautenkranz (in keinerlei Beziehung stehend mit den eben beschriebenen „Rauten", sondern vielmehr nach einer Pflanze
Namens „Raute" benannt), die in dem königlich Sächsischen
Wappen und den damit verwandten Länderwappen befindliche
und von Geldstücken her gewiss auch den Nicht-Heraldikern
hinreichend bekannte oder doch leicht kennen zu lernende Figur,
ist vielfach gedeutet worden und hat ihre eigene kleine Literatur.

Hefner hielt den Rautenkranz zuerst für eine aus einem Wehrgürtel entstandene Figur, änderte aber später seine Ansicht dahin, dass der Rautenkranz ein aufgelöster Kronenreif sei; auch
Dr. von Sacken hält den Rautenkranz für einen „schräg rechts
gestellten" Kronenreif; *Böhme* hält ihn für eine Krone und
Buder für eine Hutverbrämung; *Krantz* und seine Anhänger erklären ihn für einen von dem Kaiser *Friedrich Barbarossa* als
Unterscheidungszeichen (Beizeichen) dem Schilde *in natura* umgehangenen Weinblätterkranz; *Höhn* erklärt den Rautenkranz
für einen Kranz von „Seeblumen", mit welchem Namen er jedoch die „Seeblätter" (siehe: „Seeblatt") zu bezeichnen pflegt
oder auch für eine Perlenkrone; *Zollmann* hält ihn für einen
Haarputz der *Agnes*, Tochter *Rudolf's von Habsburg*, welche mit
dem Churfürsten *Albrecht* von Sachsen verlobt gewesen; *Albinus*
bringt den Rautenkranz mit einer minder vornehmen Liebschaft
eines Sächsischen Prinzen in Venedig und einem Jungfernkranz
in Verbindung; *Michelsen* hält den Rautenkranz für eine Imitation

der Dornenkrone *Christi*; wieder Andere deuten ihn wieder anders und *von Quast* erklärt ihn für einen Turnirkragen.

Wenn man sich nur einigermassen mit dem Wappenwesen befasst und die Quellen des Mittelalters und selbst noch der nächstfolgenden Periode nicht ganz ausser Acht gelassen hat, so kann es Einem gar nicht beikommen, eine ganz gewöhnliche und ziemlich oft vorkommende Heroldfigur durch Herznzerren abenteuerlicher und läppischer Anekdötchen erklären zu wollen.

Es lässt sich nämlich der Rautenkranz von dem geübteren Auge gar bald und deutlich als ein in der hergebrachten Manier des Mittelalters mit Blätterwerk verschnörkelter Schrägbalken oder Schrägfaden erkennen und man irrt sich sehr, wenn man etwa meint, der Rautenkranz sei das ausschliessliche Eigenthum des Sächsischen Wappens. Für einen Balken haben den Rantenkranz auch schon *Struve*, *Dorn*, *Tentzel* und *von Mayerfels* erklärt. Seine keineswegs immer, sondern nur bisweilen vorkommende Curvengestalt hat dieser Schrägbalken nur eben dadurch erhalten, dass er auf ausgebauchten oder gewölbten Schilden gesehen und desshalb curvisch abgebildet worden, welche curvische Gestalt alsdann von Nichtkennern für wesentlich angesehen worden ist. Höchst wahrscheinlich ist der Rautenkranz Beizeichens halber über den Bullenstädtischen Schild geschränkt worden. Aber für einen Turnirkragen möchte ich den Rautenkranz umdesswillen nicht halten, weil der Turnirkragen nicht schrägüber, sondern quer und überdem im Schildeshaupte zu liegen pflegt. Der Rautenkranz sieht auch übrigens einem Turnirkragen gar nicht ähnlich. Man vergleiche *Fig. 290.* und *Fig. 291.*

Im fünften Bande des alten *Siebmacher* auf der ersten Tafel findet man „das letzte Sächsische Wappen" (zum Unterschiede von älteren Wappen hier so bezeichnet), welches ganz deutlich einen schnurgeraden Schrägfaden, besetzt mit drei Kleeblättern zeigt. Aehnliche Rautenkränze kommen noch in vielen Wappen und zwar meistens in solchen Schilden vor, welche mehrere Balken oder eine mehrfache Quertheilung haben.

Wegeleben —: in Silber ein schwarzer Balken mit schräg darüber geschränktem grünen Rautenkranz; *Maschwitz* —: in Gold drei schwarze Balken mit schräg darüber geschränktem grünen

Rautenkranz; *Elben* —: in Roth ein silberner Rautenkranz, ebenfalls schräg geschränkt; *Kücnring* —: das zweite Feld des quadrirten Schildes ist fünf Mal getheilt von Schwarz und Gold mit schräg darüber geschränktem Rautenkranz; *Neuenbrun* —: fünf Mal getheilt von Gold und Schwarz mit schräg darüber geschränktem grünen Rautenkranz; *Zucker* —: in Silber drei schwarze Balken mit schräg darüber geschränktem grünen Rautenkranz; *Franzhon* in Flandern —: fünf Mal getheilt von Silber und Schwarz mit schräg darüber geschränktem rothen Rautenkranz; *Möstclin* —: im ersten und vierten Felde des quadrirten Schildes in Gold vier schwarze Balken mit schräg darüber geschränktem grünen Rautenkranz; das Bisthum *Strassburg* führt im zweiten und dritten Felde seines quadrirten Schildes den landgräflich Elsässischen Schild, nämlich in Roth einen silbernen, auf beiden Seiten mit Gold rautenkranzförmig verzierten Schrägbalken; *Martin Schrot* blasonnirt hier umgekehrt „Roth in Silber" und nennt den Schrägbalken: „an bayden orten mit gelben spitzen eingefangen"; ferner: *Rutencrantz* in Schweden —: in Blau ein goldener schräg rechts geschränkter Rautenkranz, begleitet links oben und rechts unten von je drei rothen Herzen; *Rudeckem (Rudigheim)* —: in Gold ein rother schräggeschränkter Rautenkranz (nach *Schannat*), wozu man noch „Rüdickheim" bei *Siebmacher III, 128* als ähnlich vergleichen kann; *Pallant* —: fünf Mal getheilt von Schwarz und Silber und insbesondere in dem Siegel des *Corsil von Pallant* von dem Jahre 1439 über den ursprünglichen Schild ein Rautenkranz schräg übergeschränkt, wo sich ganz klar der Rautenkranz in gleicher Bedeutung mit dem Schrägfaden als „Beizeichen" (s. d.) erweist. Die Burggrafen von *Magdeburg* führten bekanntlich eine mehrfache Schildestheilung, bisweilen auch Heroldfigur von Roth und Silber; *Fig. 194.*

Fig. 194.

hier stellt ein Siegel des „*Burgardi junioris burgravy in magdeburch*" aus dem Jahre 1263 dar, worin wir wiederum dem Rautenkranz und zwar wohl auch als Beizeichen in seiner gewöhnlichen Gestalt als mit Blätterverzierung besetztem Schrägfaden begegnen. Dieses blätterförmige Besetzen ursprünglich glatter

Seitenränder ist wie das Damasciren grösserer leerer Plätze oder Räume nur zur Verzierung aufgebracht und angewendet worden; wir finden sogar krumme Linien rautenkranzförmig eingefasst. So bringt z. B. *Rein* im Nürnberger „Anzeiger" vom Jahrgange 1863 die Abbildung eines *Grumbach*'schen Siegels aus dem XII. Jahrhundert, darstellend einen krummen Bach (nämlich einen gefluteten Schrägbalken oder Fluss), besetzt an beiden Seiten mit lilienförmiger Rautenkranzeinfassung.

Aus allem dem hier dargebrachten Material dürfte man wohl zu der nahe genug liegenden Schlussfolgerung kommen, dass der Rautenkranz als ein ursprünglich zum Behufe Beizeichens über den Schild geschränkter Schrägfaden oder auch Schrägbalken, willkürlich ausgeziert mit Blätterwerk und bisweilen auch in der oben motivirten Weise als rein zufällige Curve erscheinend, sich herausstellt, wobei man gerne zugiebt, dass in vielen Wappen dieses Beizeichen wie andere Beizeichen auch — namentlich z. B. der Turnirkragen — seine Bedeutung als solches im Laufe der Zeiten zwar verloren haben, aber dennoch als stabil gewordener Wappenbestandtheil beibehalten worden sein mag.

Wenn übrigens ein Mensch dreist genug ist, mit der Vollwichtigkeit gleichsam eines grossen Propheten im XIX. Jahrhundert ein sein sollendes „Compendium der Heraldik" im öffentlichen Buchhandel herauszugeben und dabei in den Elementarbegriffen noch soweit zurück ist, dass er — abgesehen von seinen vielen anderen Ungereimtheiten — behaupten kann, der Rautenkranz im Sächsischen Wappen m u s s e s t e t s r e c h t s l i e g e n, so ist dies eben wieder ein neuer Beleg für die ärgerliche Wahrheit, dass d i e s e Wissenschaft (die Heraldik nämlich) mehr denn jede andere sich von der Ignoranz maltraitiren lassen muss! Solche dreiste Unbefugte kann man nie derb genug abfertigen! (*Rudolph I*, Herzog zu *Sachsen*, z. B. siegelt 1319 mit einem schräglinken Rautenkranze.)

Rautenkrenz ist — wie schon die Benennung andeutet — ein aus mit den Spitzen zusammenstossenden Rauten (oder auch Wecken) gebildetes Kreuz und kommt nicht gar oft vor; es ist aber n i c h t — wie dies zwar neuerdings behauptet worden ist — ein in eine Raute endigendes Kreuz.

Uebrigens ist dieses ganze Rautenkrenz keines grossen Aufsehens werth. Die Franzosen, welche uns doch gewiss hinsichtlich der heraldischen Terminologie allermindestens nicht nachstehen, blasonniren das Rautenkreuz meistens nur durch Angabe der Zahl und Stellung der Rauten — und dies zwar mit Recht (z. B. im „Livre d'or").

Fig. 195.

Fig. 195. Dodek oder Döllning, desgleichen Koppelow —: in Silber fünf rothe Rauten im Griechischen Kreuz oder 1. 3. 1. zusammengestellt und mit den Spitzen sich berührend.

Die Blasonnirung, welche die Zahl und die Stellung der Rauten angiebt, ist doch jedenfalls treffender, als die vage Bezeichnung „Rautenkreuz" kurzweg. — So können aber auch sieben oder mehr Rauten, oder auch *Jakobs*-Muscheln, Rosen und sonst welche kleinere Figuren im gemeinen Kreuz, im *Andreas*-Kreuz, im Griechischen Kreuz, auch im Passionskreuz u. s. w. zusammengestellt werden, ohne dass man es nöthig fände, für diese zahllosen Möglichkeiten in allen ihren Variationen und Combinationen auch zahllose Namen auszusinnen.

Pimentel —: in Grün fünf silberne *Jakobs*-Muscheln im Griechischen Kreuz zusammengestellt; *Stommel* —: in Gold bald fünf rothe Rosen im *Andreas*-Kreuz, bald sechs dergleichen (1. 3. 1. 1.) im Passionskreuz. Es fällt aber hier Niemandem ein, von *Jakobs*-Muschel-Kreuzen zu reden oder so einen Wappeninhaber wohl gar zum Rosenkreuzer zu stempeln. Wie kommen nunmehr die Rautenkreuze, Kugelkreuze und dergleichen Unbedeutenheiten zu der besonderen Ehre?!

Rautenschach nennt man das mittels rautenförmiger Section bewirkte Bedecken des ganzen Schildes oder Feldes — wie in *Fig. 73*.

Rautenschilde siehe: „Damenschilde" mit *Fig. 46*.

Rautenstängel nennt man mit einem althergebrachten Ausdrucke die Blättchen oder Pflänzchen, womit man Helmkleinode öfters besteckt findet, wie auch der in *Fig. 196.* dargestellte, der ersten Hälfte des XIV. Jahrhunderts angehörige Kleinodhelm aus einem sogenannten Reitersiegel *Heinrich's*, Pfalzgrafen bei Rhein und Herzogs von

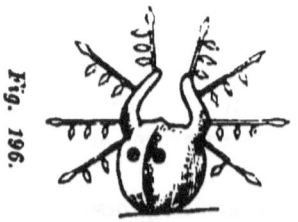

Fig. 196.

Bayern deutlich zeigt. Aehnlich finden wir auch die Helme der Landgrafschaft *Thüringen*, Landgrafschaft *Hessen* und des Markgrafenthumes *Meissen* u. a. m. mit solchen Rautenstängeln besteckt. — Vergl. auch *Fig* 59. nebst Text dazu. — Vielleicht sind die Rautenstängel manchmal aus Lindenblättern entstanden.

Rechen ist eine von den minder bezeichnenden Benennungen für den „Turnirkragen" und zwar ist diese Bezeichnung von dem Italiänischen Worte *rastrello*, d. h. Rechen, entnommen.

Rechtarm nennt man einen aus dem linken Schildrande hervorgehenden oder doch im Schilde oder auf dem Helme von links her nach rechts gewendeten Arm.

Fig. 197.

Fig. 197. Edelburg —: in blauem, mit silbernem Stabbord umgebenen Schilde ein silberner Rechtarm, ein silbernes Schwert mit goldenem Griff haltend.

Dass derartige Recht- oder auch Linkarme etwas in der Hand halten, ist das Gewöhnliche, jedoch muss gemeldet werden, was sie halten.

Dondorf —: in Roth ein aus dem Schildrande hervorgehender geharnischter silberner Rechtarm, drei silberne Tulpen haltend; *Schönenbecke* —: in Blau ein aus dem Schildrande hervorgehender geharnischter silberner Rechtarm, einen goldenen Ring haltend. —

Einen Unterschied zwischen rechtem und linkem Rechtarm und zwischen linkem und rechtem Linkarm zu machen — wie der unverwüstliche *Bernd* vorschlägt — wäre pure Grille, ist auch von *Bernd* selbst nicht hinreichend motivirt.

Rechtbalken wird der schrägrechte Balken kurz und bezeichnend genannt.

Fig. 198.

Fig. 198. Lobdeburg, desgleichen *Grune, von der Grün, Langenau, Pelden* genannt *Cloud, Kritzenstein, Wezel von Marsilien, Besser, Rose, Tript von der Eyll, Blaes, Weyler, Kageneck, Hatingen, Rauch, Montagu, Montigni, Montenacken, Hemericourt, De Roverée, De Roye, De Torcy, Neufchastel*, sowie auch die Bisthümer

Strassburg und *Regensburg* —: in Roth ein silberner Rechtbalken.

Rechte Seite siehe: „Rechts".

Rechts nennt der Heraldiker nach einer Elementarregel, gegen welche leider auch von Solchen gesündigt wird, welche sich öffentlich als sein wollende Heraldiker aufspielen, in Wappen nicht Dasjenige, was dem Betrachter der betreffenden Wappenabbildung zufällig zur Rechten liegt, sondern vielmehr Das, was für den dem Betrachter des Wappens gegenüberstehenden, das Wappen gerade vor sich (etwa auf der Brust) habenden Träger des Wappens rechts sein würde. — Hier mögen nun die zur Bezeichnung der Schildesstellen dienenden Kunstausdrücke durchgegangen werden.

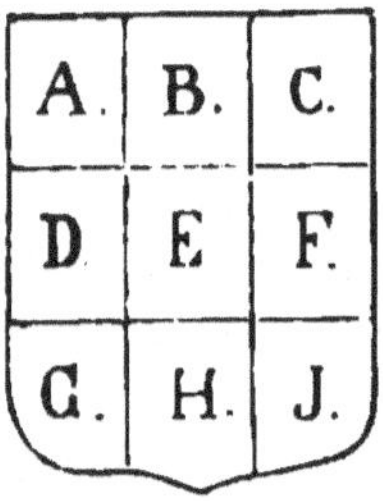

Fig. 199.

In *Fig. 199.* ist:

A. D. G. die rechte Seite,
C. F. J. die linke Seite,
B. E. H. die Pfalstelle,
A. B. C. das Schildeshaupt,
D. E. F. die Mittel- oder Bandstelle,
G. H. J. der Schildesfuss,

A. das rechte Obereck,
C. das linke Obereck,
G das rechte Untereck,
J. das linke Untereck,
E. das Schildesherz,
H. die Schildesspitze.

Um die verschiedenen Lagen der einzelnen, in einem complicirteren Wappen vorkommenden Schilde oder Felder richtig auszusprechen, richte man sich nach *Fig. 200*.

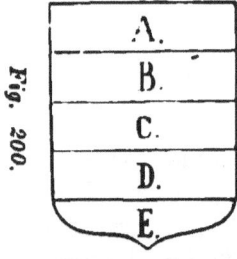

Fig. 200.

A. die Hauptreihe,
B. die Ehrenreihe,
C. die Mittelreihe, auch Gürtelreihe, Bandreihe, Schildesstrasse,
D. die Nabelreihe,
E. die Fussreihe.

Hierbei allenthalben ist anzumerken, dass statt „Reihe" auch „Stelle" gesagt werden kann, z. B. Fussstelle statt Fussreihe, u. s. w.

— 115 —

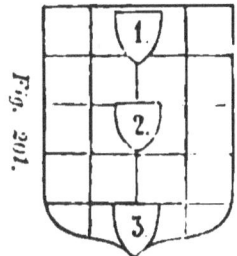

Fig. 201. stellt ein complicirteres Wappen vor mit drei aufgelegten kleinen Schilden; hier steht *No. 1.* in der Hauptreihe, *No. 2.* in der Mittelreihe, *No. 3.* in der Fussreihe.

Redend (nicht „sprechend") nennt man ein Wappen, durch welches entweder der Name des Wappeninhabers, oder auch irgend eine mit Verleihung oder mit Umbildung oder Vermehrung oder überhaupt absichtlicher Veränderung des Wappens zusammenhangende Thatsache durch das Wappen selbst, sei es nun im Schilde, im Kleinode oder in den Schildhaltern bildlich oder symbolisch dargestellt oder gleichsam abgespiegelt wird und kann man sonach die redenden Wappen in eigentliche „Namenwappen" und in historisch redende Wappen eintheilen. Die eigentlichen Namenwappen sind nicht blos in Deutschland, sondern auch anderwärts zu allen Zeiten stark vertreten gewesen; ja, es hat die Sucht, Namenwappen zu schaffen, nicht selten zu Lächerlichkeiten geführt. Mit erbaulichem Humor ergeht sich hierüber der Verfasser des „heraldischen A.B.C-Buches" S. 40 folg. daselbst. Die gewöhnlichsten Namenwappen sind solche, welche den ganzen Namen oder einen Theil des Namens ihres Inhabers gleichsam abbilden — wie z. B. *Spiegelberg* —: in Roth drei blaue goldeingefasste runde Spiegel auf goldenen Stangen auf einem grünen Büchel oder Berg aufgesteckt; *Einsiedel* —: in Gold ein blauer Einsiedler, eine schwarze Hacke über den Rücken, in der Rechten aber einen schwarzen Hammer nebst einem schwarzen *Paternoster* tragend; *Klösterlein* —: in Blau ein bethürmtes Kloster; *Treusch von Buttlar* —: in Roth eine gehenkelte silberne Weinbutte (den nämlichen Schild führen auch *Germar*); *Hake* —: in Silber drei schwarze Haken; *Pflugk* (Stammschild) —: in Roth eine silberne Pflugschaar; *Sternstein* —: im ersten und vierten Felde des quadrirten Schildes ein Bergmann, welcher in der rechten Hand einen Stern, in der linken einen Stein hält; *Stieglitz* —: in der rechten Hälfte des gespaltenen Schildes ein Stieglitz (Vogel). —

8*

Man kann hierzu noch vergleichen: *Stockhausen (Fig. 12)*, *Rosenberg (Fig. 25)*, *Sonnenberg (Fig. 38)*, *Eisenhut (Fig. 54)*, *Schurfseysen (Fig. 64)*, *Tagsternen (Fig. 81)*, *Jüdden (Fig. 122)*, *Ketelhodt (Fig. 128)*, *Ramin (Fig. 155)*, *Ruhstein (Fig. 158)*, *Klammenstein (Fig. 159)*, *Sonnentag (Fig. 162)*, die Stadt *Kolmar (Fig. 166)*, *Mülinen (Fig. 173)*, *Roch (Fig. 209)*, *Römer (Fig. 213)*, *Rüdt von Colenberg (Fig. 214)*, *Seebach (Fig. 246)*, *Schröter (Fig. 247)*, *Sturmfeder (Fig. 273)*, das Königreich *Ungarn (Fig. 293)*, *Wenckstern (Fig. 295)*. — Hieher gehören auch die verschiedenen Familien *König* mit ihren Kronen und sonstigen Abzeichen der königlichen Würde in ihren Wappen; ferner die mit „Bach", „Becke" (d. h. Bach) oder „Strom" zusammengesetzten Namen derjenigen Familien, welche Büche oder Flüsse in den Wappen führen, z. B. *von der Becke, Strombeck, Sandbeck, Otterbach, Schwartzbach, Schambach, Furtenbach, Steinbach*, sowie auch einige der bei *Fig. 303* angeführten Namen. — Dass Wappen in Dialekten einzelner Provinzen oder Gegenden redend sind, kommt ebenfalls öfters vor.

Felber in Biberach —: in Silber ein grüner Baum, höchst wahrscheinlich doch eine Weide, da die Weide in Süddeutschland „Felber" genannt wird; *Lüning* in den Rheinlanden, desgleichen *Lenick* in Westfalen führen einen (schwarzen) Sperling, welcher Vogel schon in einem *glossarium* des XIV. Jahrhunderts „*luninck*" genannt wird und in den Rheingegenden noch heutzutage „Lüning" heisst; *Merle* im Cölnischen —: drei Merlen, d. h. Amseln (siehe: „Amsel"); das Herzogthum *Kleve* —: in Roth ein goldener Lilienscepterstern an einem silbernen Schildlein (vergl. hierzu: „Gleve"); *Friess* in Schlesien —: ein schwarzes, weissgefesseltes, rothgezäumtes muthiges Pferd in einem von Gold und Roth getheilten Schilde, wozu *Dorst* anmerkt: „ein schwarzes Pferd, Friess genannt;" *Grapen* —: in Silber drei schwarze Henkeltöpfe, „Grapen" genannt. Im Helmkleinod im Dialekt redend ist das *Bülow*'sche Wappen, nämlich auf dem Helme (bei dem complicirteren Wappen dann auch in den Schild aufgenommen) ein gelber Vogel, nämlich eine Pirole oder Golddrossel, im Hannöverischen Dialekt „Bülo" genannt; desgleichen redend im Kleinod ist das Wappen der *Schenken von Gayren*, welche einen wachsenden Geier als Kleinod, im Schilde dagegen nur eine einfache Section *(Fig. 84.)* führen; so auch *Schaffgotsch* mit einem Schaf auf dem Helme, während der Schild vier rothe Stäbe in Silber zeigt.

Von solchen Wappen, welche obschon in Deutschland vorkommend, doch in fremden Sprachen redend sind, mag hier noch ganz abgesehen werden und es sei nur kurz auf *Fig. 144* nebst Text dazu verwiesen. Ja, es sind sogar eigentlich heraldisch redende Namenwappen nicht selten; hieher gehört wiederum *Hamayde* (bei *Fig. 144*), sowie auch der weiter oben in diesem Artikel erwähnte *Merle'*sche Schild; ferner *St. Hermine* (bei *Fig. 111*), *Randau* (bei *Fig. 116*); *Deychsler* —: in Roth eine silberne „Deichsel", auch „Gabel" oder „Schächerkreuz" genannt. Namentlich der Sparren kommt hier öfters an die Reihe: *Sparneck* —: in Silber zwei rothe Sparrenstützen *(Fig. 268)*; Andere dieses Namens (vergl. *Fig. 256*) —: drei Mal sparrenförmig getheilt von Silber und Roth; *Sparr* —: in Blau ein goldener eingebogener Sparren; *Gyllensparre* —: in Blau ein goldener Sparren; *Sparre* —: neungeschacht von Blau und Gold, in den blauen Feldern je ein goldener, in den goldenen aber je ein rother Sparren. —

Alle die bishieher besprochenen redenden Wappen sind eigentliche Namenwappen; es sind nunmehr auch die historisch redenden, so zu sagen die erzählenden Wappen zu besprechen.

Im fürstlich *Schwarzenberg'*schen Wappen deutet der einem Türkenkopfe mit dem Schnabel nach den Augen hackende Rabe darauf, dass *Johann Adolf von Schwarzenberg* die Festung Raab den Türken entrissen hatte; die *Schelmen von Bergen*, deren Schild *Fig. 202* hier dargestellt —: in Silber zwei rothe, bei

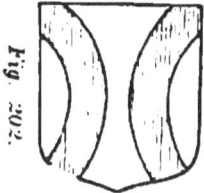

Rudolphi als „Zirkelstreife" angesprochene Curven, welche „blutige Rippen" andeuten sollen und von denen es eine Wappensage giebt, darnach der erste Inhaber dieses Schildes ein auf einem Berge wohnender Scharfrichter (welche Leute damals „Schelmen", d. h. unehrliche Leute gescholten wurden) früher gewesen sein soll — wenn's wahr ist. — Hieher gehört auch das unter dem Artikel „Schutzwappen" (s. d.) von dem Stadt-Meissnischen Schilde Gesagte. —

Endlich fehlt es auch nicht an Beispielen von solchen Wappen, welche auf den Beruf oder die Beschäftigung des damit Beliehenen anspielen. Auf einem Portrait des bekannten Kirchencomponisten *Roland de Lattre*, genannt *Orlando Lasso*, findet sich, wie *Dr. von Mayerfels* berichtet — ein Wappenschild angebracht, welcher u. a. einen Balken enthält, worauf die musikalischen Vorzeichnungen dargestellt sind. Der rühmlichst bekannte Astronom *Laplace* erhielt von *Napoléon I.* einen Wappenschild, darin unter anderen zierlichen Sächelchen sich auch ein Häuflein von Planeten befindet, unter welchen der *Jupiter* mit seinen Aequatoreal-Streifen und der *Saturn* mit seinem Ringgewölbe mit teleskopischer Deutlichkeit zu erkennen sind.

Regalienschild ist das ledige rothe Feld, welches im königlich Preussischen, im alten Chur-Sächsischen und anderen fürstlichen Wappen vorkommt und den Blutbann oder die höchste Gerichtsbarkeit über Hals und Hand bedeutet und daher auch „Blutfahne" oder „Bannschild" (nicht zu verwechseln mit „Bannerschild") genannt wird. Man findet diesen Regalienschild, wie dies bei ledigen Schilden überhaupt gern geschieht, öfters damascirt.

Regnum (Lateinisch, wörtlich übersetzt das Reich oder die Herrschaft) wird die dreifache päpstliche Krone, wie selbige als päpstliches Oberwappen gebraucht wird, genannt.

Reihenweise gespitzt wird nach der Länge, nach der Quere, auch schräg, muss jedoch stets in abwechselnden Tincturen geschehen.

Fig. 203. Rohrbach —: von Gold und Schwarz in vier Reihen langgespitzt.

Wenn die Spitzen so zu einander stehen, dass sich je eine Spitze und ein Basis berühren so heisst dies „pfalweise gespitzt."

Renntartsche wird kürzer „Tartsche" (s. d.) genannt.

Riemen soll nach *Jugenders* der schräglinke Balken genannt werden. Siehe auch; „Bandelier" und „Gehr".

Rinken sind Haften *(Fermeaux)*, wie man solche in verschiedenen Gestalten an Kleidern, Gürteln, auch an Büchern zum Zumachen derselben angebracht fand, beziehentlich noch findet. Eine Abart hiervon sind die sogenannten „Kesselrinken", welche auch für Topfhenkel erklärt werden.

Ritterstrasse — veraltetes Wort (bei *Hohcneck*) für „Balken" (s. d,).

Roch ist die bekannte, im Schachspiel auch „Thurm" genannte Schachfigur, welche, da das Schachspiel (auch „Königsspiel" genannt) im Mittelalter ein sehr vornehmes Spiel war, in Wappen — ebenso wie die Schachfelder selbst — vielfach und zwar in mancherfacher Gestalt zur Erscheinung gelangt.

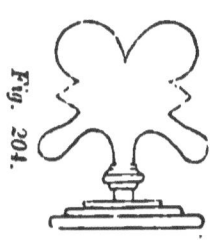
Fig. 204.

Der Roch war in dem alten Deutschen Schachspiele der Vogt oder Vogtmann. Es fehlt jedoch auch nicht an Deutschen und Französischen Heraldikern, welche den heraldischen Rochen für eine Turnirlanzenkrone erklären, was sich aus *Fig. 208* etwa am ehesten noch motiviren liesse. — Die Figuren 204 und 205 sind eigentliche alte Schachrochen, wogegen die folgenden Rochen den heraldischen zugehören.

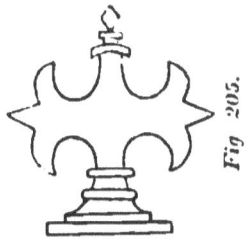
Fig. 205.

Fig. 206.

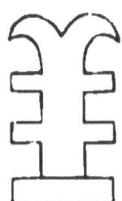
Fig. 207.

Fig 208.

Fig. 208 ist ein alter Französischer Roch, entlehnt von *Menstrier*, *Fig. 207* ein vielleicht noch älterer desgleichen, von *Bara* entlehnt, *Fig. 206* ist gleichfalls ein Roch älterer Construction.

Fig. 209.

Fig. 209 ist der auch in der Polnischen Sprache redende Wappenschild der Familie *Roch*, wie selbiger sich in dem Polnischen Wappenbuche des *Bobrowicz* dargestellt und mit Textworten blasonnirt findet. So ungefähr sieht im heutigen Schachspiel der Thurm oder Roch wirklich aus. — Gegenwärtig nähert sich die Form des heraldischen Rochen mehr der der heraldischen Lilie und hat etwa die Gestalt wie *Fig. 210.*

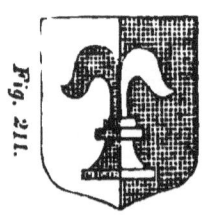

Fig. 210.

In dieser Gestalt führen *Rochow*, desgleichen *Immerseel, Bemmel* —: in Silber drei schwarze Rochen. Bisweilen jedoch wird von der halben Lilie oben — wie *Fig. 211* zeigt — das mittlere Blatt hinweggelassen.

Fig. 211. Fronhofen —: gespalten von Silber und Schwarz mit einem Rochen in abwechselnden Tincturen; *Stürmer*, desgleichen *Neusteter* genannt *Stürmer, Montfort* —: in Silber ein schwarzer Roch. — Auch findet man den heraldischen Rochen mitunter wie einen verdoppelten Springer aus dem Schachspiele, nämlich mit zwei Pferdeköpfen dargestellt.

Fig. 211.

Fig. 212.

Fig. 212. Hinderskircher —: in Silber ein schwarzer Roch, mit zwei Pferdeköpfen dargestellt. Man möchte sich fast versucht fühlen, diese Figur als einen „Springer" oder „Doppelspringer" auzusprechen; *Loch* — : in Schwarz ein ebenso wie in *Fig 212* gezeichneter goldener Roch; bei beiden zuletzt genannten Wappen wiederholt sich das Bild des Schildes als Kleinod auf dem Helme.

In dem „Archiv für Geschichte, Genealogie und Diplomatik" desgleichen im Johanniter-Wappenbuch findet sich der *Rochow*'sche Wappenschild mit drei solchen Pferdekopf-Rochen (schwarz in Silber) abgebildet, während man den nämlichen Schild in an-Wappenbüchern mit den lilienförmigen Rochen — *Fig. 210* — dargestellt findet, woran für Laien und Solche, die es lebenslänglich bleiben wollen, die Belehrung geknüpft werden mag, dass bei Stilisirung alter und uralter Wappen eine weiter greifende Gestaltungsfreiheit obwaltet, als dies bei jüngeren, diplomatarisch nun einmal in enge, oft unheraldisch allzu enge Grenzen eingepferchten Wappen und Wappenbildern geschehen kann und darf

Römerstäbe sind Pilgerstäbe, wie solche zuweilen in Wappen vorkommen.

Fig. 213.

Fig. 213 Römer (also redend) —: getheilt von Gold und Schwarz mit zwei mit den Spitzen niederwärts gekehrten, im *Andreas*-Kreuz übereinander geschränkten Römerstäben in abwechselnden Tincturen. — Bei *Siebmacher* finden sich diese Stäbe silbern in Roth dargestellt.

Rose ist in der Heraldik eine ornamental, wie in *Fig. 25.* dargestellte Phantasieblume.. Siehe auch: „Wappenrose".

Rosthelm ist eine Art des Turnirhelmes; siehe: „Turnirhelm".

Rubin oder **Rubinfarbe** wird in älteren Büchern und Diplomen die rothe Farbe genannt.

Rückenschild, auch „Hauptschild" genannt, ist derjenige Schild, auf welchen ein „Mittelschild" (s. d.) zu liegen kommt, im Gegensatze zu letzterem.

Rüde ist ein schwerer Hund mit Stutzohren (welche ihn hauptsächlich von dem „Bracken" unterscheiden) und gewöhnlich noch mit einem Corallenhalsbande.

Fig. 214.

Fig. 214. Rüdt von Colnberg, desgleichen *Wembding* —: in Roth ein silberner Rüdenkopf nebst Hals mit Corallenband daran.

Hudtendorf —: in Silber ein schwarzer springender Rüde mit goldenem Halsbande.

Rümpfe oder „Hermen" nennt man an den Armen gestümmelte menschliche Brustbilder, wenn sie nicht etwa statt der Arme monströse Theile, z. B. Fische, Hörner, u. s. w. haben. Dergleichen Rümpfe oder Hermen kann man in Wappenbüchern als Helmkleinode massenhaft finden, im Schilde selbst sind sie seltener.

Gutbier —: in Blau ein silberner nackter weiblicher Rumpf mit langem, zu Felde geschlagenem Haupthaar. Nicht zu verwechseln mit den Rümpfen sind die „Puppen" (s. d.) oder „Gecken" als welche nicht gestümmelt sind.

Ruhend wollen Einige den Löwen dann genannt wissen, wenn er keine seiner vier Pranken erhebt, also steht. Andere Quadrupeden

heissen in solcher Position „stehend"; dennoch aber sollte man
es wohl gerade bei dem Löwen, diesem höchstbevorzugten Wappen-
thiere, für einen nicht unverzeihlichen Luxus gern passiren lassen,
den besonderen Kunstausdruck „ruhend" von ihm zu brauchen.
So gut als der Jäger seinem Hasen keine Ohren und Beine gestattet, sondern ihm „Löffel" und „Läufe" octroyirt, kann auch
der Heraldiker seinem Löwen etwas Apartes gönnen; der Löwe
allein hat ja auch „Pranken" und „rückwärts gewundenen Zogel".

Chatcigners-Rocheposay —: in Gold ein grüner ruhender Löwe;
Marckdorf —: in Silber ein rother ruhender Löwe.

Rund ausgebrochene Raute ist eine leider noch nicht völlig aus-
gerottetete *contradictio in adjecto* für die „durchstochene Raute".
— Siehe: „Durchbrochen" und „Durchstochen".

Ruthe oder „Stab" will *Jungendors* einen Pfal-Faden genannt
wissen. „Stab" kommt auch anderwärts vor und ist ein einge-
führter *terminus*, hingegen „Ruthe" ist überflüssig. — „Siehe:
„Faden".

Saamenbutzen wird kürzer „Butzen" (s. d.) genannt.

Sachsen (seiner ursprünglichen Etymologie nach eigentlich soviel
als Messer oder Klingen) sind die bei heraldischen Flügen und
Flügeln rundgeformten Flügelknochen, an denen die Federn sich
befinden; sie sind das Innere der Flügel, wohingegen die Federn
als das Aeussere erscheinen. Einen offenen „Flug" (s. d.) findet
man in alten Diplomen als „mit den Sachsen einwärts gekehrt"
bezeichnet. „Offen" sagt jedoch das Nämliche und ist kürzer.

Säcke siehe: „Thränen".

Säule wird bisweilen auch der „Pfal" (s. d.) genannt. Diese Bezeichnung ist jedoch nicht zu billigen.

Säulenkreuz soll das „Schwellenkreuz" (s. d.) sein.

Salzpfanne ist das gemeinschaftliche Wappenbild, mitunter einzeln,
mitunter mehrfach, aber stets dem jedesmaligen Familienwappen
einverleibt, vorkommend in den Wappen der verschiedenen adeligen
Erbsälzer zu Werle, d. h. derjenigen Familien oder Personen,
welche zu der Westfälischen Salzgewerkschaft zu Werle gehört haben.

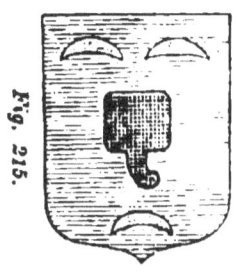

Fig. 215.

Fig. 215. Brandis, auch *Sciliole* genannt *Brandis,* Erbsälzer zu Werle —: in Blau eine schwarze Salzpfanne, begleitet von drei gestürzten goldenen Mondsicheln; *Mellin,* ebenfalls Erbsälzer zu Werle —: in Schwarz ein silberner Balken, belegt mit drei gestürzten schwarzen Salzpfannen.

Sapphir wird in älteren Büchern und Diplomen mitunter die blaue Tinctur genannt.

Saum ist soviel als „Innere Einfassung" (s. d.).

Schabeisen ist ein falscher Ausdruck für „Wolfsangel" (s. d.).

Schach nennt man kurz einen geschachten Schild oder ein dergleichen Feld — z. B. *Prittwitz (Fig. 74)* führen ein Schach von Gold und Schwarz. Siehe: „Geschacht".

Schacher (bisweilen jedoch auch „Schach") nennt *Martin Schrot* das „Schach" (s. d.).

Schachkreuz ist auch so ein leider noch immer nicht ausgemärzter Ausdruck aus der unverwüstlichen alten Schule — und zwar soll mit diesem unnützen Ausdrucke ein geschachtes Kreuz bezeichnet werden. Jedoch mit dem nämlichen Rechte oder — besser gesagt — Unrechte könnte man auch die Bezeichnungen „Schachpfal", „Schachbalken", „Schachsparren" einführen. — Vergl. hierzu noch: „Schachtband".

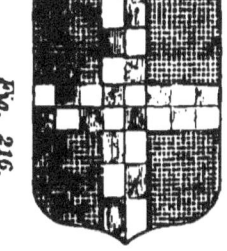

Fig. 216.

Fig. 216. Ingelheim, desgleichen *Cameren* —: in Schwarz ein von Silber und Roth in je zwei Reihen je sieben Mal geschachtes gemeines Kreuz. Wollte man diesen Schild ansprechen: „in Schwarz ein Schachkreuz von Silber und Roth", so würde man solche Kürze nur auf Kosten der Deutlichkeit erzielt haben.

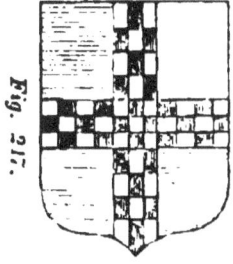

Fig. 217.

Fig. 217. Arcella —: ein in Blau in je drei Reihen von Silber und Roth zehn Mal geschachtes gemeines Kreuz.

Man erkennt aus der Vergleichung der Figuren 216 und 217 und deren Blasonnirungen auf den ersten Blick, wie unzureichend der überdem überflüssige Ausdruck „Schachkreuz" ist.

Schachtband findet sich in älteren Büchern der geschachte Balken (*Fig. 218*) genannt. Dieser Ausdruck ist ein würdiges Seitenstück zu „Schachkreuz" (s. d.).

Schachtzabel nennen einige ältere Heraldiker das „Schach" und reden von schachtgezabelten oder geschachtzabelten Schilden, Feldern und Figuren; Andere aber wollen unter „Schachtzabel" einen geschachten Balken verstanden wissen. In beiden Bedeutungen ist jedoch der *terminus* „Schachtzabel" überflüssig.

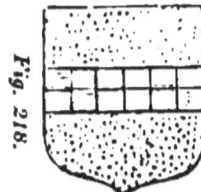

Fig. 218. Schlieben —: in Gold ein in zwei Reihen fünf Mal (also sechsfach oder in zwölf Plätzen) von Blau und Silber geschachter Balken oder sogen. Schachtzabel auch wohl „Schachtband" genannt. *Tenoria* —: in Gold ein rother Löwe, belegt mit drei in je zwei Reihen gegeschachten schrägen (schrägrechten, wo der Löwe rechts gekehrt ist) Balken oder sogenannten Schachtzabeln.

Auch hier gilt *mutatis mutandis* das bei „Schachkreuz" kritisch Angemerkte.

Schachzagel soll heissen „Schach". Siehe: „Geschacht".

Schächerkreuz, auch „Gabel" (nicht zu verwechseln mit „Gabelkreuz"), ferner „Deichsel" genannt, auch wohl „*litera Pythagorica*", ist streng genommen kein Kreuz, sondern hat die Gestalt wie in *Fig. 219*.

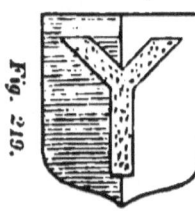

Fig. 219. Metzstörpffen —: ein abgeledigtes oder schwebendes goldenes Schächerkreuz, auch „Gabel" oder „Deichsel" genannt, in einem von Blau und Silber gespaltenen Schilde.

Hiernach ergiebt sich einfach vonselbst, was Gabel- oder Deichseltheilung ist.

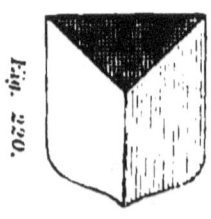

Fig. 220. Priesen —: von Silber, Schwarz und Roth deichselförmig oder gabelförmig oder im Gabelschnitt getheilt. — Auch Figuren und zwar sowohl Heroldfiguren (z. B. Schindeln, Wecken etc.), als auch gemeine Figuren finden sich öfters in Gabelstellung zu einander geordnet, namentlich ist diese Stellung bei den

Polen und anderen Slavischen Völker und in Folge dessen auch bei den Schlesiern, deren Heraldik sich manchfach an die Polnische Heraldik anschliesst, beliebt.

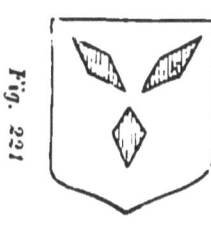

Fig. 221.

Fig. 121. Krackau, desgleichen *Braun* (Beide in Schlesien) —: in Silber drei rothe gabelförmig gestellte Wecken: *Carlowitz* —: in Silber drei mit den Stielen in Gabelstellung zusammengeschränkte schwarze Kleeblätter. Wenn der Raum zwischen den beiden aufwärts bis an den oberen Schildrand erstreckten Armen und dem oberen Schildesrande selbst mit der Tinctur des Schächerkreuzes ausgefüllt ist, so nennen Manche diese Figur ein „ausgefülltes Schächerkreuz" oder ein „Gabelstück", Andere aber nennen die beiden anders tingirten Seitenplätze alsdann „Pfeiler". Es lohnt sich aber kaum, über sothanes höchst rare Object die Herren *heraldicos* in zwo wüthende Parteien rabios zu zerklüften, inmassen jenes rare Object in Deutschland nirgend zu finden sein dürfte.

Das Schächerkreuz selbst nennen die Franzosen „*pairle*", welches Wort Einige von dem Lateinischen Wort „*pallium*" (das ist der Mantel) ableiten wollen, wogegen Andere „*pairle*" von dem Lateinischen „*pergula*" (das heisst Weingeländer) herleiten. Indess hat die erstgenannte Etymologie den bedeutsamen Umstand für sich, dass viele geistliche Wappen wirklich bischöfliche Pallien in Schächerkreuzform im Schilde zeigen.

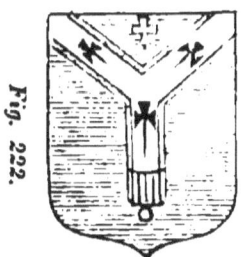

Fig. 222.

Fig. 222. Der Erzbischof von *Canterbury* —: in Blau ein oben die Schildecken berührendes silbernes, goldenbesäumtes, mit drei schwarzen Nagelspitzkreuzen belegtes und von einem silbernen Nagelspitzkreuz oben begleitetes bischöfliches Pallium; der Erzbischof von *Armagh* und der von *Dublin* führen fast den nämlichen Schild, nur dass das Pallium von *Armagh* mit vier und das von *Dublin* mit fünf Nagelspitzkreuzen belegt ist.

Auch auf Deutschen Siegeln von Patriarchen und Erzbischöfen

finden wir dieses *pallium* über der sogenannten *planeta* herabhangen.

Scharten siehe „Zinne".

Schattenfarbe — eine Seltenheit und auch Seltsamkeit — wird dann als vorhanden angenommen, wenn sich eine Figur nur mit Conturen angegeben im Felde oder Schilde befindet, sodass nun diese Figur die Tinctur oder die Tincturen des Raumes, worauf sie sich befindet, mit letzterem gemein hat; es hat demnach dieser „*lucus a non lucendo*" mit der Damascirung, auch mit dem „Schwarzgemauert" und dem „Schwarzgeschuppt" mitunter einige Aehnlichkeit, nur dass die Damascirung willkürlich, die schattenfarbige Figur jedoch zur Wesenheit des Wappens gehörig ist.

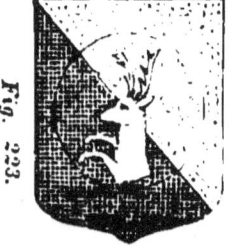

Fig. 223.

Fig. 223. Scheibl von Dyrnstein —: (rechts) geschrägt von Schwarz und Gold, darin ein halber Hirsch, umzogen von einem schattenfarbigen Kreisbogen; diesen Kreisbogen könnte man auch als eine nothwendige, zum Wappen gehörige Damascirung (siehe: „Damascirt") ansprechen.

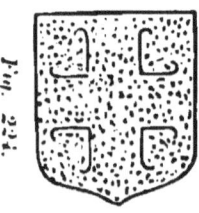

Fig. 224.

Fig. 224 findet sich bei *Uptonus*, „*de militari officio*" und ist daselbst als „*crux molendinaris umbrata*" (Mühleisen- oder durchbrochenes Ankerkreuz in Schattenfarbe) angesprochen. Die nämliche Figur und zwar abermals schattenfarbig in Gold, begleitet rechts oben und links unten von je einem schwarzen knotigen Ast, bildet den Wappenschild der *Scribani* zu Genua und kommt auch in dem Wappen des *Willoughby de Brook* (in England) vor (nach *Kimber* „*Peerage of England*"). Ritter *von Enis* — : in Purpur ein purpurner Löwe, darüber ein purpurnes Schildeshaupt, in welchem eine purpurne Hand; so findet sich der Schild bei *Siebmacher* Supplement VII, 17. Wenn hier kein Irrthum zum Grunde liegt (— der freilich gar nicht zuverlässige *Tyroff* hat die nämlichen Figuren roth in Grün abgebildet —) so hätten wir auch hier einen Schild mit schattenfarbigen Figuren, wenn auch nicht eben ein heraldisches Mustergebilde. — *Hembise*, desgleichen *Trazegnies, Armuyden* —: fünf Mal (rechts) geschrägt von Gold und Blau, darin ein Löwe von Schattenfarbe, d. h. über beide Tincturen hinweg die blosen Conturen eines Löwen. Die Marquisen *Trazegnies* haben noch einen rothen Schildesrand, welcher manchmal glatt, manchmal gezähnelt oder auch geschuppt erscheint, dem hier eben blasonnirten Schilde beigefügt. — *Floreville* oder *Florainville* (nach dem Texte von *Grenser's* „Armorial de Lorraine") —: (fünf Mal) rechts geschrägt von Silber und Blau, darin ein Löwe von Schattenfarbe, umgeben mit ausgeschupptem rothem Schildesrande. (Siehe: „Ausgeschuppt".) *Steenhuse* —: in einem von Blau und Gold fünf Mal rechtsgeschrägten und von einem von Roth und Silber zwölf Mal gestückten Schildesrande umgebenen Schilde ein schattenfärbiger Löwe, von *Palliot* (von welchem dieses Beispiel entlehnt ist) als „*ombre de lion de sable*" angesprochen.

Schebbes ist der „Judenhut" (s. d.).

Scheibe ist eine *species* vom „Schirmbret" (s. d.).

Scherbvogel wird der etwas von der Seite und mehr natürlich, als heraldisch dargestellte auffliegende oder zum Flug geschickte Adler genannt.

Fränking —: in Gold ein schwarzer Scherbvogel; *Schluingen* in Schwarz ein goldener Scherbvogel; *Raming* —: in Roth ein silberner Scherbvogel. — Der Napoleonische Adler in all' seiner verschollenen Herrlichkeit ist eben auch ein Scherbvogel (golden in Blau), Donnerkeile in den Fängen haltend. Wenn ein derartiger Vogel aus einer Flamme aufsteigt oder in derselben sitzt, so wird er als „Phönix" angesprochen.

Bruslé —: in Blau ein goldener, aus goldenen Bränden wachsender Phönix.

Scheu ist ein veralteter und unpassender Ausdruck für „Muthig" (s. d.).

Schief ist ein älterer, ziemlich seltener, jedenfalls höchst uneigneter Ausdruck für „Schräg" (s. d.).

Schiffsseilkreuz ist gleichbedeutend oder vielmehr gleich unbedeutend mit „Seilkreuz" (s. d.).

Schildesfuss siehe: „Rechts".

— 128 —

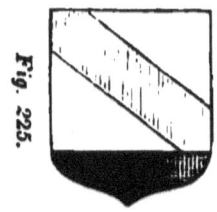

Fig. 225. *Tuchsenhausen* —: in Silber ein rother Rechtbalken, darunter ein schwarzer Schildesfuss.

Derartige Figuren kommen in Deutschland nicht eben oft vor.

Schildeshaupt siehe: „Rechts".

Fig. 226. *Liechtenau* —: in Roth ein goldener Rechtbalken, darüber ein blaues Schildeshaupt. Bei den Franzosen kommen Schildeshüupter oft über Thieren, namentlich Löwen vor und zwar nicht selten so, dass der Kopf des Thieres noch in das Schildeshaupt hineinragt („*brochant sur le tout*").

Frainville, desgleichen *Quirvie, Quericu, Dours* —: in Blau mit goldenem Schildeshaupte ein rother, mit dem Kopfe noch in das Schildeshaupt hineinragender Löwe. — Siehe auch noch: „Erniedrigt", „Getheiltes Schildeshaupt", „Gipfel", „Uebersteigen", „Unterstützt".

Schildesrand, auch „Leiste", „Borde", „Bordüre", „Einfassung", „Umschweif" (nicht zu verwechseln mit „Umzug") genannt, ist eine in abstechender Tinctur den Schild an seinen Rändern parallel laufend mit letzteren umsäumende Randung, welche auch, obschon seltener, doppelt vorkommt, so nämlich, dass die Tinctur des Feldes zwischen beiden Einfassungen hindurch blickt — (**doppelte Einfassung**).

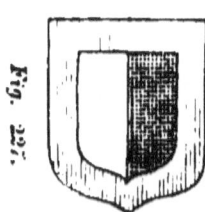

Fig. 227. *Bose* —: ein von Silber und Schwarz gespaltener, mit rothem Schildesrande eingefasster Schild.

Uffheim, desgleichen *Meier von Hüningen,* die Stadt *Ulrichstein,* die Stadt *Cordova* —: ein rother Löwe in einem goldenen, mit blauem Schildesrande umgebenen Schilde. Man kann hier auch *Fig. 81* und *Fig. 143* nebst Text dazu vergleichen.

In neuerer Zeit fügt man gerne den Baronisirten zum Beizeichen und zur Auszeichnung vor den im unprädicirten Adelstande zurückgebliebenen gleichnamigen Geschlechtsgenossen einen

— 129 —

Schildesrand oder einen „Stabbord" (s. d.) und zwar womöglich von Gold um den Stammschild hinzu.

„Schildesrand" in der hier besprochenen Bedeutung ist nicht zu verwechseln mit „Schildrand" als äusserer Grenzlinie des Schildes.

Schildesstrasse siehe: „Rechts".

Schildestheilung, auch „Section" genannt, unterscheidet sich von der Heroldfigur dadurch, dass bei der ersteren jede der zwei oder mehr vorhandenen Tincturen gleichviel Plätze einnimmt, was bei der „Heroldfigur" (s. d.) nicht der Fall ist.

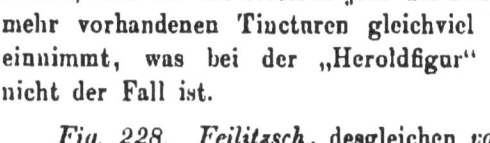

Fig. 228. *Feilitzsch*, desgleichen *von der Heyde, Zedwitz, Emmerkhofen, Röder* —: getheilt von Silber, Roth und Schwarz.

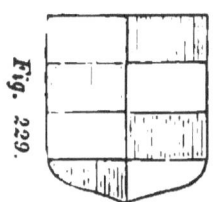

Fig. 229. *Ebersbach*, desgleichen *Ponickau* —: gespalten und drei Mal getheilt von Silber und Roth, sodass von jeder der beiden Tincturen vier Plätze und zwar in abwechselnden Tincturen herauskommen. Man könnte diesen Schild auch ansprechen: „drei Mal getheilt und gegengetheilt von Silber und Roth."

Rotenstein (die Familie, aus welcher der aus der Deutschen Sage bekannte „wilde Jäger" stammte), desgleichen *Marschall* genannt *Greif, Göltinger zu Haiding* —: gespalten und zwei Mal getheilt von Silber und Roth — oder: zwei Mal getheilt und gegengetheilt von Silber und Roth.

Schildhalter, auch „Schildknechte", „Schildhüter", „Schildwächter", „Schildstützen", „Telamonen" genannt, sind neben oder hinter dem Schilde befindliche, letzteren haltende oder tragende, wenigstens doch neben ihm aufgestellte menschliche, thierische oder phantastische Figuren und gehören zu den Prachtstücken. (Siehe: „Prachtstücke".) Sie waren ursprünglich nur für den hohen Adel bestimmt, sind jedoch dermalen etwas allgemeiner geworden; in Hannover, woselbst das Wappenwesen überhaupt einigermassen nach Englischem Schnitt geschneidert ist, gehören die Schildhalter bei dem niederen Adel fast zum täglichen Brode.

Im Mittelalter waren die Schildhalter noch nicht stabil, wie gegenwärtig, sondern wurden willkürlich gebraucht, hinweggelassen oder mit anderen vertauscht. So trifft man z. B. bei den Wappen und Siegeln etc. der Pfalzgrafen zu Rhein und Herzogen in Bayern im XIV., XV. und XVI. Jahrhunderte verschiedene Schildhalter, als da sind: ein knieender wilder Mann; ein hinter dem Schilde stehender, nur bis zur Hälfte gesehener Engel; ein Löwe, welcher bald knieend, bald stehend, bald über den Schild gelehnt vorkommt; ja, der blose Weckenschild erscheint mitunter einem Löwen derartig auf den Leib gestellt, dass man oben, unten, rechts und links je nur ein kleines Stück von dem Löwen hervorschauen sieht; als Halter für das vollständige Wappen kommen in den *monumentis Boicis* auch noch vor: zwei wilde Männer, zwei Damen, eine einzelne Dame, u. s. w.

Gegenwärtig hat *Bayern* und zwar stereotyp zwei goldene Löwen zu Schild- und Wappenhaltern, *Oesterreich* zwei goldene schwarzbeschwingte Greifen, *Preussen* zwei naturelle wilde Männer, *Würtemberg* rechts einen schwarzen Löwen, dessen rechte Vorderpranke roth ist und links einen goldenen Hirsch, *Baden* zwei schwarze Greifen, *Sachsen* bisweilen — z. B. auf neueren Geldstücken — zwei goldene Löwen.

Schildhüter werden die „Schildhalter" (s. d.) mitunter genannt.

Schildknechte ist ein alter Ausdruck für die „Schildhalter" (s. d.), wozu anzumerken ist, dass bei festlichen Gelegenheiten früher die Wappen von vermummten Knechten allerdings getragen und gehalten wurden.

Schildlein ist ein kleiner und zwar als einzelner regelmässig an der Herzstelle im Schilde befindlicher Schild etwa von Balkenhöhe und Pfalbreite, welcher weder besondere Figur, noch Section, sondern nur Tinctur hat (wie der ledige Schild), mithin zu den Heroldfiguren gehört. Bei den etwa nicht streng abgemessenen Grössenverhältnissen entscheidet sich die Frage, ob im concreten Falle „Schildlein" oder Schild mit einem „Schildesrand" (s. d.) vorliege, ambesten nach den oben angegebenen Merkmalen. Ein kleiner Schild mit mehr als einer Tinctur, also mit Section oder Figur, ist, auch wenn er an der Herzstelle steht, nicht „Schildlein", sondern kann Herzschild, Mittelschild, überhaupt ein kleiner Schild schlechtweg sein.

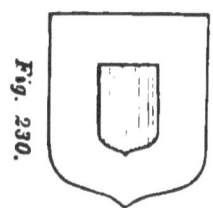

Fig. 230.

Fig. 230. Hohenstein, desgleichen *Geroltstein, Knebel, Maulberg, Schney, Amance, Boulers* — : in Silber ein rothes Schildlein. Wenn drei Schildlein im Schilde vorkommen, so stehen sie gewöhnlich in der Ordnung 2. 1. im Felde (wie überhaupt dies die gewöhnliche Ordnung von drei Figuren ist).

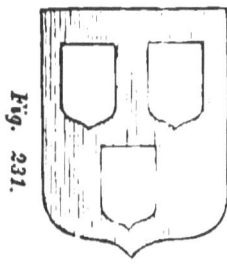

Fig. 231.

Fig. 231. Herzog *von Uslingen*, desgleichen *Kapelstein, Winsperg, Deurlin, Chaerny* — : in Roth drei silberne Schildlein. *De Mathefelon* — : in Gold sechs (3. 2. 1.) rothe Schildlein.

Schildrand siehe: „Schildesrand".
Schildstützen sollen „Schildhalter" (s. d.) sein.
Schildwächter wurden früher die „Schildhalter" (s. d.) mitunter genannt.
Schindeln, auch „Steine", „Brieflein", „Billets", „Ziegel", „Späne" und noch mit mehreren Namen genannt, sind schmale ungleichseitige Rechtecke und gehören zu den schwebenden Heroldfiguren.

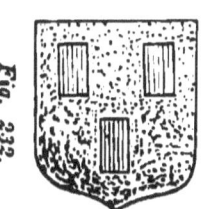

Fig. 232.

Fig. 232. Frankenberg —: in Gold drei rothe stehende Schindeln. — Die Schindeln können auch „Querschindeln", d. h. liegende (wie abgeledigte Balken), desgleichen können sie „Schrägschindeln" (wie abgeledigte Schrägbalken) sein; es muss jedoch jede Art als solche besonders gemeldet werden.

Schirmbret, auch wohl „Spiegel" und bisweilen „Scheibe" genannt, obschon die Scheibe nur eine besondere *species* des Schirmbretes ist, gehört zu den beliebtesten Hilfskleinoden des Mittelalters und erscheint sechs-, acht- und noch mehreckig, um meistens das ganze Wappenbild aus dem Schilde zu recapituliren. Die Ecken des Schirmbretes findet man mehrentheils mit Quasten, Troddeln, Federn, Schellen und derartigen Zierrathen besetzt oder besteckt.

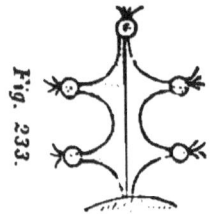

Fig. 233. Das *Esslingen*'sche Schirmbret, mit Schellen besetzt, an denen schwarze Federchen befindlich, wiederholt den von Grün und Silber gespaltenen Schild.

Die „Scheiben" haben, wie schon der Name besagt, eine kreisförmige Gestalt.

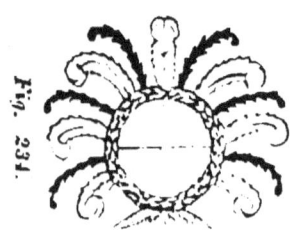

Fig. 234. Die *Heynitz*'sche Scheibe wiederholt zwar das Wappenbild nicht, giebt aber wenigstens dessen Tincturen wieder. Der rothe Schild nämlich enthält einen ausschreitenden Mann in weiss und schwarz quergestreifter Kleidung, mit einer weissen, schwarzvorgestossenen od. schwarzgestülpten spitzen Mütze (Tartarenmütze) bedeckt, in der rechten Hand einen grünen Kranz, in der linken einen langen schwarzen Stab haltend.

Schlangenkopfkreuz ist soviel als „Schlangenkreuz" (s. d.).

Schlangenkreuz, zu den seltenen Erscheinungen gehörig, ist ein schwebendes, an jedem seiner vier Enden in einen Schlangenkopf oder deren zwei auslaufendes Kreuz, im letzteren Falle (nämlich mit zwei Köpfen) „doppeltes Schlangenkreuz" genannt.

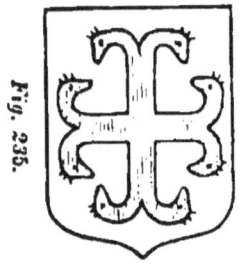

Fig. 235. Hegen, desgleichen *Othengraven, Havert, Krummel* —: in Silber ein rothes doppeltes Schlangenkreuz.

Kaer —: in Roth ein mit acht silbernen Schlangenköpfen besetztes Kreuz von Hermelin.

Schlangenschnitt ist soviel als „Wellenschnitt" (s. d.).

Schlangenweise getheilt siehe: „Wellenschnitt".

Schleife ist eine seltene Bezeichnung für den „Sparren" (s. d.) welche von einem Wirthschaftsgeräthe (wie *Hoheneck* erklärt) womit man den Pflug hinwegbringe, hinwegschleife, entlehnt sein soll. Es scheint jedoch weit annehmbarer, dass der Sparren den Dachsparren eines Gebäudes andeuten solle, obgleich auch ihn der alte kriegerische *Zschackwitz* nach seinem stereotypen *ceterum censeo* zur Bezeichnung irgend einer Waffe verdammt.

Schlimm herab ist ein alter Ausdruck für längs herab, senkrecht, pfahlförmig gestellt.

Schlüsselkreuz wird seiner Gestalt halber mitunter das „Tolosaner-Kreuz" (s. d.) genannt.

Schlüsselringkreuz ist eine minder treffende Bezeichnung für das „Tolosaner-Kreuz" (s. d.).

Schmachtend nennt man den Delphin, wenn er keine Zunge hat, das Maul aufsperrt und die Augen schliesst. Das ist auch so ein Französischer Luxus! —

Dauphin (also redend), desgleichen *Forez* —: in Gold ein blauer schmachtender Delphin. — Ein Beispiel aus dem Deutschen Wappenwesen für Possen dieser Art zu finden, dürfte schwer halten, obschon die Möglichkeit der Existenz eines derartigen süssen Ungethümes auch für Deutschland hiermit noch keineswegs vorlaut geläugnet werden soll. — *Martin Schrot* bildet den Delphin überhaupt mit dem Rüssel und den Hauzähnen eines Elephanten ab.

Schmal will *Schmidt-Phiseldek* von solchen Heroldfiguren gesagt wissen, welche die halbe Breite der ordentlichen Figur haben, während ein „Faden" (s. d.) noch schmäler denn blos schlechtweg schmal sei.

Schmal geschacht ist soviel als „Geschindelt" (s. d.).

Schmelzwerk ist eine ältere Bezeichnung für „Tincturen" (s. d.).

Schmiegend ist gleichbedeutend mit „Gekrüpft" (s. d.).

Schneckenschnitt, auch „Wendeltreppenschnitt" genannt, kommt äusserst selten vor und hat die Gestalt wie in *Fig. 236*, mit wenig Variation.

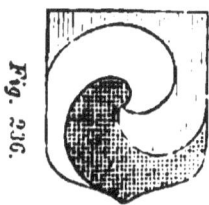
Fig. 236.

Fig. 236. Friedesheim, desgleichen *Megenzer* —: schneckenweise getheilt von Silber, Roth und Schwarz; *Teuffel* —: Dasselbe von Roth, Silber und Schwarz.

Schnitte ist eine generelle Bezeichnung für Sectionen mancherlei

Art, namentlich für krummlinige -- wie z. B. Schneckenschnitt, Wellenschnitt, Wolkenschnitt, Nebelschnitt, Zirkelschnitt u. s. w.

Schnur ist ein schmaler Schildesrand, also ein „Stabbord" (s. d.). Vergl. auch *Fig. 197.*

Schoss, auch „Schoos" geschrieben, ist das Nämliche wie „Ständer" (s. d.).

Schräg wird jede Figur oder Theilung oder auch Richtung genannt, welche diagonal im Felde oder Schilde sich erstreckt. „S c h r ä g - r e c h t s " geht zwischen rechts oben und links unten (— siehe: „Rechts"); dagegen „s c h r ä g l i n k s " zwischen links oben und rechts unten.

Fig. 237. Stillfried-Rattonitz —: rechtsgeschrägt von Schwarz und Gold. Nicht die obere — wie Manche wollen — sondern die rechte Tinctur muss beim Ansprechen zuerst genannt werden. —

Wie jede andere Section, so kommt selbstverständlicherweise die rechte und linke Schrägtheilung auch als eine mehrfache vor und kann auch an Figuren stattfinden. (Siehe: „Getheilt".) Vergl. auch *Fig. 61.*

Losenstein, desgleichen *Schallaburg* oder *Schalach* —: in Roth ein von Blau und Gold schrägrechts getheilter Löwe.

Schräges Kreuz ist eine ungenügende und darum nicht zu empfehlende Bezeichnung für das „Andreas-Kreuz" (s. d.)

Schrägfaden siehe: „Faden" und auch „Beizeichen".

Schrägfuss ist der Abschnitt eines Schild-Achtels von der Mitte eines Seitenrandes bis zur Mitte des Fussrandes und kann ebensowohl rechts, als auch links vorkommen, dürfte aber überhaupt zu den Seltenheiten gehören.

Schräg geviert siehe: „Quadrirt".

Schräggitter siehe: „Gitter".

Schräghaupt ist der Abschnitt eines Schild-Achtels von der Mitte eines Seitenrandes bis zur Mitte des Hauptrandes, kann rechts und links vorkommen, dürfte jedoch in Seltenheit seines Vorkommens getrost mit dem „Schrägfuss" rivalisiren können.

Schräglinks siehe: „Schräg".

Schräg quadrirt siehe: „Quadrirt".

Schrägrechts siehe: „Schräg".

Schrägschindeln siehe: „Schindeln".
Schraffirungen nennt man diejenigen Striche und Punkte, mittels welcher die „Tincturen" (s. d.) und zwar gegenwärtig allgemein nach dem hier graphisch mitgetheilten Systeme des *Colombière* in der Zeichnung angedeutet werden. Dieselben sind für die eigentlichen heraldischen sechs Tincturen folgende:

| Gold. | Silber. | Roth. | Schwarz. | Blau. | Grün. |
| (Gelb.) | (Weiss.) | | | | |

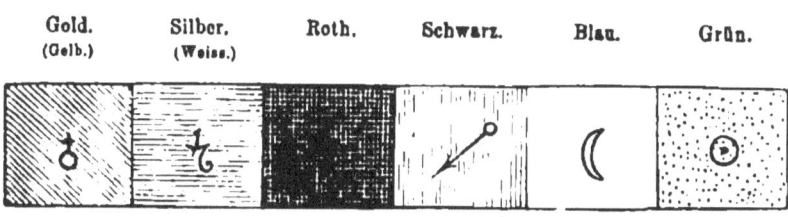

Fig. 238.

Die nicht streng heraldischen gebräuchlichsten Farben sind noch folgende:

| Purpur. | Eisen. | Naturell. | Braun. | Blutfarbe. |

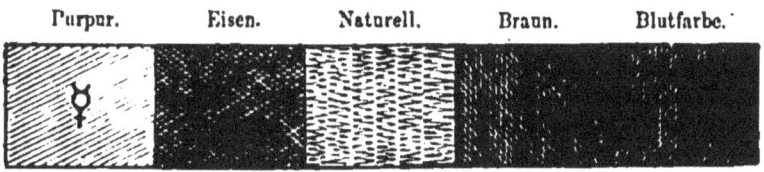

Fig. 239.

In alten Büchern findet man die sechs Tincturen und die Purpurfarbe auch bisweilen mit Kalenderzeichen angedeutet und habe ich solche in vorstehenden Figuren (der Raumersparniss halber) gleich in die Schraffirungen mit hineingesetzt. Im alten *Siebmacher* findet man die Tincturen mit Buchstaben (R = Roth, B = Blau, G = Gold, S = Schwarz, W = Weiss, Gr = Grün), überdem aber Grün noch mit ♌ (ein Blatt darstellend), und Schwarz mit allerlei, den Schraffirungen an Gestalt und Richtung gleichenden Strichen oder auch durch völlige Schwärzung des betreffenden Feldes oder der betreffenden Figur gekennzeichnet. Im Contexte, bei Blasonnirungen bezeichnet man Schwarz neuerdings nach *Hefner's* Manier auch wohl mit ⊞. Ueberdem hat man noch mehrere Farben und Farbebezeichnungen einführen wollen und theilweise wirklich eingeführt. So bezeichnet z. B. *Trier*

Orange mit ♌ und Fleischfarbe (was jedoch im „Naturell" mit inbegriffen sein dürfte, da wohl ausser dem menschlichen Fleisch in Gesichtern, an Leibern etc. der kaukasischen Race kaum noch die Fleischfarbe an anderen Objecten vorkommen dürfte), mit ♓; *Bernd* bildet sich sogar ein, Umbrafarbe, Rothgelb, Stahlblau und dergleichen Plunder uns aufschwatzen können.

Aschau oder *Hohenaschau* —: in aschefarbigem Felde ein goldener Büchel.

Schrag soll nach *Bernd* der schrägrechte Balken, welchen zwar *Bernd* selbst irrig als schräglinks bezeichnet, genannt werden. Diese kurze und auch nicht ungeeignete Benennung dürfte zu empfehlen sein. — Siehe: „Gehäng".

Schragen soll soviel als „*Andreas*-Kreuz" (s. d.) sein.

Schreffe wird bei *Bussing* der schräglinke Balken genannt. — Siehe: „Gehr".

Schreitend siehe: „Stehend" — und insbesondere den Löwen betreffend siehe: „Leopardirt".

Schrembs siehe: „Nach der Schrembs".

Schrlems siehe: „Nach der Schrembs".

Schröterhörner siehe: „Seeblatt".

Schützenhut soll ein spitzer, breitkrämpiger Hut sein, welcher jedoch mit dem „Eisenhut" (siehe: „Eisenhütlein") und dem „Kesselhut" (s. d.) fast in Eines zusammenfällt und darum Angesichts der grossen Verschwommenheit der mittelalterlichen Figurendarstellungen eigentlich keine besondere Classe von heraldisch eingeführten Hüten oder Kopfbedeckungen bilden dürfte, obschon *Fahne* bei Besprechung der Familie der *Schützen* deren Wappenfiguren als „Schützenhüte" anzusprechen beliebt. Die *Spiegel* führen auch drei Hüte im Wappenschilde. Dürfte man diese vielleicht auf *Fahne's* Kosten und Gefahr als „Spiegelhüte" ansprechen?! So flott muss man sich nicht mit der heraldischen Terminologie helfen wollen; das erinnert sehr an *Martin Schrot*, welcher das vielfragliche Baseler Wappenbild als einen „Baselstab" naïv genug bezeichnet.

Schulterschnitt wollen Einige die schrägrechte Schildestheilung genannt wissen. — Siehe: „Schräg".

Schurfeisen siehe: „Feuerstahl".

Schutzgatter, auch „Fallgatter" genannt, in Deutschen, Französischen

— 137 —

und auch in anderen ausländischen Wappen vorkommend, in dem Dänischen Wappen-Lexikon, *Forsvars-Port*" d. h. Vertheidigungs-Thor genannt, ist in den Figuren 240, 241, 242 dargestellt und kommt noch in mancherlei ähnlichen Gestalten vor.

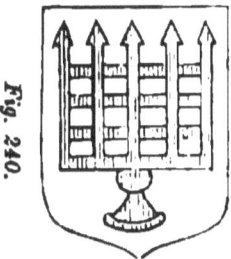
Fig. 240.

Fig. 240. Lewetzow —: in Silber ein rothes Schutzgatter oder Fallgatter, oben mit fünf Spitzen versehen, unten auf einem Postament stehend. — Aehnlich führen dieses Bild die *Jägenreuter* im zweiten und dritten Felde ihres quadrirten Schildes, als den Stammschild der *Ehrer* (nach *Hoheneck*). Das *Lewetzow*'sche Wappenbild ist in den quadrirten Schild des gräflich *Blücher*'schen Wappens übergegangen und wird daselbst von *Dorst* ganz richtig abgebildet, jedoch als „Notenpult" (!!) angesprochen.

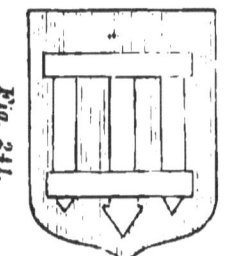
Fig. 241.

Fig. 241. Woldenstein —: in Roth ein silbernes Schutz- oder Fallgatter mit drei Spitzen unten Aehnlich wie *Fig. 241* führen die *Schwarzkoppen* dies Bild, jedoch schwarz in Silber und ähnlich wie *Fig. 240.*, jedoch silbern in Roth und mit den Spitzen niederwärts gekehrt, auch ohne Postament die *Hessen von Wigdorf*. Beide letztgedachte Schilde sind bei *Spener* als Beispiele angeführt und werden daselbst „*cataracta*", d. h. Schutzgatter, benannt.

· *Wanbach* —: in Roth ein silbernes Schutzgatter, ähnlich dem in *Fig. 241*, zur Pfalstelle mit einem aufwärts gerichteten Pfeil durchstochen.

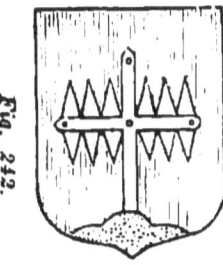
Fig. 242.

Fig. 242. Lamminger —: in Roth auf goldenem Büchel stehend, ein silbernes Schutz- oder Fallgatter. — Hieher gehören endlich auch die von den Franzosen, *coulice*" und „*herse*" genannten, ganz verwandten Figuren; das letztere Wort bedeutet auch wirklich Schutzgatter und haben beide Figuren Aehnlichkeit mit *Fig. 241*.

Schutzwappen sind solche Wappen grösserer weltlicher und geistlicher Herren, welche der betreffende Wappeninhaber seinem eigenen Wappen zum Zeichen seines Dependenzverhältnisses beifügt und wo dies, wie in den meisten Fällen, mit stillschweigender oder auch ausdrücklicher Genehmigung des Höheren geschieht, da nennt man solche Wappen auch „vergönnete Wappen." Dergleichen kommt namentlich auch in Italien vor bei Prälaten, wenn sie ihren eigenen Wappen nicht Nachdruck und Respekt genug bei den Leuten zutrauten und solchen Falles den päpstlichen Schild in ihr Wappen aufnahmen. So finden wir auch, dass Städte den Schild ihres Besitzers, Obereigenthümers oder Beschützers mit führen, wie denn z. B. alle unter das Bisthum *Eichstädt* gehörige Städte und Ortschaften den bischöflich Eichstädtischen Schild, nämlich in Roth einen silbernen Krummstab, als Schutzwappen mit ihren eigenen Wappen verbunden führen, *respective* führten.

Mitunter kann es zweifelhaft sein, ob, wenn solche Städte den Schild eines weltlichen oder geistlichen Herren in ihren eigenen Wappen mit führen, im concreten Falle ein „Schutzwappen" oder oder ob ein „Gnadenwappen" (s. d.) vorliege; mitunter auch mögen wohl diese beiden Begriffe („Schutzwappen" und „Gnadenwappen") in Eins zusammenfliessen, wie etwa bei dem Wappen der Stadt *Meissen* (in Gold ein rother Thurm, welchen ein daneben aufgerichteter schwarzer Löwe hält) wegen der Obereigenung des bisherigen Vogtgedinges der Burggrafen an den Rath der Stadt *Meissen* und zwar ist die Stadt durch den Markgrafen zu *Meissen* mit diesem Wappen begnadet worden, wie zu lesen ist in dem „Geschicht und Zeit-Büchlein der ... Stadt Meissen ..." vom Jahr 1588.

Schwarzgemauert nennt man diejenigen Theilungen und Figuren, welche in ihrer Tinctur und unbeschadet derselben mit starken schwarzen, mauersteinartigen Strichen mit verwechselten Fugen

Fig. 243.

— wie in *Fig. 243* — gemustert sind, was der Damascirung (— siehe: „Damascirt" —) und auch der „Schattenfarbe" (s. d.) sehr verwandt sein dürfte.

Fig. 243. Wrangel —: in Silber schwebend eine schwarze schwarzgemauerte Mauer mit drei Zinnen. In dem „*Theatrum Europacum*" ist dieses Bild als das des *Guslaf Wrangel* blau in Silber dargestellt. Uebrigens vergleiche man hierzu *Fig. 159* nebst Text dazu. Bei der Bezeichnung „schwarz" in dem *terminus* „schwarzgemauert" wird als selbstverständlich vorausgesetzt, dass' die Conturen der Wappendarstellungen mit schwarzen Strichen bewirkt werden. Wollte sich jedoch Jemand ein derartiges Wappen etwa mit rother oder blauer Tinte zeichnen, so kann er diese specielle Zeichnung auch als roth- oder blaugemauert ansprechen. Das versteht sich vonselbst.

Schwarzgeschuppt ist eigentlich der richtige Ausdruck für das bisher bräuchliche „Geschuppt" in der Bedeutung wie bei *Fig. 77* (s. d.). Hier ist noch das in dem Artikel „Schwarzgemauert" Angemerkte zu vergleichen und nach Bedarf anzuwenden.

Schwebend oder „abgeledigt" heisst eine Heroldfigur, welche in ihrer normalen Gestalt Schildränder berühren soll, dann wenn sie ausnahmsweise an keinem Schildrande anstösst, wie z. B. das Griechische Kreuz (*Fig. 93.*) seiner Wesenheit nach ein abgeledigtes gemeines Kreuz ist. — Vergl. auch *Fig. 219.* nebst Text dazu. — Schwebend oder abgeledigt kommen u. a. auch Sparren öfters vor; oben und unten abgekürzte Pfäle, rechts und links abgekürzte Balken sind gleichfalls schwebend oder abgeledigt. Siehe: „abgekürzt". — „Schwebend" insonderheit (nicht aber auch „abgeledigt") wird auch von solchen gemeinen Figuren oder Bildern gesagt, welche in Wappen ebenso oft den einen oder den anderen Schildrand, namentlich den Fussrand, berührend, als auch frei im Schilde stehend vorkommen können, wenn sie eben in der letzteren Weise dargestellt sind. Aus einer Vergleichung der Figuren 159 und 243 erklärt sich leicht, dass und wesshalb *Fig. 243.* als „schwebend" bezeichnet werden musste.

Schweifspiegelnd ist der Pfau, wenn er mit dem Schweife ein Rad schlägt.

Des Bassayns de Montbrun, desgleichen *St. Paul de Ricault* —: in Blau ein goldener schweifspiegelnder Pfau. — *Wiedt* —: auf dem rechten Helme als Kleinod ein schweifspiegelnder Pfau.

Schweifstern ist auch in der Heraldik ein mit „Komet" (s. d.) gleichbedeutender Ausdruck.

Schwellenkreuz, auch „Stufenkreuz", „Staffelkreuz", „Absatzkreuz" genannt, ist auch so ein altes eisernes Inventarstück, welches sich von einem heraldischen Büchlein in's andere stereotyp und blindlings fortpflanzt, ohne dass man doch jemals erfahren kann, Wem zu Gefallen denn eigentlich diese ümable Invention excogitiret worden sei.

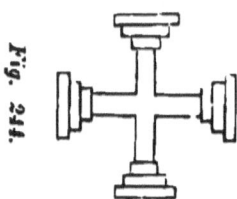

Fig. 244.

Menestrier, dieser wahrhaft fleissige Heraldiker, welcher doch — wo es irgend möglich ist — für allerlei heraldische Objecte Namen von Inhabern derselben nicht nur aus Frankreich, sondern auch noch aus gar mancher Herren Ländern angibt, bildet dieses venerabele „Schwellenkreuz" wie *Fig. 244* und zwar golden in Roth ab, ohne jedoch den Namen eines Glücklichen anzugeben, welcher dieses köstliche Stück sein Eigen nennen dürfe. Der gelehrte und gründliche *Spener* hat dieses heillose Kreuz überhaupt gar nicht erwähnt. *Rudolphi* und Andere führen dies Kreuz zwar an, wissen aber auch keinen Inhaber dafür.

Schwurhand nennt man eine wie zur Eidesleistung ausgestreckte oder erhobene Hand, nämlich mit aufwärts gestrecktem Daumen Zeigefinger und Mittelfinger und niedergebogenem Ringfinger und kleinem Finger.

Die Abtei *Lüders* —: in Blau ein aus einer natürlichen Wolke aus dem Schildesfusse zur Pfalstelle aufsteigender rothgekleideter Arm mit weisser Manschette, die Hand zum Schwur erhebend, (also eine Schwurhand); *Brady* —: in Schwarz eine goldenstrahlende, aber silbern gebildete sogenannte aufgehende Sonne und im linken Untereck eine silberne Schwurhand.

Section ist gleichbedeutend mit „Schildestheilung" (s. d.); siehe auch: „Heroldfigur".

Seeblatt, in seiner eigentlichen ursprünglichen Gestalt auch „Mumblatt" genannt, sieht etwa einem Lindenblatte ähnlich.

Fig. 245.

Fig. 245. Debschütz, desgleichen *Mauschwitz*, *Wobeser* —: in Silber ein grünes See- oder Mumblatt. Nun aber ist dieses Blatt nach der Weise des Mittelalters oft auch ornamental, im Dreipass durchschlagen, herzförmig u. s. w. dargestellt worden und hat man in der Zopfzeit aus gänzlicher Unkenntniss der mittelalterlichen Wappenkunst derartige Blätter alsdann „Schröterhörner", „Herzen" u. s. w. getauft. *Michelsen* hält sie sogar für Flammen.

Fig. 246.

Fig. 246. Das Herzogthum *Engern*, desgleichen die Grafschaft *Brehna*, *Seebach* (redend), *Burtscheid*, *Bremen* —: in Silber drei rothe Seeblätter, irrthümlich „Schröterhörner" genannt. Zu letzterer Benennung mögen wohl die Hörner des sogenannten Schröters oder Schröterkäfers Anlass gegeben haben, wie solche sich z. B. als Kleinod auf dem *Schröter*'schen Helme befinden, dargestellt in *Fig. 247*.

Fig. 247.

Bei *Hönn* werden die „Seeblätter" in Gestalt von *Fig. 246* als „Seeblumen" bezeichnet. *Albinus* fasst diese Figuren so auf, als ob der ornamentale kleeblattförmige Ausschnitt auf die „halben Cirkel" — wie er die Blätter nennt — daraufgelegt wäre.

Die Franzosen nennen eine ähnliche und zwar wahrscheinlich auch auf ähnliche Weise aus den ornamentalen Seeblättern herausgeballhornte Figur „*bouterolle*", d. h. Ortband an der Scheide eines Degens, an den Säbeln und Pallaschen als „Schleppeisen" vorkommend, und bilden solche „*bouterolle*" wie in *Fig. 248.* ab.

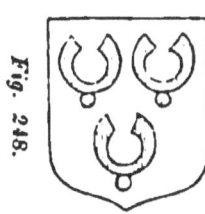

Fig. 248.

Fig. 248. Angrie (das ist das Herzogthum *Engern*) —: in Silber drei rothe „*bouterolles*"; dieses Beispiel ist von *Palliot* entlehnt; *Menestrier* aber führt zu dem Artikel „*bouteroles*" den *Seebach*'schen Schild als Beispiel an, woraus die Identität auch der *bouterolles* oder *bouteroles* mit den Seeblättern hervorgeht.

Seekolben will *Spener* die Binsen genannt wissen, wie solche u.a. in dem Schilde der *Melhosen (Siebm. I, 72)* und dem der *Uttingen (Siebm. I, 82)* vorkommen.

Seelöwe wird von Einigen der fischgeschwänzte Löwe genannt. Siehe: „Fischgeschwänzt". In der „Adels-Zierde" wird dieser Löwe ein „seehaffter" Löwe genannt.

Imhof —: in Roth ein goldener fischgeschwänzter Löwe oder sogenannter Seelöwe mit zurückgebogenem Schwanz.

Segenshand nennt man eine Hand, deren Mittelfinger und Zeigefinger wie zum Ertheilen des Segens ausgestreckt sind; sie liegt gewöhnlich quer, wogegen die „Schwurhand" (s. d.) öfters zur Pfalstelle befindlich.

Bisthum *Seckau* —: in Roth ein weissgekleideter, aus dem Schildrande herausragender Rechtarm mit goldenem Aermelaufschlag, die Segenshand ausstreckend.

Seilkreuz, auch „Schiffsseilkreuz" genannt, eine Erfindung des *Uptonus* und seit dessen verschollenen Zeiten leider bei uns noch nicht gänzlich verschollen, besteht aus kettengliederartig und in Kreuzform gewundenen Seilen oder Stricken.

Als etwas ungefähr hieher Gehöriges (wenn auch nicht als eigentliche Kreuze) kann man die Schilde der *Zyganer* und der *Karwinsky* anführen —: in Blau ein goldenes Schächerkreuz, auch wohl bisweilen ein Göppel, von Seilen kettenartig gewunden. — *Menestrier* hat ein solches Seilkreuz in gemeiner Kreuzform silbern in Roth abgebildet, jedoch auch hier (— vergl. „Schwellenkreuz" —) keinen Namen eines Inhabers dazu angegeben. So geht es auch dem *Rudolphi* und Anderen. Wozu aber die schwerfälligen Namen derartiger Missgeburten oder Todtgeburten von Generation zu Generation, von Büchlein zu Büchlein sich fortquälen lassen?! In die Gerüllkammer mit solchem altväterischen Gerüll! (Sie sollen hier auch nur als Todescandidaten erwähnt sein!)

Seitenbalken ist die Verbindung der Seite mit dem Balken zu einer Tinctur und kann rechts, links, schrägrechts und schräglinks vorkommen.

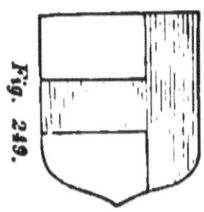

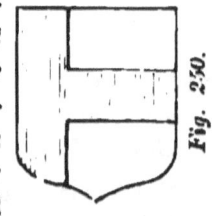

Fig. 249. Donnerstein, desgleichen *Wendigen, Sumiswaldt* —: in Silber ein rother linker Seitenbalken; *Fig. 250. Pelckhofen*, desgleichen *Büttrich* --: in Silber ein rother rechter Seitenbalken. „Rechts" und „links" richtet sich in der Ansprache nach der Stellung der Seite, da der Balken seiner Lage nach ohnehin nicht maasgebend

sein kann. Nach der „Adels-Zierde" würde *Fig. 250* ein „getheilter, von Roth und Silber zur Linken eingezapfter Schild" (!!) genannt werden.

Seraph-Kopf siehe: „Cherub-Kopf".

Sicilianisches Kreuz soll nach *Schumacher* eigentlich der richtige Ausdruck für das „*Andreas*-Kreuz" (s. d.) oder das Burgundische Kreuz sein.

Sinkend ist, von einem fünfstrahligen Sterne gesagt, soviel als „Untergehend" (s. d.).

Sirene ist synonym mit „*Melusine*" (s. d.).

Smaragd wird in älteren Büchern und Diplomen die grüne Tinctur genannt.

Späne sollen die „Schindeln" (s. d.) sein.

Spangenhelm ist eine Art des Turnirhelmes. Siehe: „Turnirhelm".

Spanischer Schild wird nach Vorgang der Zopfheraldiker auch heutzutage noch der unten ausgerundete, sogenannte „halbrunde" Schild ungerechtfertigterweise genannt; doch mag man immerhin diese harmlose Benennung beibehalten, wenn man nur nicht den Aberglauben, als ob diese Schildesform irgend Spanisches Eigenthum sei, damit verbindet.

Fig. 251.

Fig. 251. Pförtner von der Hölle —: halbgespalten und getheilt; oben rechts in Silber zwei im *Andreas*-Kreuz über einander geschränkte goldene Lilienscepter; oben links in Blau ein silberner Windhund mit goldenem Halsbande; die untere Schildeshälfte drei Mal getheilt und fünf Mal gespalten und somit in 24 Plätze geschacht von Blau und Silber — das Ganze in sogenannter Spanischer Schildform dargestellt. —

Diese Schildform kam gegen Ende des XIV. Jahrhunderts ungefähr zugleich mit den quadrirten Schilden auf, als welche sich schicklicher in dieser Form, als in dem bisherigen „Dreieckschild" (s. d.) unterbringen lassen.

Spanisches Kreuz ist eine ältere, nicht eben wohl motivirte Bezeichnung für das „Patriarchenkreuz" (s. d.).

Sparre, nicht zu verwechseln mit „Sparren" findet sich — um nur die heillose Verwirrung in der Terminologie recht ohne Noth noch dicker zu machen — in alten Büchern der „Pfal" (s. d.) bisweilen ganz ungeschickterweise genannt. Man muss aber so etwas wissen, um es vorkommenden Falles richtig zu verstehen.

Sparren ist diejenige viel gebräuchliche Heroldfigur, welche durch zwei im spitzen Winkel convergirende und sodann in eine gemeinsame scharfe Ecke auslaufende Schrägbalken gebildet wird.

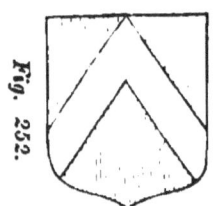

Fig. 252.

Fig. 252. Ledebur, desgleichen Ledenbau, Herberstain (Stammschild), Nogent, First, Reculo, Poligny, Le Baveux, Le Cointre d'Aubeville, Montbari, Bontgart —: in Roth ein silberner Sparren.

Ob der Sparren übrigens mit seiner Spitze den oberen Schildrand berühre — wie in Fig. 252 — oder ob noch ein kleiner Raum des Feldes zwischen dieser Spitze und dem Schildrande übrig bleibe, ist völlig gleichgiltig und kommt die eine Darstellungsweise ebenso oft, als die andere vor; es braucht demnach der Sparren, wenn er nur um eine Kleinigkeit (etwa wie in *Fig. 253*) mit der Spitze vom Schildrande absteht, noch nicht als „erniedrigt" oder dergleichen angesehen zu werden.

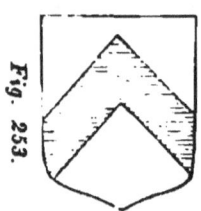

Fig. 253.

Fig. 253. Metzsch, desgleichen Ockenheim, Schupffer, Pollitz, Brovillart —: in Silber ein blauer Sparren. Bei den Franzosen ist diese Darstellungsweise die gewöhnliche.

Fig. 254.

Fig. 254. Marschalk von Stunsberg —: in Roth ein silberner Linkssparren. —

Martin Schrot nennt die „Spitze" (s. d.) fälschlich einen „Sparrn", obschon er den Sparren selbst ganz richtig als solchen anspricht. — Die Bedeutung oder Deutung des Sparrens betreffend, siehe: „Schleife".

Sparrenstreif sagt *Rudolphi* für „Sparren" (s. d.).

Sparrenstütze wird kürzer „Stütze" (s. d.) genannt.

Sparrentheilung verhält sich zum „Sparren" (s. d.) wie jede

— 145 —

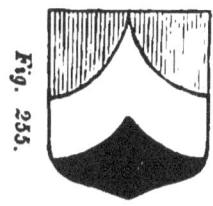

Fig. 255.

andere nach einer Heroldfigur benannte Section zu dieser Heroldfigur sich verhält.

Fig. 255. Stingelheim, desgleichen Peefenhausen —: von Roth und Schwarz durch einen eingebogenen silbernen Sparren getheilt — oder auch: eingebogene Sparrentheilung von Roth, Silber und Schwarz (jenachdem Silber schmäler, oder ebenso breit als Roth und Schwarz ist).

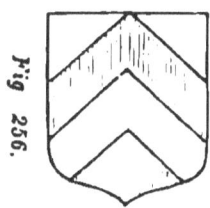

Fig. 256.

Fig. 256. Sparneck, desgleichen Werdenstein —: sparrenweise getheilt drei Mal von Silber und Roth. — Witzleben —: gestürzte sparrenweise Theilung drei Mal von Silber und Roth — (mitunter jedoch auch als zwei gestürzte rothe Sparren in Silber dargestellt). —

Spickel wollen Einige die abgekürzte stehende Spitze und zwar namentlich dann genannt wissen, wenn dieselbe mit ihren Schenkeln nicht unmittelbar an, sondern neben den beiden unteren Schildecken einsetzt. — Bei complicirteren Wappen wird der Spickel oft verwendet, um noch zu guter Letzt' einen minder favorisirten Schild dahinein zu pferchen. — *Hoheneck* braucht das Wort „Spickel" für „Spitze". Siehe: „Spitzen".

Spiegel ist eine seltene Benennung für „Schirmbret" (s. d.).

Spiessbalken oder „Spitzbalken" wird der „Sparren" (s. d.) noch immer bisweilen genannt.

Spiesslein mit Schalten oder Rauten wurden die „Rautenstängel" (s. d.) manchmal genannt.

Spindeln siehe: „Wecken".

Spitzbalken siehe: „Spiessbalken".

Spitzen, auch „Pyramiden" genannt, sind im spitzen Winkel in den Schild oder in das Feld gestellte Heroldfiguren oder auch Sectionen; das „Rechts" oder „Links" hierbei wird nach der Richtung des Winkels, also der eigentlichen Spitze, bestimmt.

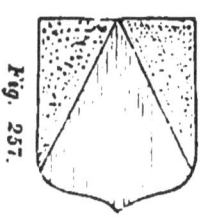

Fig. 257.

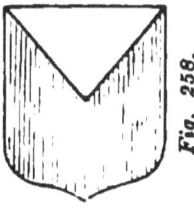

Fig. 258.

Fig. 257. Alt-Freiburg —: in

10

Gold eine rothe Spitze. *Fig. 258. Seffler* —: in Roth eine gestürzte abgekürzte silberne Spitze. — Siehe auch: „Hangende Spitze". — Als *curiosum* aus der alten Schule mag hier noch angemerkt werden, dass nach der „Adels-Zierde" ein eine gestürzte Spitze enthaltender Schild „hosengestaltet" (!!) genannt werden soll.

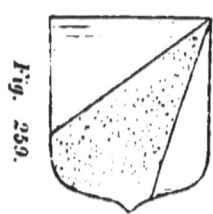

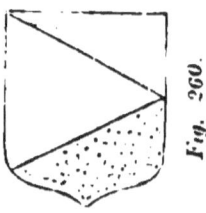

Fig. 259. Kauge —: in Blau eine schräglinke goldene Spitze. — *Fig. 260. Plüskow* —: durch eine silberne Linkspitze von Roth und Gold getheilt. —

Ueberdem kann man hierzu noch vergleichen: „Ausgebogene Spitze", „Geschweifte Spitze" und „Spitzentheilung". Uebrigens werden „Spitzen" zuweilen auch jene kleinen Blätter genannt, welche zwischen den eigentlichen die heraldische Rose bildenden grösseren Blättern stehen. In *Fig. 25* sind die länglichen grünen Blätter „Spitzen" in diesem Sinne des Wortes; bei *Höhn* werden diese Blätter „Bärtigen" genannt.

Spitzentheilung ist — wie schon der Name besagt — eine durch „Spitzen" (s. d.) bewirkte Section und kann wie auch andere geradlinige Sectionen nach allen Richtungen geschehen und zwar durch grössere oder kleinere Spitzen. Man kann hierzu *Fig. 260* nebst Text dazu vergleichen.

Fig. 261. Hegendorf —: von Silber und Schwarz schräglinks mit abgekürzten Spitzen getheilt. So findet sich dieser Schild mehrfach abgebildet und angesprochen; die Section sieht jedoch auch einer Schrägstufentheilung ähnlich. Vergl. hierzu „Stufe" nebst *Fig. 271*. — Wenn mit sehr kleinen Spitzen getheilt oder gespalten wird, so nennt man dies „Gezahnt oder gezähnelt" (s. d.).

Spitzrauten ist eine seltenere Bezeichnung für „Wecken" (s. d.).

Spitzwecken ist eine tautologische oder auch pleonastische Bezeichnung für „Wecken" (s. d.).

Sporenrädlein ist ein Stern mit runder Oeffnung in der Mitte, welche wie bei einer durchstochenen Raute die Tinctur des Feldes durchsehen lässt.

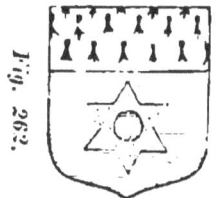
Fig. 262.

Fig. 262. Sirmond —: in Blau ein goldenes sechsspitziges Sporenrädlein, darüber ein Schildeshaupt von Hermelin. — Ein rothes Sporenrädlein in Gold —: *Ianros*; ein silbernes in Roth —: *Fons*.

Sporenrösslein ist in der „Adels-Zierde" und ähnlichen Quellen des XVII. Jahrhunderts das „Sporenrädlein" (s. d.) genannt.

Sporn braucht *Hoheneck* für „Spitze". Siehe: „Spitzen".

Sprechend wird ganz zum Ueberfluss von Einigen für „Redend" (s. d.) bisweilen gebraucht.

Stab oder „Ruthe" wird ein schmaler Pfal, also ein Pfal-Faden genannt. Siehe: „Faden" und „Strich".

Stabbord oder „Schnur" ist eine schmale Einfassung eines Schildes, ein schmaler „Schildesrand" (s. d.). Vergl. hierzu *Fig. 197*. *Rudolphi* nennt den Stabbord „Umstrich", was jedoch nicht zu empfehlen sein dürfte.

Dewall, desgleichen *Hüttel* —: ein silberner Löwe in einem rothen, mit silbernem Stabbord umgebenen Schilde. —

Bei Standeserhöhungen kommt es bisweilen vor, dass dem ursprünglichen Schilde anstatt anderer Vermehrung und sogenannter Verbesserung oder bisweilen noch neben solchen Vermehrungen ein Stabbord und zwar gern von Gold hinzugefügt wird.

Stabkreuz will *Dr. von Sacken* Das genannt wissen, was bisher immer ganz treffend „Kreuzfaden" (s. d.) genannt worden ist und auch fernerhin so genannt werden möge. Wo irgend ein althergebrachter Ausdruck passend ist, soll man doch ja nicht ohne Noth die leidige Masse von Kunstausdrücken noch vermehren wollen!

Ständer oder „Schoss" („Schooss") ist eine Heroldfigur, welche gebildet wird, wenn man denjenigen achten Theil des Schildes oder Feldes, welcher mittels gerader und schräger Quadrirung entsteht und von rechts und oben mit der Spitze nach der

Schildesmitte weist, mit einer anderen Tinctur, als der des Schildes färbt.

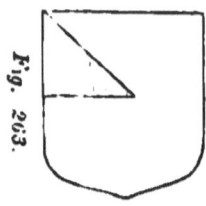

Fig. 263.

Fig 263. Du Cluseau —: in Silber ein rother Ständer. Dies ist der gewöhnliche und ordentliche Ständer, es braucht also hinsichtlich seiner Stellung nichts besonders gemeldet zu werden; käme jedoch ein anderes von den acht Schildesachteln als Ständer einmal vor, so müsste man dessen Stellung allerdings besonders melden. Einzeln dürfte jedoch überhaupt der Ständer nicht häufig vorkommen, mehrfach aber zu der Section der „Ständerung" (s. d.) verwendet. — Bara bildet einen gewöhnlichen Ständer golden in Blau ab; zugleich zeichnet er auch ein blaues „Ständerkreuz" (s. d.) in Gold, welches er ebenfalls als „gyron" (giron d. h. Ständer) bezeichnet, mit dem Zusatze „en la pointe droite". Bei anderen Franzosen finde ich dergleichen nicht. —

Ständerkreuz entsteht durch schräge Ständerung; es soll jedoch hierbei das Kreuz selbst weniger Raum beanspruchen als das Feld, weil entgegengesetzten Falles, d. h. bei gleicher Vertheilung der Plätze, nicht Heroldfigur, sondern Section (schräge Ständerung) resultiren würde.

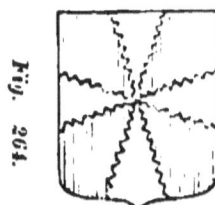

Fig. 264.

Fig. 264. Mundersbach —: in Roth ein gezähneltes silbernes Ständerkreuz.

Ständerung entsteht aus Anwendung der vier Hauptsectionen zugleich, nämlich: Spaltung, Theilung, Rechtsschrägung und Linksschrägung — oder, was dem gleich ist, aus der Verbindung der gewöhnlichen mit der schrägen Quadrirung und allemal zwar mit Abwechselung der Tincturen.

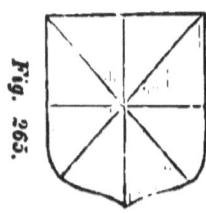

Fig. 265.

Fig. 265. Mannsbach, desgleichen Roggweil, D'Angle, Berlet, Beaumont-Framonville, De Cugnac-Bocart —: geständert von Silber und Roth. Dass hier acht Mal und zugleich mit acht Plätzen geständert worden, braucht als das Gewöhnliche nicht gemeldet zu werden und dass beim Ansprechen Silber zuerst genannt ist, motivirt sich durch das unter „Ständer" (s. d.) und namentlich bei *Fig. 263.* Gesagte.

Wenn die Ständerung anders, als achtfach geschieht, so muss dies besonders gemeldet werden.

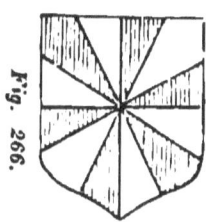

Fig. 266.

Fig. 266. Waldbott von Bassenheim —: zwölf Mal geständert von Roth und Silber. — *Rudolphi* nennt dies „aus dem Mittel zwölfmal getheilt". Dies ist aber nicht recht. Graf *Horerden* in seiner schätzbaren Broschüre „Zur Wappen-Symbolik" bringt die Ständerung mit der alten Feldertheilung bei Waldansiedelungen wohl motivirt in Einklang. *Fahne* dagegen bezeichnet die Ständerung als „Windmühlenflügel". (!!) Aber es hiesse, gegen Windmühlenflügel mit der Rennstange anreiten, wenn man sich mit solchen Leuten noch viel herumzanken wollte.

Staffelkreuz ist das Nämliche wie „Schwellenkreuz" (s. d.).

Staffeln sollen „Stufen" sein; siehe „Stufe".

Staindel oder **Stainel** siehe: „Steine" und „Schindeln".

Standeskronen nennt man die für die Kleinodhelme seit Einkehr des Zopfstiles substituirten Kronen, welche nach Deutscher moderner Heraldik ein Graf mit 9 (im vollen Reif, den man jedoch in der Abbildung eben nicht voll sieht, mit 16) Perlen, ein Freiherr oder ein Baron mit 7 (im vollen Reif mit 12) und ein Edelmann ohne besonderen höheren Adelsrang mit 5 (im vollen Reif mit 8) Perlen führen s o l l — es führt aber eben bei unserer heiteren Wirthschaft Jeder, was er mag. Von Controle ist mir noch keine Spur irgend vorgekommen. Den Kleinodhelm jedoch noch über die unmittelbar auf dem Schilde aufliegende Standeskrone und noch dazu — wie öfters geschieht — frei in den Lüften schwebend zu placiren, ist eine heutzutage zwar nicht selten diplomatarisch angeordnete, dennoch aber wissenschaftlich nicht zu billigende Mode, von welcher lieber Niemand Gebrauch machen sollte. Bei anderen Nationen, namentlich bei den Franzosen, Engländern und Schweden sind die Bestimmungen über das Standeskronenwesen (oder Unwesen) wenigstens g e - o r d n e t und werden befolgt, was bei uns in Deutschland nicht der Fall ist; aber dieser Indifferentismus ist eben der brandige

Krebsschaden des Deutschen Adels und seines Wappenwesens. Man weiss nicht, soll man oben oder unten anfangen, sich nutzlos zu ereifern! —

Stechhelm siehe: „Turnirhelm".

Stechzeug — mit Bezugnahme auf das Stechen im Turnir — nennt man Sattel und Zaumzeug eines gesattelten und gezäumten Pferdes.

Wiprecht von Groitzsch (nach *Albinus*) —: in Roth ein gehendes silbernes Pferd mit goldenem Stechzeug; *von dem Werder* —: in Blau ein muthiges silbernes Pferd mit rothem Stechzeug.

Steckkreuz ist ein neuerdings recht überflüssigermassen erfundener Name für ein unten zugespitztes Kreuz.

Steg ist eine von den mehreren, glücklicherweise mehr und mehr in Vergessenheit gerathenden Bezeichnungen für den „Turnirkragen" (s. d.).

Stehend heisst ein vierfüssiges Thier, wenn es keinen seiner vier Füsse erhebt.

Hirschberg-Dolnstein, desgleichen *Meuerl von Lobenberg* —: in Silber ein rother stehender Hirsch; *Marckdorf* —: in Silber ein rother stehender oder „ruhender" Löwe. Siehe: „Ruhend".

Erhebt das Thier nur einen (den inneren) Vorderfuss, so heisst es „zum Gange geschickt".

Hirschberg, desgleichen *Bock* —: in Silber ein rother zum Gange geschickter Hirsch; *Beienburg* —: in Gold ein zum Gange geschickter („leopardirter") blauer Löwe. Siehe: „Leopardirt".

Endlich „gehend" wird ein vierfüssiges Thier dann genannt, wenn es einen vorderen und auch einen hinteren Fuss aufhebt; „schreitend" ist das Nämliche.

Plessen —: in Gold ein schwarzer gehender Stier, in *Tiedemann's* Mecklenburgischem Wappenbuche auf grünem Rasen zum Gange geschickt dargestellt. Im Mittelalter verfuhr man in solchen Dingen mit einiger Willkür.

Stehend, zum Gange geschickt und auch gehend werden zahme Thiere öfters, als wilde dargestellt; letztere erscheinen meist „Aufgerichtet" (s. d.).

Steine, auch wohl von älteren Heraldikern „Stainel" oder „Staindel" genannt, sollen „Schindeln" (s. d.) sein. Die „Rauten"

(s. d.) jedoch so zu nennen, ist offenbar verkehrt, kommt aber auch vor.

Steinmetzeisen ist eine irrige Bezeichnung für „Wolfsangel" (s. d.)

Steinmetzzeichen siehe: „Hausmarken".

Sternkreuz ist just weiter nichts, als ein vierstrahliger Stern, welcher mit seinen vier Spitzen oder Strahlen gewöhnlich nach den Mittelpunkten der vier Schildränder hinzeigt. Wer diese Absonderlichkeit nicht kennt, könnte vernünftigermassen nach Analogie des „Kugelkreuzes", Rautenkreuzes" u. s. w. glauben, ein Sternkreuz solle etwa ein aus Sternen zusammengesetztes Kreuz sein.

Stier siehe: „Kuh".

Stock siehe: „Mauerbrecher".

Strahl (von dem Polnischen *strzaìa* d. h. Pfeil) ist eine Pfeilspitze wie *Fig. 313.*, jedoch ohne die unten angebrachten Bogen oder Federn.

Strahlenfels —: in Roth ein silberner Strahl in Pfalstellung; *Hagen* —; in Blau ein silberner schrägliegender Strahl.

Strahlenspitzenkreuz will man ein solches Kreuz nennen, welches an seinen Enden widerhakige Spitzen hat. Andere nennen dies ein „zugespitztes Kreuz".

Strasse, ist eine von den vielen verschimmelten Bezeichnungen für den von den Zopfheraldikern ganz besonders mit vielen Namen begnadeten „Balken" (s. d.) wird jedoch womöglich noch unnützerer Weise von einigen Zopfigen für den schräglinken Balken gebraucht.

Strebe ist ein veralteter Ausdruck für den „Balken" (s. d.) ja sogar für den „Schrägbalken".

Streiff wird bei *Schumacher* der „Faden" (s. d.) genannt und dabei anbefohlen, dass er just den dritten Theil der Balkenhöhe oder Pfalbreite haben müsse. — *Rudolphi* liebt das Wort „Streiff" ganz ausnehmend! Er bezeichnet damit allerhand Balken, den Pfal, ja sogar den Sparren, u. s. w.

Streitfertig nennt man den Hahn, wenn er eine Kralle emporhält.

Korzenski von Dereschau —: in Gold ein schwarzer, rothbekammter und rothbeglockter streitfertiger Hahn; *Hahn*, desgleichen *Hanense*, *Dechow* —: in Silber ein rother streitfertiger Hahn.

Streithorst war eine Trutzwaffe; *Spener* übersetzt dieses Wort mit „*tridens bellicus*", d. h. Kriegs-Dreizack, und in der That findet sich bei *Siebmacher I, 182* der *Streithorst*'sche Wappenschild dem entsprechend abgebildet, nämlich —: in Roth zwei goldene im *Andreas*-Kreuz über einander geschränkte Gabeln, ähnlich dem aus der Mythologie als bekannt vorauszusetzenden Dreizack des *Neptunus*. Möglicherweise sind die *Hopfgarten*'schen „Heugabeln" (schwarz geschäftet mit goldenen Klingen im silbernen Felde) früher auch solche Streithorste gewesen.

Strich wird von älteren Heraldikern gleichbedeutend mit „Balken" (s. d.) mitunter gebraucht, soll nach Neueren jedoch für einen ¹/₁₂ Schildesbreite einnehmenden Pfalfaden („Stab") gelten; sodass also zwischen „Stab" (s. d.) und „Strich" noch ein Unterschied dahin gelten soll, dass der Stab die Hälfte der Pfalbreite, der Strich aber wiederum die Hälfte der Stabbreite, mithin ein Viertel der Pfalbreite einnehmen soll. Derartige Haarspaltereien wollen wir jedoch den Franzosen lassen; in Deutschland haben sie nie rechten Anklang *in praxi* finden mögen.

Stütze oder „Sparrenstütze" ist ein etwa um die Hälfte oder noch etwas mehr seiner ursprünglichen Balkenbreite abgemindeter Sparren.

Fig. 267.

Fig. 267. Bagge —: gespalten von Silber und Schwarz, mit einer Sparrenstütze oder Stütze in abwechselnden Tincturen.

Fig. 268.

Fig. 268. Sparneck —: in Silber zwei rothe Sparrenstützen oder Stützen. — Uebrigens versteht es sich vonselbst, dass, jemehr Sparren in dem nämlichen Schilde oder Felde vorkommen, dieselben auch umso schmäler sich gestalten müssen und braucht man dann solche schmale Sparren nicht besonders als „Stützen" anzusprechen.

Egmont —: in Roth fünf, bisweilen auch sechs goldene Sparren.

Stufe ist eine Schildestheilung, welche durch drei Linien in den in den hier nachfolgenden Figuren dargestellten Arten geschieht.

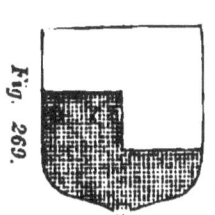

Fig. 269. Leoprechting —: in Silber eine schwarze Rechtstufe. — *Fig. 270. Aurberg* -: in Silber eine schwarze Linkstufe. Gestürzte Stufen (siehe: „Gestürzt") können der Natur der Sache nach nicht vorkommen, da die Stufen Section, aber nicht Figur bilden.

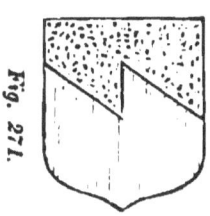
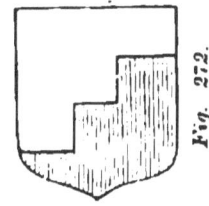

Fig. 271. Kauffungen (der spätere Schild) —: in Gold eine schräge rothe Linkstufe. — *Spangenberg* —: in Roth eine mit einer Rose belegte silberne schräge Linkstufe.

Die Schrägstufe nennt *Dr. von Mayerfels* einen „Absatz" — Die Zahl der Stufen wird nach der Zahl der senkrechten Linien bemessen.

Fig. 272. Seyboltzdorf (nach der Darstellung bei *Siebm. I, 77*) —: in Silber zwei rothe Linkstufen.

Stufenkreuz ist das „Schwellenkreuz" (s. d.).

Stulp ist der Aufschlag oder Vorstoss einer Mütze oder eines Hutes. — Siehe *Fig. 274* nebst Text dazu.

Stummelschwalbe will *Bernd* die gestümmelte „Amsel" (s. d.) genannt wissen. Man findet keinen haltbaren Grund für diese an sich unpassende Benennung.

Stumpfsparren soll der gestutzte Sparren sein; siehe: „Gestutzt".

Sturmfeder ist ein alter Ausdruck für die Streitaxt, analog dem jetzt noch bräuchlichen Worte „Saufeder", womit man einen zum Behufe der Sau- oder Eberjagden (wie solche namentlich auf Böhmischen Herrschaften noch mit Saufedern geübt werden) gebrauchten Spiess bezeichnet.

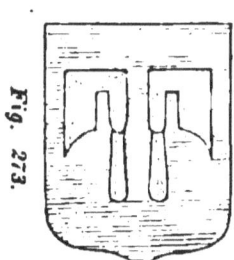

Fig. 273. Sturmfeder, desgleichen *Stickel* —: in Blau zwei aufrecht stehende, mit den Rücken gegen einander gekehrte goldene Sturmfedern.

Sturmleiter wäre eigentlich die passende Bezeichnung für den sogenannten „Mauerbrecher" (s. d.).

Tartarische Mütze, auch „Ungarische Mütze", „Albanische Mütze" und „Heidenhut" genannt, ist eine meist spitz geformte, bisweilen auch umgebogene, mit breitem Stulp und an ihrer Spitze mit einer Quaste oder Troddel versehene Mütze, wie solche vielfach in allerlei Variationen in Schilden und auch auf Helmen unmittelbar und auch auf menschlichen Köpfen, desgleichen auf „Puppen" und „Rümpfen" vorkommt.

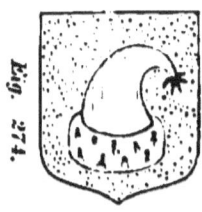

Fig. 274.

Fig. 274. Falkenstein —: in Gold eine rothe, mit Hermelinstulp vorgestossene und am Zipfel mit fünf kleinen schwarzen Federn besteckte rückgebogene Tartarenmütze, welche sich auf dem Helme, jedoch gerade aufrecht stehend, wiederholt. — Redend ist das Wappenbild der Stadt *Haydenheim* —: in Gold eines rothgegekleideten bärtigen Mannes (Heiden) Brustbild, zu Häupten bedeckt mit einem blaugestülpten rothen Heidenhute. Dieser Schild ist dem *Würtembergischen* Schilde einverleibt worden.

Hayden (gleichfalls redend) —: in Gold eines schwarzgekleideten bärtigen Mannes (Heiden) Brustbild, zu Häupten bedeckt mit einem schwarzen, silberngestülpten Heidenhute; auf dem Helme wiederholt sich als Kleinod des Mannes Rumpf mit dem nämlichen Heidenhute bedeckt.

Tartsche oder „Renntartsche" ist recht eigentlich ein Turnirschild, ausgeschnitten am Seitenrande zum Einlegen der Rennstange oder Turnirlanze; diese Schildform kam in der zweiten Hälfte des XIV. Jahrhunderts auf und war im XV. Jahrhundert sehr im heraldischen Gebrauche.

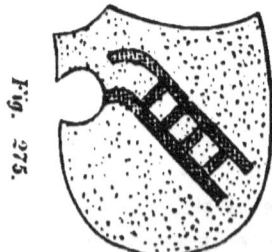

Fig. 275.

Fig. 275. Lützow —: in Gold eine schwarze schräg (rechts) gelehnte Leiter mit vier Sprossen — hier auf einer Renntartsche oder Tartsche dargestellt.

Taschenzug ist eine gestürzte geschweifte Spitzentheilung oder ein gestürzter „Mantelzug" (s. d.).

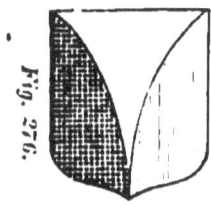

Fig. 276. Briesen —: von Schwarz und Roth durch Silber im Taschenzuge gespalten.
Siehe auch: „Ausgebogene Spitze".

Tatzen sind die Füsse oder Pfoten des Bären, auch mit einem veralteten Worten „Tappen" genannt.
Tatzenkreuz oder „ausgerundetes Kreuz" nennt man ein wie in *Fig. 277* geformtes Kreuz.

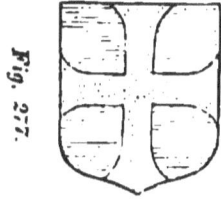

Fig 277. Modschidler zu Gera —: in Blau ein goldenes Tatzenkreuz.
Tatzenkreuze in verschiedenen Tincturen führen viele Bisthümer und Abteien.

Tau wird im Griechischen Alphabet der Buchstabe *T* und hiernach das diesem Buchstaben ähnliche „*Antonius*-Kreuz" (s. d.) bisweilen genannt.
Telamonen nennt man mitunter die „Schildhalter" (s. d.) nach einem Griechischen Worte, welches ein Wehrgehänge bedeutet.
Theilung siehe: „Schildestheilung" und: „Gegen die Theilung gekehrt".
Theilungsbilder will *Bernd* die „Schildestheilungen" (s. d.) oder Sectionen genannt wissen. Es ist jedoch auch auf diesem unhaltbaren *Bernd*'schen Neuerungsversuch in der Hauptsache Dasjenige anzuwenden, was unter „Heroldbilder" (s. d.) gesagt worden ist. Der von *Bernd* herausgekünstelte Unterschied zwischen „echten" und „unechten" Theilungsbildern braucht als ganz hinfällig hier gar nicht speciell noch durchgesprochen zu werden. Es ist durchaus kein Bedürfniss vorhanden, die Verwirrung in der heraldischen Terminologie künstlich noch zu steigern.

Thränen nennt man die in *Fig. 278* ersichtlichen kleinen Figürchen Wenn dieselben roth tingirt sind, will man sie „Blutstropfen", bei goldener Tinctur aber „Flammen" oder „Flämmlein" genannt wissen.

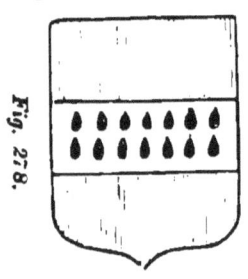

Fig. 278.

Fig. 278. Koss —: in Roth einer silberner Balken, belegt mit 14 (7. 7.) rothen Thränen oder Blutstropfen.

Röschen von Futterhof —: getheilt; oben in Blau ein goldener Seraph-Kopf mit zwei Flügeln; unten in Schwarz drei goldene Thränen oder Flämmlein.

Wenn diese Figuren grösser und dafür in geringer Zahl den Schild ausfüllend erscheinen, so werden sie auch wohl „Säcke" genannt.

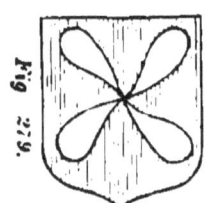

Fig. 279.

Fig. 279. Säcke —: in Roth vier im *Andreas*-Kreuz mit ihren Spitzen zusammenstossende Säcke.

Die Franzosen haben eine ähnliche Wappenfigur, welche sie „*otelle*" d. h. Lanzeneisen nennen und von den „*larmes*" (Thränen) ausdrücklich unterscheiden.

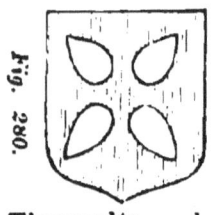

Fig. 280.

Fig. 280. Comminges —: in Roth vier silberne *otelles* (Lanzeneisen) im *Andreas*-Kreuz gestellt und mit den Spitzen nach den vier Schildesecken gerichtet.

Thronzelte werden die fürstlichen „Wappenmäntel" (s. d.) genannt.
Tiara, d. h. ein Turban, wird die päpstliche dreifache Krone, wie solche als päpstliches Oberwappen gebraucht wird, bisweilen, obschon nicht eben treffend genannt. Besser ist die Bezeichnung „*Regnum*" (s. d.).
Tincturen, auch mit einem älteren Ausdrucke „Schmelzwerk" genannt, sind die eigentlichen heraldischen Farben: Roth, Schwarz, Blau, Grün, sowie auch die beiden Metalle: Gold oder Gelb und Silber oder Weiss. — Man hat der Farben allerdings noch mehr (siehe: „Schraffirungen"), allein diese übrigens noch angenommenen Farben gehören nicht zu den eigentlichen heraldischen

Tincturen und können z. B. bei Helmdecken nicht verwendet werden. Für eine im Schilde vorkommende nicht heraldische Tinctur pflegt man alsdann, wenn sich die Helmdecke nach ihr richten soll, die zunächst liegende, ähnliche heraldische Tinctur der Helmdecke zu geben.

Tolosaner Kreuz, auch „Schlüsselkreuz", irrthümlich auch sogar „Schlüsselringkreuz" genannt, kommt in Frankreich und Spanien und auch da ziemlich selten und zwar in den in den Figuren 281. und 282 gegebenen Gestalten vor.

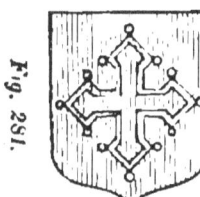

Fig. 281.

Fig. 281. Die Grafen von *Toulouse,* desgleichen *De Lautrec, Botereis* —: in Roth ein goldenes Tolosaner-Kreuz, bei *Rudolphi* fälschlich „Blattkreuz" genannt.

Venasques —: dieselbe Figur roth in Gold;
Buffevent —: dieselbe Figur silbern in Blau.

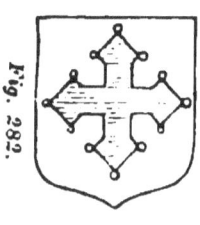

Fig. 282.

Fig. 282. Manfredi —: in Silber ein blaues innen ausgefülltes Tolosanerkreuz, bei *Rudolphi* irrig „Ballenkreuz" genannt. Wenn das Tolosaner-Kreuz überhaupt seiner durchbrochenen Gestalt halber den Namen „Schlüsselkreuz" führt, so dürfte letztere Bezeichnung auf das ausgefüllte Kreuz in *Fig. 282* wohl nicht anwendbar sein.

Topfhelm, auch mitunter „Fasshelm" oder „Kübelhelm" genannt, war die älteste Art des eigentlich heraldischen Helmes, d. h. eines Helmes, welcher das zum Wappen gehörige Kleinod zur Schau trug. Gegen Ende des XII. Jahrhunderts kamen zunächst die kleineren, oben flachen Topfhelme, welche nur den Kopf, nicht aber auch zugleich den Hals bedeckten, auf und kommen noch bis Ende des XV. Jahrhunderts vor. Anfänglich waren sie nur bunt bemalt, mit Streifen u. s. w. in den Farben des Schildes, bis allmälig sich das plastische Kleinod einfand, welches jedoch weniger im ernsten Kampfe, mehr noch in Turnieren auf dem Helme getragen wurde.

Fig. 283.

Fig. 283 ist ein solcher oben flacher Topfhelm, welcher sich (ohne Schild dazu) in einem kreisrunden Siegel „*Guntheri Comitis de Kerernberg*" — wie die Ringschrift sagt — aus dem XIII. Jahrhunderte findet. Derselbe führt einen Lindenzweig als Kleinod. Hierzu dürften noch die im „Deutschen Herold" Jahrg. 1870 in No. 5 von dem rühmlichst bekannten Heraldiker Graf *von Uetterodt* abbildlich mitgetheilten *Schwarzburg*'schen und *Kerernberg*'schen Helme, sowie auch *Fig. 1.* auf Seite 9 des ganz vorzüglichen Buches „Helm-Zierden im Mittelalter" von dem gelehrten und fleissigen Forscher Fürsten *Hohenlohe-Waldenburg*, desgleichen Dessen hieher gehörige Mittheilungen in dem kurzweg sogenannten „Wiener Adler" Jahrgang 1871 Seite 69 bei *Fig. 16.* verglichen werden können.

Bei den Topfhelmen überhaupt brachte man gern, wo es eben füglich geschehen konnte, die Kleinode an den Seiten des Helmes an, wie z. B. Flügel, Hörner und ähnliche aus zwei gleichen Hälften bestehende Kleinode.

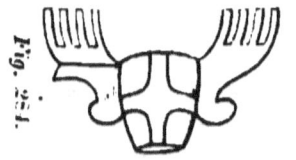

Fig. 284.

Fig. 284 ist der Flügelkleinodhelm des *Conrad de Wildenrode*, ebenfalls aus dem XIII. Jahrhundert. Gegen Ende des XIII. Jahrhunderts kam auch der grosse, oben abgerundete, auf den Achseln aufsitzende Topfhelm auf, welcher gegen Ende des XV. Jahrhunderts dem „Stechhelm" Platz machte.

Fig. 285.

Fig. 285 ist ein „grosser" Topfhelm mit einem Flügelkleinod, entnommen aus einem kreisrunden Siegel „*Alberti Comitis de Halse*", aus dem Ende des XIII. Jahrhunderts; der Helm steht oberhalb zweier Dreieckschilde, einen jeden derselben noch an der betreffenden Schildesecke berührend.

Für alle drei Figuren 283, 284 und 285 sei bemerkt, dass dieselben nicht nach den Originalien, sondern nach zuverlässigen Abbildungen hier gegeben sind, wobei ich mir übrigens nicht gestattet habe, etwa darin nach eigenem Geschmack herumzucorrigiren.

Toque, Napoleonische, ist eine von den vielen von *Napoléon I.* in Frankreich eingeführten Verschlimmbesserungen in dem bis dahin wohlgeordneten Französischen Wappenwesen; sie ist ein besonderes Barett und soll die Stelle der „Standeskronen" (s. d.) vertreten. Seit *Napoleon's* Absetzung ist nun zwar seine lächerliche Heraldik auch schon in die ihr gebührende Rumpelkammer der Verschollenheit geworfen worden und es würde dieser Posse hier überhaupt nicht Erwähnung geschehen, wenn sie nicht eben auch in Deutschland nach der hergebrachten Deutschen Art oder Unart, den Franzosen allen Firlefanz nachzuäffen, eine Zeit hindurch grassirt hätte. So führte z. B. der Ritter *von Lang* in Bayern, Vorstand des Herolden-Amtes daselbst (!!) nach seiner eigenen Visirung auf seinem Wappenschilde statt eines Helmes die hier in *Fig. 286* abgebildete *Toque*, von welcher *Dorst* sagt: „... auf dem Schilde ruht ein blaues Barett mit schwarzem Bunde, aus dem 3 goldene Pfennige zur Hälfte hervorsehen, über dessen mittlere eine silberne Raute (bayrische) steckt; auf dem Barett steckt noch ein blau und silbern getheilter Reiherbusch."

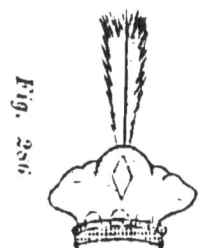

Fig. 286.

Wen übrigens etwa dergleichen noch besonders interessiren sollte, der mag andurch auf *Genouillac* „grammaire héraldique", vorzüglich aber auf *Simon*, „armorial général de l'empire français" verwiesen sein, wo man derartige Sackmützen neben anderen ebenbürtigen Ausgeburten hoher Imperatorenlaune hübsch beisammen findet.

Treppenschnitt ist gleichbedeutend mit „Stufenschnitt" (s. d.).

Treubund will *Bernd*, nur um anders, als andere Leute zu sein und zu reden, für „Treue Hände" (s. d.) gesagt wissen.

Treue Hände nennt man zwei sich gegenseitig wie zur Begrüssung anfassende Hände.

Schulzen —: in Blau zur Bandstelle zwei aus den Schildesrändern herausragende naturfarbige treue Hände; *Alttreu* —: getheilt von Roth und Silber, mit zwei aufwärts gekehrten treuen Händen, sparrenförmig zu einander gestellt, in abwechselnden Tincturen.

Tritonen sind fischgeschwänzte männliche Figuren, sozusagen: das heraldische *masculinum* zu den *Melusinen*; siehe: „*Melusine*".

Trudenfuss, auch „Alpenkreuz", „*Pentalpha*", d. h. fünf Mal der Buchstabe *A (alpha)*, sogar, obschon falsch, „Druytenfuss" genannt, ist das in weiteren Kreisen seiner Gestalt nach, in gewissen engeren Kreisen aber auch seiner Bedeutung nach kannte mystische in *Fig. 287* hier dargestellte Zeichen, welches auch zu abergläubischen Zwecken verwendet zu werden pflegt.

Fig. 287.

Fig. 287. Degelin von Wangen —: in Roth ein silberner Trudenfuss; *Stahler* —: in Roth ein goldener Trudenfuss; *Trutan* —: in Schwarz ein silberner Trudenfuss.

Türkenbund wird mit einer höchst übel gefundenen Bezeichnung in älteren Diplomen und Wappenbeschreibungen der „Wulst" (s. d.) mitunter genannt.

Turnirhelm ist der gewöhnliche heutzutage bei adeligen Wappen fast allgemein gebrauchte Kleinodhelm; jedoch auch der „Stechhelm" ist ein recht eigentlicher Turnirhelm. Der Stechhelm wird gegenwärtig und zwar ziemlich allgemein zum Unterschiede von dem „offenen, freiadeligen, stahlblau angelaufenen, dunkelroth ausgeschlagenen, mit fünf goldenen Visir-Spangen beschlagenen, mit goldenem Halskleinode behangenen, goldgekrönten, halbrechts gewendeten . . ." u. s. w. Turnirhelm als der bürgerliche Helm bezeichnet, was jedoch unrichtig ist. Auch der Stechhelm, wie schon sein Name sagt, war ein Turnirhelm und es fiel im Mittelalter gewiss keinem Adeligen ein, dass er sich durch Führung eines Stechhelmes an seiner Würde etwas vergeben könne. Der Unterschied beider Helme im Turnirgebrauche ist eben der, dass der Stechhelm zum Gestechen in hohem Zeug u. s. w., der vorzugsweise so benannte Turnirhelm dagegen in dem Kolben- und Schwerterturnir bei dem Abhauen der Kleinode gebraucht ward. Darum wird er auch als „Kolbenturnirhelm" speciell bezeichnet. Der Stechhelm kam in der ersten,

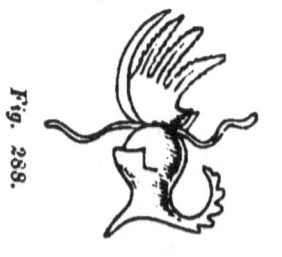

Fig. 288.

der vorzugsweise so benannte Turnirhelm in der zweiten Hälfte des XV. Jahrhunderts mehr und mehr in Gebrauch. — Bei dem alten *Siebm.* findet man in Bd. II, 151 unter der Rubrik „Augspurgische Patricii" Stechhelme anschaulich dargestellt.

Fig. 288 ist der Flügelkleinod-Stechhelm mit abfliegender „Zindelbinde" aus einem Siegel des *Hans* Burggrafen *von Golssin* aus der zweiten Hälfte des XIV. Jahrhunderts.

Die vorzugsweise so benannten Turnirhelme sind entweder „Rosthelme", deren „Visir" (s. d.) in einem Gitter oder Rost besteht, oder sie sind „Spangenhelme" wenn sie längs herabgefügte, ausgebauchte Spangen als Visir haben.

Fig. 289.

Fig. 289. ist der gekrönte Flügelkleinod-Turnirhelm und zwar Spangenhelm aus einem Siegel *Friederich's* Markgrafen von *Brandenburg* aus der Mitte des XV. Jahrhunderts. Der Spangenhelm in modernisirter Gestalt ist gegenwärtig der gebräuchliche Wappenhelm, wie man selbigen in neueren Wappenbüchern zu betrachten Gelegenheit genug hat.

Turnirkragen, auch „Brücke", „Steg", „Bank", „Rechen" und mit noch manchen mehr oder minder passenden Namen, ja sogar „Heurechen" (!!) benannt, ist nach Deutschland herüber wohl zunächst aus Frankreich gekommen; er ist vornehmlich zum Beizeichen und zwar für die Cadetlinie bestimmt. Gewöhnlich hat er drei „Lütze" oder „Hängel", d. h. von ihm abwärts gehende Anhänge, welche in älteren Zeiten mit parallelen Linien, also etwa wie unten abgekürzte Pfäle oder gestürzte Zinnen (— siehe *Fig. 291* —), später aber und zwar zumeist noch gegenwärtig mit divergirenden Linien — wie in *Fig. 290* — gebildet wurden, beziehentlich noch werden.

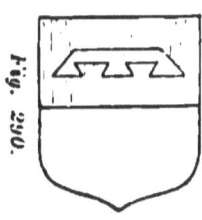

Fig. 290.

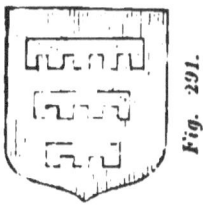

Fig. 291.

Fig. 290. Harf —: getheilt von Roth und Silber; im oberen Felde und zwar mitten darin ein blauer Turnirkragen — *Fig. 291. Overstolz* —: in Roth drei goldene Turnirkragen mit beziehentlich 5, 4 und 3 Lützen.

Hier scheinen die Turnirkragen eigentliches Wappenbild zu sein; eben so bei *Quattermart*, welche das nämliche Bild wie in *Fig. 291*, jedoch schwarz in Gold, und bei *Lyskirchen*, welche dieses Bild blau in Gold und zwar bisweilen dergestalt führen,

11

dass rechts und links die Turnirkragen an die Seitenränder des Schildes anstossen.

Gewöhnlich ist der Turnirkragen schwebend und sein ordentlicher Platz ist im Schildeshaupte, woselbst er meist dem rechten Obereck nahe gerückt ist. Wenn der Turnirkragen einmal ausnahmsweise — was übrigens selten vorkommt — mit seinem oberen Rande an den oberen Schildrand anstösst, so wird er „angeschoben" genannt.

Unter dem Artikel „Beizeichen" ist noch ein Mehreres über den Turnirkragen zu ersehen.

Beachtungswerth ist, was *Ledebur* im „Archiv" sagt — und mag hier Platz finden: „.... der Turnirkragen findet sich bei *circa* 300 Rheinischen Geschlechtern und seine eigentliche Heimath ist Belgien und die Niederlande. Dagegen kommt er nicht vor in Ostfalen, Hessen, Thüringen, Franken, Baiern. Wenn er als Hauptbild (also nicht als Beizeichen) auftritt, bedeutet er: Gerichtsbarkeit und hier allein ist die Bezeichnung „Bank" (als Gerichtsbank) entsprechend; hingegen ist letztere Bezeichnung nicht in Zusammenhang zu bringen mit unehelicher Geburt (Bankert)." — Es ist unter „Bastardbalken" angemerkt, dass ausserehelich Geborene als solche in Deutschland keine adeligen Wappen führen.

Uebereck getheilt findet sich in älteren Büchern für „schräg quadrirt". — Siehe: „Quadrirt".

Uebereck gezogen wird in älteren Wappenbeschreibungen, z. B. bei *Albinus*, für „schräg" gesagt. Ein übereck gezogener Balken soll ein Schrägbalken sein.

Ueber einander gefällt ist eine *species* von „über einander geschränkt" und wird vorzugsweise von über einander gelegten Bäumen, Baumstämmen, Aesten, Bränden und ähnlichen Objecten gesagt.

Berka von der Dubbe, desgleichen *Ronow* (Stammschild), *Bircken*, *Elsner von Gronow*, *Liechtenberg* —: in Gold zwei schwarze knotige Aeste im *Andreas*-Kreuz über einander gefällt; *Prandner* —: in Gold zwei schwarze Bründe im *Andreas*-Kreuz über einander gefällt; *Kessinger* —: getheilt von Grün und Silber; oben ein wachsender naturfarbiger Hirsch; unten zwei knotige naturfarbige Aeste im *Andreas*-Kreuz über einander gefällt.

Ueber einander gestürzte Eisenhütlein siehe: „Pfalfch".

Ueberkappt siehe: „Ueberstiegen".

Ueberstiegen heisst ein Schildeshaupt, wenn sich über demselben noch ein schmaler gerader (wagrechter) Streif von anderer Tinctur befindet. Geschieht dies Uebersteigen mit nach unten gerundetem Schnitte, so heisst das Schildeshaupt ein „behangenes", geschieht es jedoch mit nach oben ausgerundetem Schnitte, ein „überkapptes" Schildeshaupt. Hier wird jedoch überall ein Schild vorausgesetzt, dessen oberer Seitenrand wagrecht liegt; im sogenannten Italiänischen Schild ist dergleichen überhaupt nicht allenthalben deutlich auszudrücken. Uebrigens dürfte man von allen dergleichen seltenen Vorkommnissen in Deutschen Wappen wenig verspüren, während bei den Franzosen viele Beispiele hierzu zu finden sind.

Man kann hier noch vergleichen: „Getheiltes Schildeshaupt" und „Unterstützt".

Ueberzwerch oder **überzwerch** ist ein alter Ausdruck für quer (getheilt). „Ueberzwerch abwärts" soll jedoch soviel heissen, als schräg (getheilt).

Umgebogene Spitze erklärt sich mit Vergleichung von *Fig. 292.* ohne besondere Definition.

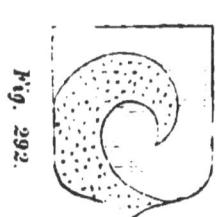

Fig. 292. Lindeck zu Lisana —: in Blau eine aus dem rechten Untereck aufsteigende, nach links umgebogene goldene Spitze.

Dergleichen kommt äusserst selten vor. Man vergleiche übrigens: „Schneckenschnitt" und „Wolfszähne".

Umgestürzt ist ein längerer und auch übrigens minder passender Ausdruck für „Gestürzt" (s. d.).

Umschweif, nicht zu verwechseln mit „Umzug" (s. d.) wurde der „Schildesrand" (s. d.) bisweilen früher genannt. Es wäre jedoch wünschenswerth, jedes heraldische Object ohne allen Umschweif mit seinem ordentlichen Namen und auch nur mit einem Namen zu benennen. Wir müssen gestehen, dass die Französische Terminologie hierin der Deutschen vorzuziehen ist.

Umstrich wird bei *Rudolphi* der „Stabbord" (s. d.) genannt.

Umzug, nicht zu verwechseln mit „Umschweif" (s. d.) ist eine veraltete Bezeichnung für: „Innere Einfassung" (s. d.).

Unbewaffnet heisst ein Thier dann, wenn es an seiner normaler Weise ihm zukommenden „Bewehrung" (s. d.) gestümmelt ist.

Ungarische Mütze ist gleichbedeutend mit „Tartarenmütze" (s. d.).

Ungarisches Kreuz wird das „Patriarchenkreuz" (s. d.) und zwar wahrscheinlich desshalb genannt, weil es in dem Wappen des Königreiches *Ungarn* vorkommt.

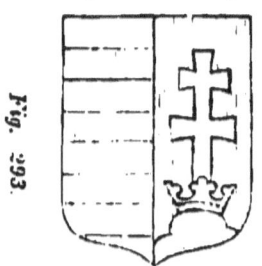

Fig. 293.

Redend ist desshalb das Wappen nicht, obschon ich dies aus Versehen unter dem Artikel „Redend" gesagt habe — — *humanum est.*

Fig. 293. Das Königreich *Ungarn* —: gespalten; rechts sieben Mal getheilt oder benestelt von Silber und Roth (wegen Alt-Ungarn); links in Roth auf grünem Büchel eine goldene Krone, aus welcher sich zur Pfalstelle ein silbernes Patriarchenkreuz od. Ungarisches Kreuz erhebt (wegen Neu-Ungarn).

Ungebildet wird die Sonne dann genannt, wenn sie kein menschliches Gesicht zeigt.

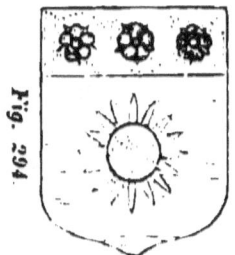

Fig. 294.

Fig. 294. Joly de Chouin —: in Blau ein ungebildete goldene Sonne; darüber ein goldenes Schildeshaupt, belegt mit drei rothen Rosen bandweise neben einander.

Ungeziert heisst der König der Thiere, nämlich der Löwe, wenn er *quoad sexum* gestümmelt erscheint, wovon ich in Deutschland zu meiner grössten Genugthuung kein Exemplar aufzutreiben vermochte, wogegen sich in dem transrhenanischen Nachbarlande eine desto grössere Zahl von solchen Löwen-Castraten gesund und munter herumtreibt.

Unsinnig ist ein altväterischer, glücklicherweise seltener, jedenfalls unsinniger Ausdruck für „Wüthend" (s. d.).

Unten siehe: „Oben".

Untergehend oder „sinkend" wird ein fünfstrahliger Stern genannt, wenn zwei Strahlen in die Höhe und drei abwärts gerichtet sind; die Sonne hingegen wird von den Zopfheraldikern „untergehend" genannt, wenn sie am linken Obereck der Schildes steht. — Siehe noch: „Gesenkt".

Untergeschlagen will man den Schwanz eines Thieres nennen, wenn er unter dem Bauche zwischen die Beine genommen ist — wie z. B. beim Greif — hingegen „durchgeschwungen" wenn er alsdann an der Seite wieder heraufkommt.

Unterlegt wird von Einigen ein Schild mit den hinter ihm befindlichen Objecten genannt, als z. B. Krummstäben, Kreuzen, Fahnen, Schwertern, Schlüsseln und derartigen Gegenständen.

Unterstelle siehe: „Rechts".

Unterstrich ist eine ungeeignete ältere Benennung für den „Pfal" (s. d.). Wenn aber sogar der „Balken" (s. d.) unter diese absurde Bezeichnung mit subsumirt wird, so ist dies eben ganz verkehrt. Die Zopfigen machen aber auch solchen Unsinn möglich.

Urlug — siehe: „Orlog".

Veh ... ist die ältere Schreibart für „Feh ..." (s. d.).

Veneto nannte der nur noch unter Benennung „*Heraldus Britannus*" in der älteren heraldischen Literatur fortlebende alte Heraldiker die blaue Tinctur.

Vergönnete Wappen siehe: „Schutzwappen".

Verkehrt siehe: „In verkehrter Ordnung".

Verkehrtes Schach ist die verkehrte Benennung *Rudolphi's* und *Losche's* für das „Rautenschach" (s. d.).

Verschoben soll soviel als „Abgesetzt" (s. d.) sein.

Verschobene Eisenhütlein siehe: „Pfalfeh".

Verschobenes Schach siehe: „Geschacht".

Verschränkte Farben, auch „geschränkte Farben" genannt, ist soviel als „Abwechselnde Tincturen" (s. d.).

Versenkt oder „in der Vertiefung" heisst eine Hauptfigur im Felde, wenn sie nicht oder wenigstens nicht erheblich grösser als die sie umgebenden (begleitenden oder beseitenden) Nebenfiguren ist und als Hauptfigur dann nur daran erkannt wird, dass sie an der Herzstelle des Schildes steht.

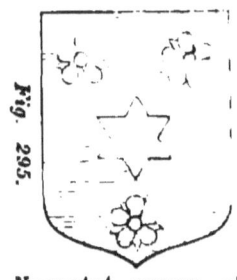

Fig. 295.

Fig. 295. *Wenckstern* —: in Blau drei rothe goldbesaamete Rosen, versenkt oder in der Vertiefung ein silberner Stern. — *Hund von Salheim* —: in Silber versenkt ein schwarzer Stern, begleitet von drei rothen, mit den Hörnern seitwärts (rechts) gekehrten Mondsicheln. Hier kann auch noch *Fig. 145* verglichen werden.

Versetzt gegen einander, auch „versetzt um einander" nennt *Martin Schrot* die beiden Tincturen eines quadrirten Schildes (siehe: „Quadrirt") — z. B. ein von Schwarz und Silber quadrirter Schild wird bei ihm blasonnirt: „.... der schilt schwartz und weiss versetzt gegen einander".

Vertiefung siehe: „Versenkt".

Verwechselte Farben oder vollends gar „verwechselnde Farben" sind ganz unwissenschaftliche Ausdrücke, welche *Anton Peter* in Troppau für „Abwechselnde Tincturen" (s. d.) braucht. Ebenso unglücklich ist neuerdings die Bezeichnung „umgekehrt gewechseltes Feld" beliebt worden.

Verwechselte Tincturen wird oft für „Abwechselnde Tincturen" (s. d.) gesagt. Diese Verwechselung von Kunstausdrücken ist nicht in der Ordnung. Man könnte jedoch von wirklich **verwechselten** Tincturen da sprechen, wo die ursprünglichen Tincturen (etwa von Feld und Figur, oder auch in Sectionen) mit einander vertauscht worden sind, wie z. B. *Grünenberg* ausser dem schwarzen Reichsadler in Gold auch einen goldenen Reichsadler in Schwarz unter Umständen gelten lassen will und wie auch öfters Beizeichens halber Tincturen von Figur und Feld miteinander vertauscht, verwechselt worden sind.

Viereckiger Span wird in alten Büchern das Schach in Wappen genannt; siehe: „Geschacht".

Viereckiges Kreuz siehe: „Quartirtes Kreuz".

Viergetheilt soll „Quadrirt" (s. d.) heissen.

Vierung ist ein in einer der vier Schildesecken und zwar gewöhnlich im rechten Obereck angebrachtes Viereck (Quadrat) von etwas weniger, als dem vierten Theile der Schildesgrösse. Wenn solch ein Viereck aber etwa nur den achten Theil des Schildes einnimmt, so wird dasselbe „Ecke" genannt Mit „Vierung" schlechtweg werden fortwährend auch die Ausdrücke „ledige Vierung" und „Freiviertel" verwechselt, welche, unter sich gleichbedeutend, jedoch nur dann anwendbar sind, wenn die Vierung auch wirklich „Ledig" (s. d.) ist; anderen Falles wäre es ja eine *contradictio in adjecto!!* —

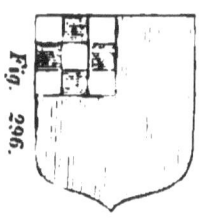

Fig. 296.

Fig. 296. Stachelegg —: in Roth eine von Silber und Blau neungeschachte Vierung. Dieser Schild hat eine Vierung mit Heroldfigur (siehe; „Neungeschacht"). mithin eine Vierung schlechtweg, nicht aber ledige Vierung. Dagegen:

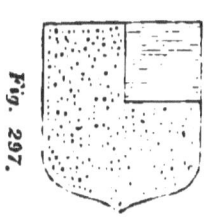

Fig. 297.

Fig 297. Zolikofer —: in Gold eine blaue linke ledige Vierung.

Nur wenn die Vierung oder ledige Vierung an einer anderen Stelle, als in dem zu präsumirenden rechten Obereck steht, muss ihre Stellung besonders gemeldet werden und ist die Stellung deshalb bei *Fig. 296* nicht, wohl aber bei *Fig. 297* gemeldet worden.

Die Ecke und die „Freiecke" (kleine ledige Vierung) kommen in Deutschland seltener vor, als die eigentlichen Vierungen.

Hüfflitz (nach *Philipp Eisenberger's* Wappenmanuscript) —: in einem blauen, mit einer goldenen Freiecke versehenen Schilde sechs silberne Balken, über das Ganze ein rother Löwe.

Visir ist derjenige Bestandtheil eines Helmes, welcher sich, gleichsam wie eine Gesichtsmaske, vor dem Gesichte des Helmträgers befindet und irgendwie Oeffnung zum Behufe des Hindurchsehens hat. Topfhelme und Spangenhelme haben Schlitze, Turnirhelme dagegen Roste (Gitter) oder Spangen.

Vrgl. auch: „Im Visir gesehen".

Visirbilder werden in der alten Schule die Schildestheilungen benebst den Heroldfiguren im Gegensatze zu den gemeinen Figuren oder Bildern genannt.

Visiren heisst: ein neu zu schaffendes oder zu vermehrendes oder doch wenigstens in einem anderen Stile als bisher zu construirendes heraldisches Object (einen Schild, ein ganzes Wappen etc.) anordnen oder darstellen, was nach den Regeln und Bräuchen der Wappenkunst, nicht aber in der Regellosigkeit und nach den Missbräuchen gewisser Heroldämter geschehen sollte.

Volles Schächerkreuz soll soviel heissen, als „ausgefülltes Schächerkreuz". — Siehe: „Schächerkreuz".

Vorn ist im Schilde soviel, als rechts.

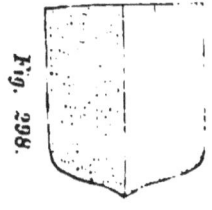

Fig. 298. *Erdmannsdorf*, desgleichen *Dörnberg, Döringenberg, Linsneck, Yfan, Römow, Sax*, das Bisthum *Hildesheim* —: gespalten von Gold und Roth, nämlich vorn oder rechts ist Gold, hinten oder links ist Roth.

Wachsam wird der Kranich genannt, wenn er den einen, ordentlicherweise den inneren Fuss (oder — wie die Jäger sagen — „Ständer") aufhebt — eine Stellung, in welcher der Kranich sehr oft erscheint.

Kranich von Kirchheim —: in Schwarz ein silberner wachsamer Kranich.

Oft hält der „wachsame" Kranich eine Kugel oder einen Stein in der erhobenen Kralle.

Wanner —: in Roth auf silbernem Büchel ein silberner halsgekrönter wachsamer Kranich, eine goldene Kugel in der aufgehobenen Kralle haltend.

Wachsend oder „hervorgehend" — nicht zu verwechseln mit „Hervorbrechend" (s. d.) — heisst eine aus einer Section, Heroldfigur, gemeinen Figur oder aus dem Helme mit ihrer oberen Hülfte oder vorderen Seitenhülfte hervorragende Gestalt und zwar zumeist Menschen- oder Thiergestalt. Manche nennen dies fälschlich auch „Hals" (s. d.).

„Hervorgehend" wird mehr da gebraucht, wo die Figur aus dem Seitenrande oder überhaupt seitwärts, z. B. aus einer Schildesspaltung vorkommt.

Berge —: getheilt von Silber und Blau, mit einem wachsenden rothen Geiss im oberen Felde: *Goldacker* —: getheilt und halbgespalten von Gold, Silber und Roth, mit einem wachsenden schwarzen Geiss im oberen Felde; *Klüfer* —: in Gold eine schwarze aus dem (linken) Schildesrande hevorgehende Bärentatze. Aus am Schildesfusse befindlichen Bücheln und aus im Schilde freischwebenden Kronen kommen Bilder verschiedener Art hervorgehend sowohl, als auch hervorbrechend häufig vor.

Schönbühel —: in Schwarz ein aus einer (freischwebenden) Krone wachsender silberner Schwan.

In Pommern findet man besonders viele Thiere, namentlich Hirsche aus einer Schachsection wachsend.

Podewils in Pommern: links geschrägt; rechts und oben Silber, links und unten blau und golden geschacht; aus diesem Schach wächst ein goldener Hirsch in das silberne Feld.

Die Recht- und Linkarme kommen oft aus den Schildrändern (Seitenrändern) hervorgehend vor. Was insonderheit den an der Spaltungslinie halbirten Adler betrifft, so wolle man vergleichen: „Halber Adler".

Wackel ist ein veralteter Ausdruck für „Wecken" (s. d.).

Waffen ist ein seltener Ausdruck für „Bewehrung" (s. d.).

Wagenrad zum Unterschiede von dem „Mühlrad" (s. d.) ist ein in weltlichen und geistlichen Wappen oft vorkommendes Rad ohne Kämme und gewöhnlich mit fünf oder sechs Speichen.

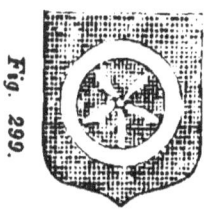

Fig. 299.

Fig. 299. Berlichingen, desgleichen *Aicholtzheim, Gailkirchen* —: in Schwarz ein silbernes Wagenrad, hier mit fünf Speichen dargestellt.

Wo von einem „Rad" schlechtweg die Rede ist, muss man im Zweifelsfalle annehmen, dass ein Wagenrad, aber nicht ein Mühlrad damit gemeint ist.

Waldmann ist soviel als „Wilder Mann" (s. d.).

Wappenfigur im Unterschiede von „Figur" an sich oder schlechtweg ist Alles, was überhaupt den Inhalt eines Wappenschildes ausmachen kann. Ein lediger Schild z. B. hat seine Wappenfigur in diesem weiteren Sinne des Wortes in der blosen Tinctur, wenn er nicht etwa ein Warteschild ist, welcher eben auf eine zukünftige Figur noch wartet. Auch blose Section kann Wappenfigur in dem hier gemeinten weiteren Sinne dieses Wortes bilden.

Wappenhalter sind „Schildhalter" (s. d.).

Wappenmäntel, auch „Wappenzelte", „Thronzelte". „Pavillons" genannt, werden als Ober- und Hinterwappen namentlich bei solchen Wappen angebracht, welche keine Helme, sondern fürstliche Kronen, Prälatenmützen und dergleichen als Oberwappen haben. Die Wappenmäntel gehören zu den „Prachtstücken" (s. d.) und sind bei fürstlichen Wappen gemeiniglich von Purpur und mit Hermelinpelz gefüttert, auch wohl mit goldenen Schnüren geknüpft und behangen, an deren jedem Ende eine goldene Quaste befindlich. Bisweilen wiederholen sich die Figuren des Schildes auf dem Wappenmantel und zwar entweder so in Felder geordnet, wie dies im Schilde selbst der Fall ist — z. B. im herzoglich Lothringenschen Wappen — oder es ist der Wappenmantel nur mit den Hauptfiguren des Wappens besäet, wie z. B. das königlich Französische Thronzelt mit Lilien, das königlich Preussische mit Adlern besäet ist.

Dass die Wappenmäntel und Thronzelte nur dem hohen und höchsten Adel zukommen, sollte eigentlich gar nicht erst einer besonderen Erwähnung bedürfen, bedarf aber dennoch einer solchen, indem leider auch in dieser Richtung die Richtungslosigkeit unseres Adels- und Wappenwesens dem niederen Adel in hergebrachtem Indifferentismus die lächerlichsten Anmassungen stillschweigend auch noch gut heisst.

Noch sei bemerkt, dass man zwischen Wappen - Mänteln und Wappen - Zelten den Unterschied allenfalls gelten lassen kann, dass das Zelt das ganze Wappen mitsammt der Krone etc. umschliesst, während bei dem Mantel die Krone etc. ausserhalb, nämlich oberhalb desselben sich befindet.

Wappenpfennige oder „Pfennige" sind überflüssige Bezeichnungen für „Kugeln" (s. d.).

Wappenrose braucht *Anton Peter* in Troppau für die gewöhnliche, heraldisch dargestellte und in dieser Auffassung stets zu präsumirende Rose — vergl. *Fig. 25* —, welche darum auch kurzweg „Rose" genannt wird, nicht aber „Wappenrose", als welche letztere Bezeichnung gerade so verkehrt ist, wie etwa die Ausdrücke „Wappenlilie", „Wappenlöwe" (wenn sie existirten) sein würden. Nur dann, wenn man **nicht** von der gewöhnlichen heraldischen, sondern ausnahmsweise von einer natürliche Rose spricht, hat man dies besonders zu melden.

Man kann hier noch das unter dem Artikel „Kunstlilie" Angemerkte vergleichen.

Wappenzelte siehe: „Wappenmäntel".

Warteschild ist ein solcher lediger Schild (siehe: „Ledig" —), welchen der Inhaber desselben wegen einer noch für diesen Schild erwarteten Wappenfigur führt, etwa wegen verhoffter Erbschaft, wegen Lehensexspectanz u. s. w.

Wecken oder „Spindeln" sind wie die „Rauten" (s. d.) schiefwinkelige Parallelogramme mit gleichen Seiten, unterscheiden sich jedoch von den Rauten durch ihre schlankere Gestalt. Mathematisch wissenschaftlich ist dies so gut als gar nichts gesagt, aber in der Heraldik ist es nun einmal so und man möchte da mit *Hegel* sprechen: „Was ist, ist vernünftig."

Fig. 300.

Fig. 300. Ekker —: in Schwarz drei stehende silberne Wecken oder Spindeln. Mit Wecken oder Spindeln kann auch Section gebildet werden, wie z. B. der Bayerische Schild silbern und blau schräg geweckt ist.

Wehrgehänge nannte man früher bisweilen eine schräg über den Schild geschränkte zusammenhangende Reihe von Rauten oder Wecken.

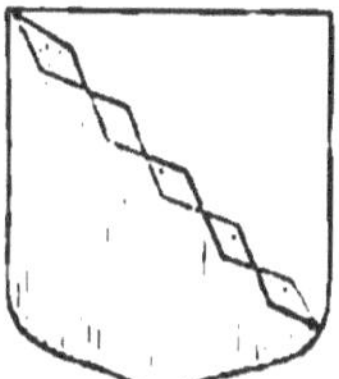

Fig. 301.

Fig. 301. Metzradt —: von Roth und Silber (rechts) geschrägt durch ein dazwischen geschränktes Wehrgehänge von fünf goldenen Rauten oder auch Wecken.

Weidend ist bei dem Lamm oder Widder das Nämliche, was bei dem Hirsch „Aesend" (s. d.) ist.

Berbisey —: in Blau ein silbernes Lamm, weidend auf grünem Boden.

Wellenkreuz ist ein überflüssiger Ausdruck für ein wellenförmig dargestelltes Kreuz, d. h. ein solches Kreuz, dessen Pfal und Arme mit Wellenlinien construirt, begrenzt sind. — Siehe: „Wellenschnitt".

Wellenschnitt ist eine krummlinige Section. Im Wellenschnitt oder „Schlangenschnitt", „wellen- oder schlangenweise" getheilt, gespalten u. s. w., „gefluthet" sind zwar wenige Schilde, es gehört jedoch dieser Schnitt immer noch zu den wirklich existirenden, was sich eben leider nicht bei allen mit besonderen Kunstnamen bezeichneten heraldischen oder heraldisch sein sollenden Objecten vonselbst versteht.

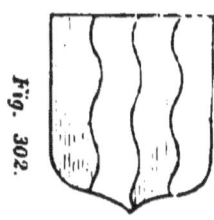

Fig. 302.

Fig. 302. Greiff von Haslach — : schlangenweise oder im Wellenschnitt drei Mal gespalten von Roth und Silber.

Gefluthete Quer- und Schrägbalken, mitunter auch dergleichen Pfäle kommen ziemlich oft vor und scheinen Flüsse zu bedeuten, da nicht selten sogar Fische, Frösche und ähnliche Dinge darin zu sehen, auch die blaue Tinctur bei derartigen geflutheten Balken u. s. w. sehr beliebt ist. Man vergleiche hierzu noch unter „Redend" die Namen auf - - - bach, - - - becke etc., desgleichen den Artikel „Fluss".

Fig. 303.

Fig. 303. Lubomirski, desgleichen *Stammer, Helmod, Winderbach, Breidenbach, Lauterbach, Prambach* — : in Roth ein geflutheter silberner Rechtbalken (oder Fluss). In dieser Darstellung, nämlich auch innerhalb des Balkens mit Wellen damascirt, gehört die Figur fast zu den gemeinen Figuren oder Bildern. — Siehe: „Gemeine Figuren".

Wendeltreppenschnitt ist soviel als „Schneckenschnitt" (s. d.).

Werkstäbe ist auch eine von den ganz nichtsnutzigen Bezeichnungen aus der *Böckler'schen* Schule und soll „Balken" (s. d.) bedeuten.

Widergekrücktes oder wiedergekrücktes Kreuz siehe: „Krückenkreuz".

Widerhaken oder Wiederhaken wird von Einigen der „Mauerhaken" (s. d.) genannt.

Widerkreuz oder Wiederkreuz nennt man ein Kreuz, welches an seinen Enden abermals gekreuzt ist.

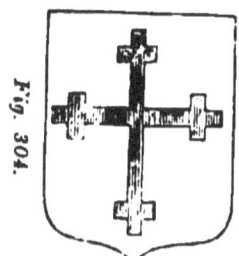
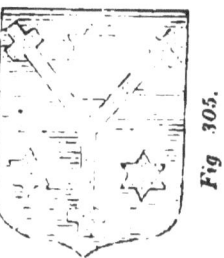

Fig. 304. *Byerley* —: in Silber ein schwebendes rothes Widerkrenz oder Wiederkreuz. — *Fig. 305* *Schill* —: in Blau ein goldenes wiedergekreuztes schwebendes Schächerkreuz, begleitet von drei goldenen Sternen in verkehrter Ordnung.

Widernied oder Wiedernied siehe: „Durchstochen".

Wilde Frau siehe: „Wilder Mann".

Wilder Mann ist ein nackter, gewöhnlich bärtiger und an den Lenden mit Laub (Eichenlaub) gegürteter, oft auch mit Laub am Haupte bekränzter, in mittelalterlichen Darstellungen mit urkräftigem Humor, in der neumodischen Heraldik aber meistens wie ein zum Wannenbade geschickter Weinreisender dargestellter Mann, welcher ebensowohl als Schildfigur, wie auch als Wappenhalter oder Schildhalter öfters vorkommt.

Drachsdorf —: in Blau ein mit grünem Laub bekränzter und beschurzter naturfarbiger wilder Mann, einen grünen Baum in der Hand haltend. — Einen wilden Mann führen ferner noch im Schilde —: *Hunemörder, Riesenkampf, Ahren.*

Als Schildeshalter figuriren die wilden Männer bei den Wappen der Länder: *Preussen, Braunschweig, Dänemark Griechenland.*

Wie die *Eva* zum *Adam,* so verhält sich die „wilde Frau" zum „wilden Mann" und braucht selbige desshalb nicht besonders weitläufig besprochen zu werden. Ein wilden Mann rechts und eine wilde Frau links hat zu Schildhaltern das Fürstenthum *Schwarzburg Rudolstadt* und *Sondershausen.*

Winde oder Winden findet man in manchen alten Wappenbeschreibungen die Windhunde genannt. Wer dies nicht weiss, könnte „Winden" vielleicht für Wagenwinden oder ähnliche Vorrichtungen zum Aufwinden von Stricken halten und abbilden.

Die Abtei *Murbach,* desgleichen *Passow* —: in Silber ein springender schwarzer, goldbehalsbandeter Windhund.

Winkel wird mitunter die ledige „Vierung" (s. d.) unpassenderweise genannt.

Winkelhaken oder Winkelmass ist die rechtwinkelige Vereinigung von abgekürztem Balken und abgekürzter Seite oder auch von abgekürztem Schildeshaupt, beziehentlich Schildesfuss und Pfal zu einer Figur und Tinctur und hieraus kann auch eine winkelmassweise Seite construirt werden.

Fig. 306. Tale —: im Winkelmass quadrirt von Silber und Roth. — Sowohl Figur, als auch Section dürften jedoch selten vorkommen.

Winkelmess — sollte man meinen, müsse gleichbedeutend mit „Winkelmass" (siehe: „Winkelhaken oder Winkelmass") sein sollen, allein die Zopfheraldik überflügelt diese bescheidene Erwartung, indem sie unter „Winkelmess" den „Sparren" (s. d.) verstanden wissen will.

Winkelstreif ist eine ganz verkehrte Bezeichnung für das „Schächerkreuz." (s. d.).

Wocken will der neuerungskränkelnde *Bernd* aus purer Neuerungskrankhaftigkeit die Spindeln oder „Wecken" (s. d.) genannt wissen. Vielleicht hat er das Wort auch nur dem alten *Zschackwitz* nachgebetet.

Wolfsangel ist eine namentlich in Süddeutschland mitunter vorkommende, einer Mondsichel nicht unähnliche Figur.

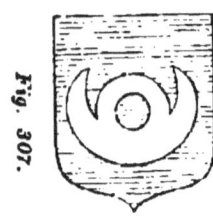

Fig. 307. Mayenthal —: in Blau eine mit den Spitzen aufwärts gekehrte silberne Wolfsangel. — Was jedoch *Grote* und *Fahne* irrthümlich in ihren Wappenwerken als „Wolfsangeln" ansprechen, sind „Wiederhaken" (s. d.). Auch hat man die Wolfsangeln irrthümlich als Schabeisen, Steinmetzeisen, u. s. w. angesprochen.

Wolfseisen werden bei *Dorst* die „Wolfsangeln" (s. d.) genannt.

Wolfszähne, wohl auch Eberzähne sollen die wie in *Fig. 308* gebogenen Spitzen genannt werden. Diese Bezeichnung dürfte passend sein.

Fig. 308. Kinsky, desgleichen *Schinsky* —: in Roth drei aus dem linken Fuss- und Seitenrande aufsteigende silberne Wolfszähne.

Vergl. hierzu auch: „Umgebogene Spitze".

— 175 —

Wolken — ganz verschieden von dem natürlichen Wolken — sind zu Heroldfiguren und zu Sectionen verwendete mehrfach gebogene Curven, wie solche hier in den Figuren 309 und 310, beziehentlich auch 311 abgebildet sind.

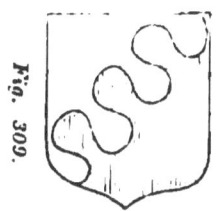

Fig. 309. Weiler, desgleichen *Überlingen* —: in Silber drei rothe Linkwolken. — Diese Art von Wolken (wobei auch *Fig. 310* mit gemeint ist) verschwimmt im Mittelalter mit den „Eisenhütlein" (s. d.) fast in Eines, wie man an älteren Darstellungen des *Oetting*'schen, des *Haslang*'schen Schildes und an anderen Beispielen ersehen kann. *Fig. 41* stellt den letztgenannten Schild im Eisenhut- oder Cymbelschnitt construirt vor, es findet sich jedoch der nämliche in den „*monumentis Boicis*" auch im Wolkenschnitt dargestellt.

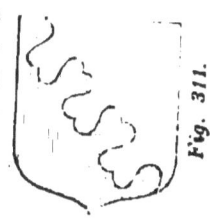

Fig. 310. Haslang —: von Gold und Roth im Wolkenschnitt und zwar von je zwei und einer halben Wolke gespalten. Zu den Wolken gehören auch die „Nebel" oder „doppelt krausen Wolken", wie *Fig. 311* dergleichen zeigt.

Fig. 311. Panichner —: von Roth und Silber im Nebelschnitt schräg (rechts) getheilt.

Man hat derartige Schilde auch „benebelt" genannt.

Wüthend wird der Ochs oder Büffel genannt, wenn er im raschen Laufe oder aufgerichtet dargestellt ist.

Aurberger —: in Roth ein wüthender goldener Stier.

Wulst oder „Helmwulst", mit einem unpassenden Ausdrucke auch „Türkenbund" genannt, ist die bei vielen Wappen zwischen Helm und Kleinod befindliche gewundene Binde, welche in den Tincturen des Wappens abgewechselt dargestellt sein muss. Die vom Wulst abfliegenden Bänder (wie in *Fig. 288*) sind die „Zindelbinden", auch „Helmlöhr" oder „Brünlöhr" genannt. Dass der Wulst minder vornehm sei, als eine Helmkroue, ist eine ganz irrige Meinung, da heutzutage die Helmkrone eben auch auf den niederen Adel gekommen ist.

Als einen gewiss nicht oft vorkommenden Fall, dass ein Wulst als Wappenfigur im Schilde vorkomnt, sei hier in *Fig. 312* ein Schild eines Engländers mitgetheilt.

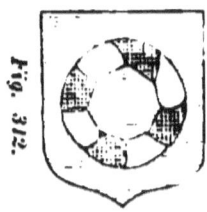

Fig. 312. Jocelyn —: in Blau ein von Silber und Schwarz gewundener Wulst. — Ueber Englischen Wappenschilden kommt der Wulst in der Gestalt des sogenannten „*roll*" vor, länglich geformt und freischwebend über der unvermeidlichen Standeskrone und über dem *roll* steht dann das Kleinod, „*crest*" genannt.

Wurfeisen — wie schon bei *Schumacher (anno 1694)* diese Figur genannt wird —, im Polnischen „*strzała*" d. h. Pfeil, im Französischen „*fer de dard*" d. h. Wurfspiesseisen genannt, ist eine hauptsächlich bei den Polen und Schlesiern oft vorkommende in den Figuren 313 und 314 veranschaulichte Waffe, welche als Harpune, als ein auf einen Bogen aufgelegter Pfeil, ja sogar als eine von einem Pfeil durchgeschossene Oberlippe nebst Schnurbart, für welche letztere Schnurre sogar auf den Wappenschild der *Siedlniski* eine schnakische Wappensage existirt, gedeutet worden ist. Im letzteren Sinne (Unsinn!) hat der getreue Copist *Tyroff*, welcher gern das Schlechteste gedankenlos aufgreift, den Schild der „*Sedlnitzky*" mehrfach abgebildet.

 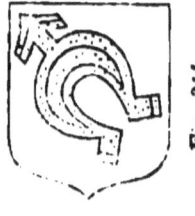

Fig. 313. Siedlniski (Sedlnikytz), desgleichen *Lossata, Büchten*, sowie auch die ganze Polnische Wappenverwandtschaft *(herb) Ordrowaz'* mit 54 Wappenverwandten, ebenso auch (nur unwesentlich etwas in der Gestalt verändert) die Polnische Wappenverwandtschaft *(herb) Ogończyk* mit 100 Wappenverwandten —: in Roth ein weisses Wurfeisen und zwar — wie *Schumacher* hinzufügt — „mit zwei Federn". — Die nämliche Figur (313) roth in Silber führen: *Bilitzsch* in Schlesien, schwarz in Silber und zwar schräggelehnt: *Zirckendörfer* in Bayern. Auch kommt bei

Albinus die nämliche Figur (jedoch ohne alle Angabe der Tincturen) in dem gespaltenen Schilde der Herrschaft *Woldenburgk* vor.

Fig. 314 ist nach dem Constanzer Conciliumbuch der Schild des „*Wilhelm Schenck von Sydaw* auss Sachssen".

Zagel ist soviel als „Zogel" (s. d.), jedoch in älteren Büchern auch nur für einen Pfal oder Balken gesagt worden.

Zahnschnitt siehe: „Gezahnt".

Zeltnägel gehören zwar zu den selten vorkommenden Bildern, dürften aber doch nicht unerwähnt gelassen werden und sind in *Fig. 315* abgebildet.

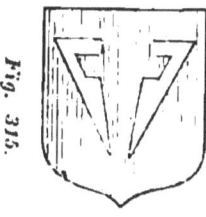

Fig. 315. Döberitz —: in Roth zwei silberne mit den Spitzen nach unten gegen einander schräg gestellte Zeltnägel. *Brüggemann* spricht diese Figuren als „Mauerbrecher" (s. d.) an, was allerdings unrichtig ist und etwa nur aus einer Verwechselung mit den „Mauerhaken" (s. d.) erklärlich erscheint.

Zerbrochen oder „gebrochen" heisst der Sparren, wenn seine beiden Schrägbalken oben einander nicht berühren, also aus einander klaffen.

Fig. 316. Viole —: in Gold drei zerbrochene schwarze Sparren.

Zettel ist einer von den vielen Ausdrücken für „Schindeln" (s. d.).

Ziegel werden mitunter die „Schindeln" (s. d.) genannt.

Ziegelspäne — alte Bezeichnung für „Schindeln" (s. d.).

Zierlich, vom Schwanze des Adlers gesagt, ist soviel als „Kraus" (s. d.).

Zimir, Zimirde siehe: „Cimier".

Zindelbinde siehe: „Wulst".

Zinken nennt man in Wappen die Enden eines Hirschgestänges (Hirschgeweihes) oder Halbgestänges (einzelnen Hirschhornes).

Freudorf —: in Silber ein rother flüchtiger, goldenbezinkter Hirsch.

Zinne ist ein aus seiner Tinctur in die nebenstehende Tinctur hineinragendes, den Schildrand nicht berührendes, wie ein Viereck abgegrenztes Stück, einem abgekürzten Pfal oder Balken ähnlich.

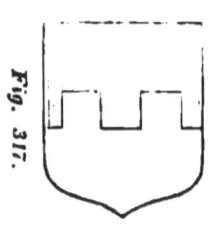
Fig. 317.

Fig. 317. Preysing, desgleichen *Vollantsach, Rohr* —: in Roth zwei silberne Zinnen; dies sind die aufrecht stehenden, vorzugsweise so benannten Zinnen. Die drei rothen, zwischen oder neben den Zinnen abwärts gehenden Stücke werden „Scharten" genannt.

Fig. 318.

Fig. 318. Munk —: in Roth zwei silberne rechte „Querzinnen". — Wo jedoch eine der Zinnen am Rande verschwindet, wie in *Fig. 319*, da liegt die mit dem Namen „Zinnenschnitt" genannte Section vor.

Fig. 319.

Fig. 319. Wardtstein —: im Zinnenschnitt von Gold und Schwarz mit je zwei und einer halben Querzinne gespalten, —

Zinnen sowohl, als auch Zinnenschnitt kommen auch schräg vor; auch giebt es „gezinnte" Heroldfiguren.

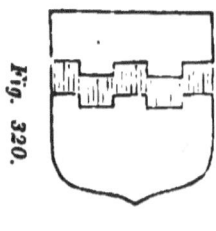
Fig. 320.

Fig. 320. Uslar-Gleichen —: in Silber ein gezinnter rother Balken mit zwei Zinnen unten, woraus vonselbst folgt und darum nicht besonders gemeldet zu werden braucht, dass oben eine ganze und zwei halbe, d. h. am Rande verschwindende oder — wie man sich hier ausdrückt — am Rande sich verlierende Zinnen mit zwei Scharten sein müssen.

Zinnenschnitt siehe: „Zinne".

Zipfel ist ein selten gebrauchter und nicht zu empfehlender Ausdruck für die „Lütze" (s. d.) am „Turnirkragen" (s. d.).

Zirkelschnitt ist soviel als „Mondschnitt" (s. d.).

Zirkelstreife — vgl. *Fig. 202* nebst Text dazu.

Zobel hat zwei Bedeutungen; erstens nämlich wird im Mittelalter (z. B. bei Minnesängern) die schwarze Tinctur, Französisch „*sable*", darunter verstanden; zweitens wird unter dem Worte „Zobel" auch wirklicher Zobelpelz verstanden, als welcher im Mittelalter auf Schilden *in natura* bisweilen angebracht wurde wobei zu bemerken ist, dass das Rückenfell des unter dem Namen „Zobel" (*mustela zibellina*) bekannten Thieres wirklich ein schwarzbraunes ist und im Preise sehr hoch steht, daher es denn für ein vornehmes Pelzwerk gilt.

Zogel, auch wohl „Zagel" wurde früher überhaupt der Schwanz mancher Thiere, z. B. des Rindes genannt, in der Heraldik aber ist „Zogel" der bräuchliche und richtige Ausdruck für den Schweif des Löwen. „Zagel" für Balken oder Pfal zu brauchen, ist falsch.

Zopf ist gleichbedeutend mit „Quaste" (s. d.).

Zu Felde geschlagenes Haar ist ein seltener, aber darum nicht unrechter Ausdruck für hinter einer menschlichen Figur (oder einem Brustbild oder Rumpf) herabhangendes Haupthaar.

Gutbier —: in Blau ein silberner nackter Frauenrumpf mit langem zu Felde geschlagenem Haar.

Es versteht sich wohl vonselbst, dass die betreffende Figur eben im Felde (im Schilde) steht und nicht auf dem Helme.

Zugespitzt heisst eine ihrer normalen Construction zuwider, also ausnahmsweise an einem Ende oder an mehreren Enden in eine Spitze auslaufende Figur. Zugespitzte Pfäle kommen nicht selten vor und sind dann „**hauptgespitzt**" oder — wie in *Fig. 321* „**fussgespitzt**" oder auch an beiden Enden gespitzt.

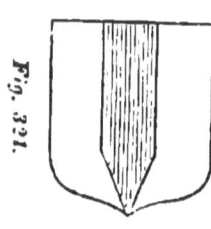

Fig. 321.

Fig. 321. Chandos —: in Silber ein fussgespitzter rother Pfal (nach Angabe des *Menestrier*).

Zugespitzter Zinnenschnitt ist eine weitschweifige Benennung für den „Cymbelschnitt" (s. d.).

Zugespitztes Kreuz ist ein überflüssiger anderer Ausdruck für das an sich überflüssige „Strahlenspitzenkreuz" (s. d.).

Zum Flug geschickt siehe: „Flug".

Zum Gange geschickt, siehe: „Stehend".

Zum Grimmen geschickt, d. h. mit offenem Rachen, sträubender Mähne, (roth) ausgeschlagener Zunge, vor sich geworfenen Vorderpranken, über sich gewundenem, mit der Quaste einwürts gekehrtem Zogel — so wird der heraldische Löwe dargestellt, was jedoch alles nicht besonders gemeldet zu werden braucht, obschon sich viele Adelsdiplome hierin eine wahre Güte thun. Der Begriff „Löwe" an sich erheischt eben die hier weitschweifig beschriebene Darstellungsweise, sodass im Gegentheile vielmehr dann etwas gemeldet werden müsste, wenn eines der obigen Requisiten einmal fehlen sollte.

Zu beklagen ist allerdings, dass in unseren modernen Wappendarstellungen die Löwen mitunter eher wie zum Betteln oder Schönmachen geschickte Affenpinscher aussehen. Man sollte sich hier die Muster das XIV. und XV. Jahrhunderts zum Vorbilde nehmen.

Zum Rande gespitzt siehe: „Am Rande gespitzt."

Zum Raub geschickt verhält sich zu „Aufgerichtet" (s. d.) als die *species* zum *genus*; es werden nämlich so die wilden Thiere — mit Ausnahme des „zum Grimmen geschickten" Löwen — in aufgerichteter Stellung genannt, vorzugsweise aber der Bär

Bernstat —: in Gold ein schwarzer zum Raub geschickter Bär; *Bärenstein* —: in Silber ein schwarzer zum Raub geschickter Bär.

Zurücksehend wird ein Thier genannt, wenn es den Kopf rückwärts nach dem Schwanze hinkehrt. In dieser Weise wird in Schilden das „Osterlamm" (s. d.), überhaupt das Lamm gern dargestellt. Als Schildhalter kommen jedoch auch andere Thiere, als Löwen, Greifen, Pferde, Hunde, Hirsche u. s. w., zurücksehend vor.

Kotzau, desgleichen *Borwitz* —: in Roth ein zurücksehender silberner Widder.

Zusammengesetzt ist ein seltener und nicht zu empfehlender Ausdruck für „Gestückt" (s. d.).

Zwerch siehe: „In die Zwerch".

Zwerchbalken ist ein älterer Ausdruck für Querbalken oder „Balken' (s. d.). Andere, z. B. *Spener*, *Schrot* nennen fälschlich den Schrägbalken einen „Zwerchbalken" oder „Z w e r c h s t r i c h".

Zwerchkreuz ist eine alte und überdem *a priori* verwerfliche Benennung für das „*Andreas*-Kreuz" (s. d.).

Zwerchstab soll das Nämliche sein wie „Zwerchbalken" (s. d.), obschon unter „Stab" (s. d.) ein geschmälerter Pfal zu verstehen ist.

Zwerchstrich siehe: „Zwerchbalken".

Zwickel soll soviel wie „Spickel" (s. d.) bedeuten. In der „Adels-Zierde" wird jedoch der „Ständer" (s. d.) höchst absurder Weise „Zwickel" genannt.

Zwillingsstreifen nennt man je zwei knapp nebeneinander parallel laufende schmale „Faden" (s. d.), welche in der Richtung der Pfäle, Balken und Schrägbalken vorkommen und in Frankreich gebräuchlicher sind, als in Deutschland.

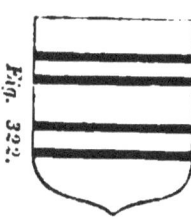

Fig. 322.

Fig. 322. Morsheim —: in Silber zwei schwarze Zwillingsquerstreifen, d. h. nämlich zwei Paar solcher Streifen.

Rubempre, desgleichen *Utenhove* —: in Silber drei rothe Zwillingsquerstreifen; *Fairfax* —: ein schwarzer Löwe in einem silbernen mit drei rothen Zwillingsquerstreifen überzogenen Felde.

Wenn solcher Fäden je drei knapp nebeneinander laufen, so heissen sie „Drillingsstreifen".

Bourbourg : in Blau drei goldene Drillingsquerstreifen.

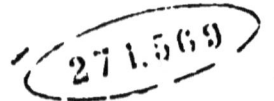

Alphabetisches Verzeichniss

derjenigen

Länder, Städte, Geschlechter, Personen, u. s. w.,

deren Wappen in diesem Buche besprochen sind.

(Die beigeschriebenen Zahlen sind die Seitenzahlen.)

Adelbach 107.
Agrior 64.
Aheim 52.
Ahlem 20.
Ahnen 94.
Ahren 173.
Aicholtzheim 107. 169.
Albert Graf von Halse 158.
Albert von Oesterreich 26.
Albret 80.
Alpen 33.
Alsace-Flandres 51.
Altenburg, Land 17.
Alt-Freiburg 115.
Alttreu 159.
Amance 131.
Amschwangk 17.
Amsheim 1.
Angrie (Engern), Land 141.
Arcella 123.
Aremberg 20.
Armagh, Erzbischof von 125.
Armignac 105.
Armuyden 126.
Arnais 46.
Arnold 81.
Arragon, Land 80.
Aschaffenburg, Stadt 100.
Aschau 136.
Aubigny 64.
Auersperg 56.
Aufsess 16.
Aurberg 153.
Aurberger 175.
Aux Espaules 30.

Baden, Land 130.
Bürenstein 180.
Bagge 152.
Baibel 88.
Baldorff 105.
Bambel 191.
Bandinelli 80.
Bardeleben 52.
Bardewicken 8.
Barkentiu 22.
Barnakow 57.
Barteneck 12.
Bart von Koppenhausen 94.
Basel, Bisthum 136.
Basel, Stadt 136.
Bassewitz 57.
Baudin 79.
Baumann 28.
Bayern, Land 130. 171.
Beaumont-Framonville 148.
Beavieu 10.
Beck oder Becke 4.
Becke, von der 116.
Beckenstein 35.
Behem von Adelshausen 58.
Beienburg 150.
Bemmel 120.
Bendeleben 52.
Benstedt 105.
Bentinck 5.
Berbisey 171.
Berge 168.
Berge, gen. Blens 18.
Berge, gen. Durftenthal 18.
Berk 7.

Berka von der Dubhe 162.
Berlet 148.
Berlichingen 107. 169.
Bernstat 180.
Bertrand de la Perouse 19.
Beschwitz 44.
Besser 113.
Benveron 64.
Biel 105.
Bielski 80.
Bilitzsch 176.
Billick 92.
Bircken 162.
Bischoffsheim 52.
Bischofsrod 91.
Bismarck 21.
Blaes 113.
Blanckenburg 53.
Blanckenfjell 85.
Blanckenheim 19.
Blankenstein 49.
Blemur 46.
Blücher 137.
Blücher von Wahlstadt 56. 104.
Bocanery 105.
Bock 75. 150.
Bodendorf 16.
Böhlinnen, Stadt 73.
Böcklin von Böcklinsau 75.
Böhmen, Land 48.
Böllhartt 82.
Böltzig 91.
Bogner 38.
Bontgart 141.
Boquet 80.

Bordeaux 80.
Borschnitz 47.
Bortfeld 82.
Borwitz 180.
Bose 128.
Bossenstein 80.
Botereis 157.
Boulers 131.
Bourbourg 181.
Brady L. 140.
Brandenburg, Markgrafen von 161.
Braudenstein 107.
Brandis (Seiliole) 123.
Brandt 22.
Braun 125.
Braunberg 10.
Braunschweig, Land 173.
Bredaw 86.
Bredo 85.
Bredow 85.
Brehna, Grafschaft 141.
Breidenbach 61. 172.
Breitenacker 89.
Bremen 111.
Bretagne, Herzog der 64.
Breuberg 10.
Briesen 155.
Briey 47.
Briqneville 66.
Brixen, Bisthum 97.
Brochowski L.
Brovillart 144.
Bruslé 127.
Brusse 91.
Bucafoco 25.
Buches 10.
Buchwitz 50.
Büchten 178.
Bülow 116.
Büttrich 142.
Buffevent 157.
Bulgrin 75.
Buocufoco 25.
Burgard, Burggraf von Magdeburg 110.
Burtscheid 111.
Butzgen 75.
Byerley 173.

Cameren 123.
Cammerberg 13.
Campe 31.
Canissu 73.
Canterbury, Erzbischof von 125.
Cantzler 57.

Cappel S. 81.
Carlowitz 125.
Carnoco, Regnaldus v. 105.
Castelwarth 53.
Castner v. Schnadebach 67.
Cavaillon-Rochegude 10.
Chaerny 131.
Chamisso 52.
Chandos 179.
Charry 5.
Chastelet 107.
Chateiguers - Rocheposay 122.
Chevalier sans peur 80.
Christian II. von Dänemark 5.
Cleingedanc 31.
Clingenberg 52.
Clodt 30.
Cloud (113).
Coagne 64. 64.
Cochincourt 4.
Cöln, Erzbisthum 46.
Comazzi 75.
Comminges 156.
Conrad von Grünenberg 23.
Conrad von Wildenrode 158.
Cordova, Stadt 128.
Cornate, Bisthum 105.
Cornu 68.
Cornil von Pallaut 110.
Costnitz, Stadt 46.
Crackaw, Bisthum 32.
Crakevitz 98.
Cresonsart 33.
Czerwina 80.
Czettritz 94.
Czeyka 74.
Czirn und Terpitz L.

Dänemark, Land 5. 81. 173.
Dagstul 4.
Dahmen 91.
Dallwitz 50.
Damatha de Vissafalvont 33.
D'Amboise 66.
D'Audelot 30.
D'Angle 148.
Dauphin 133.
De Bareilh 35.
De Barge 80.
De Beuserale 65.
Debschütz 140.
Dechow 152.
Decken, von der 72.
De Cordon 105.

De Cugnac-Bocart 118.
De Daillon 9.
De Feillens 105.
De Fresnoy 31.
Degelin von Wangen 160.
De la Isle 78.
De la Poterie 6.
De Lattre 118.
De Lautrec 157.
De Laye 46.
Del Brigia 10.
Delexevola 3.
Dellbrück 56.
De Mathefelon 131.
De Palapussins 30.
De Quingo 10.
De Roverée 113.
De Roye 113.
De Salvert 5.
Des Bassayns de Montbrun 130.
De Scuria 30.
Desgabetz-Dombale-Lorraine 80.
Dethnaw 16.
Detnang 73.
De Torcy 113.
Dettelbach 55.
Deurlin 131.
Deutsches Reich 166.
Deutschritter-Orden 46.
D'Euvillers 105.
De Vichy 33.
De Vorré 64.
Dewald 56.
Dewall 147.
Deyschler 117.
D'Halluin 63.
Dieskau 20.
Ditteu 40.
Dodek 112.
Döberitz 177.
Döringenberg 168.
Dörnberg 168.
Döttning 112.
Dol 105.
Dondorf 113.
Donnerstein 142.
Dorwick, Bisthum 100.
D'Osmond 59.
Dours 128.
Drachsdorf 173.
Dresky 107.
Drescher von Caden 2.
Druyns 64.
Du Bec 46.
Dublin, Erzbischof von 125.

Du Chemin 64.
Du Cluseau 148.
Düne 5.
Dün gen. Stäin 46.
Dürckheim 29.
Du Fos 65.
Du Fresnoy 4
Dungen gen. Stäin. 46.
Durnach 107.

Ebeleben 105.
Eberbach 57.
Ebersbach 129.
Eberwein 100.
Ebser von der Eba 41.
Eckenbrecht 29.
Edelburg 113.
Edelkirchen 74.
Egidy 94.
Egmont 152.
Ehrenberg 59.
Ehrer 137.
Eichstädt, Bisthum 138.
Eichstädt, Fürst von 56.
Einsiedel 115.
Ekker 171.
Elben 110.
Elsass, Land 32. 110.
Elsholtz 46.
Elsner von Gronow 162.
Emmerkhofen 129.
Emmershofen 52.
Engern, Land 141.
Enis 6. 126.
Enningen gen. Eisenhut 31. 116.
Ense 103.
Eppli von Falanden 91.
Erbsälzer 122.
Erdmannsdorf 168.
Erlin von Rorberg 71.
Esingen 105.
Essendorf 105.
Esslingen 132.
Eubing 108.
Everde 57.
Eysen 38.
Eyersteten 23.

Fairfax 181.
Falkenstein 52. 154.
Fassi 85.
Fasti 85.
Eeilitzsch 129.
Felber 116.

Ferrich von Ferrenhain 2.
Feur von Au 74.
First 144.
Fitzwilliam 46.
Flandern, Land 19.
Flehingen 107.
Fleuille 33.
Fleury des Plez 5.
Florainville 127.
Florevillo 127.
Flotow 32.
Flunteren 21.
Foix 65.
Fons 147.
Forez 133.
Fränking 127.
Frainville 128.
Frankenberg 131.
Frankreich, Land 170.
Franzhon 110.
Frauenstein 4.
Fremuth von Tropschitz 102.
Fresen 93.
Freudorf 178.
Freyburg, Canton 52.
Freyburg, Stadt 1.
Fridtingen 50.
Friedesheim 133.
Friedrich, Markgraf von Brandenburg 161.
Friess 116.
Fronhofen 120.
Fünfkirchen 58.
Fulda, Abtei 46.
Furtenbach 116.

Gagnang 90.
Gailkirchen 169.
Gamin 21.
Gay 2.
Germar 115.
Gernhart von Holstein 96.
Geroltowsky 51.
Geroltstein 131.
Gersdorf 53.
Gerstenberg 41.
Gessler 18.
Gieser 59.
Gilgenheim 3.
Gilleis 87.
Giron le Courtois 80.
Glaubitz von Brüg 43.
Gloster 81.
Göltinger zu Haiding 129.
Görlitz 3.

Göstnitz 52.
Goldacker 169.
Goldaxt 57.
Golssinn, Burggraf von 161.
Goltz, von der 44.
Gotzch 50.
Gournay 80.
Grafenegg 26.
Granada 84.
Grapen 116.
Grasse 19.
Greiff von Haslach 172.
Greul von Wamerspach 91.
Gridenfingen 64.
Griechenland, Land 56. 173.
Grimaldi-Monaco 46.
Groitzsch 150.
Gruben 72.
Grün, von der 113.
Grünenberg 23.
Grumbach 111.
Grune 113.
Günther Graf von Kevernberg 158.
Guffidaun 52.
Gulielm 43.
Gustaf Wrangel 138.
Gutbier 121. 179.
Gyllensparre 117.

Haefurth 13.
Hagen 151.
Hahn 151.
Hake 115.
Haldermannstätten 56.
Halnay du Hainault 79.
Halse 158.
Hamayde 79. 117.
Hamborg, Bisthum 96.
Hammerspach 30.
Hamppersdorff 94.
Hanense 152.
Hans, Burggraf von Golssin 161.
Hanxleden 85.
Harf 161.
Harras 50.
Hartitzsch 11.
Hartmann 18. 21.
Haslang 25. 34. 175.
Hatingen 113.
Hatmannsdorf 66.
Hatzfeld 37. 61.
Haugwitz 107.
Hausen 64.

Havert 132.
Hayden 154.
Hayden 154.
Haydenheim, Stadt 154.
Haynspach 9.
Hege 22.
Hegen 132.
Hegendorf 146.
Heideck 50.
Heiligenberg 42.
Heinrich, Pfalzgraf bei Rhein und Herzog in Bayern 112.
Heldreich 11.
Heldrungen 28.
Helmold 172.
Hembise 126.
Hemericourt 113.
Henry Speelman 8.
Herberstain 144.
Herda 89.
Herden 89.
Heringen 53.
Heritzsch 70.
Hermansdorf 74.
Herrtenstein 80.
Herschfeld, Fürstenthum 100.
Hessen, Land 113.
Hessen von Wigdorf 137.
Heyde, von der 129.
Heynitz 132.
Hildesheim, Bisthum 168.
Hinderskircher 120.
Hirnheim 67.
Hirschberg 150.
Hirschberg-Dolnstein 150.
Hochenberg 100.
Höchstetten 9.
Hohenaschau 136.
Hohenlohe 30.
Hohenstein 22. 55. 131.
Hohenzollern 22.
Holleufer 2.
Holstein, Land 95.
Holtzendorf 37.
Hopfgarten 152.
Hornuff 21.
Hudtendorf 121.
Hüfflitz 167.
Hüttel 147.
Humboldt 13.
Humières 55.
Hundoltzhausen 52.
Hundt 22.
Hund von Salheim 166.
Hunemärder 173.
Hurleston 65.
Hutten 83.

Imhof 142.
Immerseel 120.
Ingelheim 123.
Ingelstetter 7.
Ingolstadt, Stadt 99.
Inhausen 10.
Isenburg-Grensau 10.

Jägenreuter 137.
Jan 70.
Jarsdorf 101.
Jocelyn 176.
Johann Adolf von Schwarzenberg 117.
Johann von Holstein 96.
Johansdorf 10.
Joly de Chouin 164.
Jones 43.
Juden 70.
Jüdden 70. 116.
Jully 81.

Kange 146.
Kaer 132.
Kageneck 83. 113.
Kamecke 75.
Kanig 93.
Kappelstein 131.
Kappel 104.
Karpfen 11.
Karwinsky 142.
Kasteln 105.
Kauffungen 153.
Kayserstul 4.
Keher 2.
Kessinger 163.
Ketelhodt 72. 116.
Kettenheim 102.
Kevernberg 158.
Kfeller 56.
Kinsky 174.
Kirberg 41.
Kirchperg 104.
Klammenstein 86. 116.
Kleve, Land 116.
Kloch 77.
Klösterlein 115.
Klüfer 169.
Knebel 131.
Knochem 42.
Kockorsch 91.
Kockorzowitz 107.
Köller 108.
König 116.

Königseck 53.
Könneritz 20.
Kolmar, Stadt 91. 116.
Koppelow 112.
Korf 30.
Korzenski von Dereschau 151.
Koss 156.
Koszutzky 22.
Kotzan 180.
Kracht 73.
Krackau 125.
Krackewitz 93.
Krakau, Bisthum 32.
Kranich von Kirchheim 168.
Krebs 49.
Kreischelwitz 195.
Kreutzen 102.
Kreytz 102.
Krickenbecke 4.
Krieger 93.
Krummel 132.
Küenring 110.
Kyrn, von der 105.

La Chapelle la Toussière 46.
Lämpel 97.
La Fontaine-Ruffien 9.
Lammingen 137.
Lamprecht 48.
Lamprecht 48.
L'Andelot 30.
Lang 159.
Langenau 113.
Lauros 147.
Laplace 118.
Larisch 61.
Lasso 118.
Lauterbach 172.
Le Baveux 144.
Le Cointre d'Anbeville 144.
Ledebur 144.
Ledenbau 144.
Leiptziger 91.
Lenick 116.
Leoprechting 153.
Lescinski 68.
Les Vieux 65.
Leubelfing 10.
Leuchtenberg 56.
Leudrecht 17.
Lewetzow 137.
Liebeck 55.
Liebenau 58.
Lieclitenau 128.

Liechtenberg 162.
Ligneris-Merenville 19.
Lindeck zu Lisana 162.
Linsneck 168.
Linstow 52.
Lissperg 103.
Livet 89.
Lobdeburg 113.
Loch 120.
Locquenghien 64.
Lönburg 103.
Löwenstein 2.
Löwen von Steinfurth 17.
Lonberg 103.
Longueuielle 55.
Lorenz 10.
Losenstein 134.
Lossata 176.
Lothringen, Land 16. 170.
Louloun 28.
Lowtzow 57.
Lubomirski 172.
Ludwiger 89.
Lüder 64.
Lüders, Ahtei 140.
Lüning 116.
Luillier 107.
Lützow 151.
Ly-kirchen 161.

Machiavelli 32.
Machwitz 52.
Magdeburg, Burggraf von 110.
Maisenbug 2.
Majorca 80.
Malortie 13.
Maltitz 17.
Manfredi 157.
Mannsbach 148.
Marckdorf 120. 150.
Mars 66.
Marschalk von Stansberg 144.
Marschall gen. Greif 129.
Marschall von Biberstein 55.
Martenau 2.
Marthen, von der 2.
Marzell 60.
Maschwitz 109.
Massow 10.
Maulberg 131.
Mauschwitz 140.
Mayendorf 105.
Mayenthal 174.
Mecheln 66.

Megenzer 133.
Meier von Hüningen 128.
Meissen, Burggrafen zu 4.
Meissen, Markgrnf zu 113.
Meissen, Stadt 117. 138.
Melem 49.
Melhosen 141.
Meliadus 80.
Mellin 123.
Mendez 16.
Mendorf 60.
Menessez 80.
Mengershausen 63.
Merettig 30.
Merlaw 71.
Merle 116. 117.
Messenhausen 13.
Metternich 70.
Mettich-Tschetschau 6. 53.
Metzradt 171.
Metzsch 144.
Metzstörpffen 124.
Meuerl von Lobenberg 150.
Miltitz 17.
Modschidler zu Gera 155.
Möstelin 110.
Moltke 80.
Monaco (Grimaldi-) 46.
Monfort 120.
Monloir 33.
Monnich 39.
Montagu 64. 113.
Montbari 144.
Montenacken 113.
Montfort 73.
Montigni 113.
Montureux 19.
Morel de Fiennes 19.
Morgenno 33.
Morsheim 181.
Moss 71.
Mossenbach 2.
Mücke 94.
Mülheim 15.
Müllinen 92. 116.
Müller 92.
Münch 39.
Munk 178.
Mundersbach 118.
Murach 31.
Murbach, Abtei 173.
Myuner 100.

Namur 19.
Napoléon 127.
Narbonne 80.

Nassau, Land 17.
Neidhardt v. Gneisenau 56.
Nesselrode 22.
Neu-Bechburg 52.
Neuenbrun 110.
Neufchastel 113.
Neusteter gen. Stürmer 120.
Nogent 144.
Nothafft 14.
Nürnberg, Burggraf zu 51.
Nusslingen 52.

O Byrn 88.
Ockenheim 144.
Odrowaz', herb 176.
Oesterreich, Land 26. 130.
Oettingen 22. 31. 175.
Ogónzyk, herb 176.
Olbramowitz 74.
Opflngen 18.
Orlando Lasso 118.
Orsini-Rosenberg 17. 116.
Ortmannsdorf 107.
Oschatz, Stadt 107.
Osevain au coeur hardi 105.
Ostermayer 97.
Othengraven 132.
Ottenfels 96.
Otterbach 116.
Overstolz 101.

Pallant 110.
Pallant, Corsil von 110.
Panichner 175.
Panthier 100.
Pappenheim 48. 56.
Pappus von Tratzberg 4.
Parnon 80.
Parsberg 53.
Parsenow 25.
Passau, Bisthum 48.
Passow 173.
Pasterwitz 91.
Paszkowski-Plomienczek 1.
Paulsdorf 105.
Payer im Hoff 92.
Pecfenhausen 145.
Pelckhofen 142.
Pelden gen. Cloud 113.
Pereira 71.
Pergles 52.
Perigné 46.
Peringen 59.
Perouse 4.
Peudre cht 17.

Pfalheim 75.
Pferdsdorf 93.
Pflugk 115.
Pförtner von der Hölle 143.
Pfordten, von der 41.
Piast la Bellangerie 80.
Piccolomini 16.
Pimentel 112.
Pleissen, Land 53.
Pless 92.
Plessen 150.
Plüskow 116.
Podewils 160.
Polignac 17.
Poligny 114.
Pollitz 144.
Poniatowski 95.
Ponickau 129.
Portland 5.
Prado 80.
Prambach 172.
Prandlner 162.
Prenger 88.
Proussen, Land 118. 130. 170. 173.
Prewalt 50.
Preysing 178.
Priesen 121.
Printz 47.
Prittwitz 47. 123.
Prüm, Probstei 97.
Pückler 1.
Pückler-Groditz 56.
Puttkammer 38.
Puttlingen 65.
Puy Paulin 80.

Quattermart 161.
Querfurth 16. 36.
Queurieu 128.
Quernfort 16. 36.
Quesada 64.
Quinson 64.
Quirvie 128.
Quixote. (Don) 64.

Raczek 40.
Redeck 91.
Radek, Rüdiger von 107.
Radenhausen 50.
Radolin 22.
Rädwitz 52.
Rämersthal 9.
Ramin 85. 116.
Raming 127.

Ramnin 85.
Randau 68. 117.
Rapoto, Pfalzgraf in Bayern 98.
Rauch 113.
Raux 65.
Raven 45.
Raymund 47.
Reckentin 107.
Reckow 75.
Reculo 144.
Resten 85.
Regensburg, Bisthum 115.
Regnaldus von Carnoco 105.
Reibnitz 10.
Reinecke 107.
Reinhofen 83.
Reinhold 17.
Reitenbach 2.
Reitzenstein 113.
Renner von Almendingen 93.
Reven 85.
Rexin 38.
Richenburg 20.
Richterschwyl 102.
Riesenkampff 173.
Rink v. Baldenstein 19. 51.
Ritter 94.
Roch 116. 119.
Rochefoucault 52.
Rochow 120. 129.
Röder 129.
Römer 116. 121.
Rönnow 168.
Röschen von Futterhof 156.
Roggweil 148.
Rohr 178.
Rohrbach 118.
Roland de Lattre 118.
Roucherolles 10.
Ronow 162.
Ronstet 69.
Ropertz 92.
Rosaunen 105.
Rose 113.
Rosenberg-Lipinski 17. 116.
Rotenstein 129.
Rottenburg 10.
Rubat 77.
Rubei 80.
Rubempre 181.
Rudeckem 110.
Rudigheim 110.
Rudolph L. Herzog zu Sachsen 111.
Rüdickheim 110.

Rüdiger von Radek 107.
Rüdt von Colenberg 116. 121.
Ruesdorf 97.
Rüssingen 107.
Ruhstein 86. 116.
Rumelsheim 50.
Rusetzker 92.
Rutencrantz 110.

Sachsen, Land 48. 108. 109. 111. 118. 130.
Säcke 156.
Sahr 37.
Sahrer von Sahr 74.
Saint Amand 17.
Saint Denis 81.
Saint Fargeau 61.
Saint Gelais 56.
Saint Hermine 61. 117.
Saint Lambert 74.
Saint Martin 61. 64.
Saint Paul de Ricault 139.
Salchingen zu Mülldorf 52.
Salm 11.
Salza 107.
Sandbeck 116.
Santeuil 6.
Sax 168.
Sayn 45.
Schade 92.
Schaffgotsch 50. 117.
Schalach 134.
Schallaburg 134.
Schambach 116.
Schatten von Kyburg 90.
Schauenburg 95.
Scheibl von Dyrnstein 126.
Schelm von Bergen 116.
Schenck von Castel 67.
Schenck von Sydaw 177.
Schenk aus der Au 59.
Schenk von Gayren 52. 116.
Schertel von Burtenbach 44.
Schesnaye 31.
Scheurl 92.
Sshill 173.
Schinsky 174.
Schleiden 64.
Schlieben 56. 124.
Schlingen 127.
Schmeling 89.
Schmisinckh 30.
Schney 131.
Schönberg 35.
Schönberg 53.

Schönbühel 169.
Schönenbecke 113.
Schönfeld 6.
Schönfels 37.
Schollenberg 23.
Schott von Schottenstein 105.
Schröter 116. 141.
Schürf 38.
Schützen 136.
Schulzen 159.
Schupffer 144.
Schurfseysen 38. 116.
Schwabsdorf 43.
Schwartzbach 116.
Schwarzburg, Land 158. 173.
Schwarzenberg 117.
Schwarzkoppen 137.
Schwaven 21.
Schweden, Land 5.
Schweinböck 57.
Schweiz, Land 56.
Schwerin 108.
Scribani 126.
Seckau, Bisthum 142.
Seckendorf 83.
Sedlnitzky 176.
Seebach 116. 141.
Seffler 146.
Seiliole gen. Brandis 123.
Selbitz 35.
Serlin 47.
Seyboltzdorf 153.
Sickingen 78.
Siedlniski 176.
Siegenheim 58.
Sigmar 54.
Silberberg 23.
Sire del Castelneuf 33.
Sirmond 147.
Skram 86.
Skrebensky 102.
Sobeck 77.
Solages 89.
Solen 76.
Soneck 50.
Sonnenberg 23. 116.
Sonnentag 89. 116.
Sothen 70.
Spangenberg 153.
Spanien, Land 84.
Sponofsky 102.
Sparneck 117. 145. 152.
Sparr 117.
Sparre 117.
Sparrenberg 52.

Speelmann 8.
Spiegel 136.
Spiegelberg 115.
Splid 85.
Stachelegg 167.
Stahler 160.
Stammer 172.
Starkenstein 80.
Steckborn 50.
Steenhuse 127.
Steffen 65.
Steinbach 116.
Stens 73.
Sterner von Misbrun 41.
Sternstein 115.
Stettenfurth 46.
Steyermark, Land 99. 120.
Stickel 153.
Stieglitz 115.
Stillfried-Rattonitz 134.
Stingelheim 145.
Stockhausen 8. 116.
Stommel 112.
Störn zu Störnstein 2.
Strahlenfels 151.
Strassburg, Bisthum 32. 110. 114.
Streitberg 64.
Streithorst 152.
Strombeck 116.
Stürmer 120.
Stumpfen von Stumpfsperg 91.
Sturmfeder 116. 153.
Stuttgart, Stadt 93.
Sumiswaldt 142.

Tagsternen 51. 116.
Tale 174.
Tannwitz 73.
Teck 22.
Tegenagen 19.
Tenoria 124.
Tettenbach 49.
Tettenborn 87.
Teuffel 133.
Theasemer Crakevitz 98.
Thoisy 36.
Thüringen, Land 113.
Tizé 53.
Tluck und Toschonowitz 79.
Topacz, herb 73.
Toulouse, Grafen von 157.
Traisnel 33.

Trazegnies 126. 127.
Treana 31.
Treffurt 107.
Treusch von Buttlar 115.
Tript von der Eyll 113.
Troussel 81.
Truchsess von Raperswil 81.
Truchsess von Stetten 22.
Truchsess von Waltburg 81.
Trutan 160.
Tscherny 105.
Tschirschky 68.
Tuchsenhausen 128.
Tümpling 44. 64.
Tüngefeld 103.
Turber 49.
Turnell 41.
Turpin de Crissé 46.
Twickel 72.
Tzöchaw 37.

Uben 50.
Uberlingen 175.
Uffheim 128.
Ulrichstein, Stadt 128.
Ungarn, Land 116. 164.
Urslingen, Herzog von 131.
Uslar-Gleichen 178.
Utenhove 181.
Uttingen 141.

Vaick 46.
Varnbüler 104.
Vaudragon 33.
Vaudricourt 68.
Vaugné 55.
Velen 51.
Venasques 157.
Venner 87.
Venningen 82.
Verana 33.
Vergy 20.
Versoris 36.
Vetter 89. 100.
Viger 5.
Vilanders 31.
Viole 177.
Viry 92.
Vitzthumb 4.
Vitzthum von Eckstedt 48.
Vogt von Sumerau 58.
Volckensdorf 64.
Vollantsach 178.
Volstett 58.

Vonderen gen. von der Hove 106.
Vorst, von der 53.

Wackerbarth 105.
Wackerbrodt 105.
Waiblingen 67.
Waldaw 30.
Waldbott v. Bassenheim 149.
Waldeck, Werner von 59.
Waldeckh 59.
Waldershausen 42.
Waldkirchen 2.
Wahlstein 42.
Wall 102.
Wallwitz 30.
Wanbach 137.
Wanner 108.
Wardtstein 178.
Wartenberg 46.
Warttenberg 50.
Wedell 92.
Wegeleben 109.
Wegisheim 46.
Weiler 175.
Weissdorf 43.
Wembding 121.
Wenckstern 116. 166.
Wendingen 19. 142.
Wendt 50.
Werdenberg 73.

Werdenstain 145.
Werder, von dem 150.
Werndle 10.
Werner von Waldeck 59.
Weyher 65.
Weyler 113.
Wezel von Marsilien 113.
White 80.
Wiedt 139.
Wieland 52.
Wildenrode 158.
Wildenstein 73. 83.
Wilhelm Schenk von Sydaw 177.
Willoughby de Brook 126.
Winderbach 172.
Windischgrätz 60.
Windtsheim 46.
Winsperg 131.
Winterberg 74.
Wiprecht von Groitzsch 150.
Wisbeck 60.
Wittern 58.
Wittelsbach 31.
Witzleben 145.
Wobeser 140.
Woldenburgk, Herrschaft 177.
Wohlenstein 137.
Wolf 107.
Wolffurt 107.
Wolff von Sponheim 36.

Wolframsdorff 107.
Wolmershausen 10.
Wrangel 138.
Wratislaw 107.
Wülffen 107.
Würmblingen 4.
Würtemberg, Land 81. 130. 154.
Wurmb 83.

Yfan 168.

Zadora, herb 1.
Zdiarski von Zdiar 74.
Zechau 102.
Zedwitz 120.
Zehrer von Ramsenthal 59.
Zeidlorn 41.
Zeppelin 94.
Zerssen 72.
Ziethen 72.
Zirckendörffer 176.
Zolikofer 107.
Zoller 36.
Zorn 11.
Zucker 110.
Zume 93.
Zybülka 43.
Zyganen 142.

In der C. H. Beck'schen Buchhandlung in Nördlingen erschien ferner:

Baader, J., k. Reichs-Archivrath, Beiträge zur Kunstgeschichte Nürnbergs. Erste und zweite Reihe. 12 7/8 Bog. 8. geh. 1 Thlr. oder 1 fl. 42 kr.

Eye, Dr. A. v., Leben und Wirken Albrecht Dürers. Zweite durch einen Anhang vermehrte Ausgabe. gr. 8. 34 1/4 Bogen. br. 1 Thlr. 15 Ngr. oder 2 fl. 24 kr.

Wegele, Dr. Fr. X., Univ.-Professor, Friedrich der Freidige, Markgraf von Meissen, Landgraf von Thüringen und die Wettiner seiner Zeit. (1247—1325). Ein Beitrag zur Geschichte des deutschen Reiches und der wettinischen Länder. 30 1/4 Bogen. 8. br. 2 Thlr. 20 Ngr. oder 4 fl. 30 kr.

— — Kaiser Friedrich I., Barbarossa. 2 Bog. 8. 7 1/2 Ngr. oder 24 kr.

Schulthess, H., Europ. Geschichtskalender. Jahrgang 1871. (Band XII.) 2 Thlr. 20 Ngr. oder 4 fl. 40 kr.

— — Dasselbe, I.—VIII. Jahrgang zum ermässigten Preise von 9 Thlr. oder 15 fl. 45 kr.

— — Dasselbe. Bd. IX.—XI. zum Ladenpreise von 2 Thlr. 7 1/2 Ngr. oder 3 fl. 48 kr. per Band.

Solger, Dr. E., Der Landsknechtsobrist Konrad von Bemelberg der kleine Hess. Grosstentheils nach archivischen Quellen und alten Drucken geschildert. 9 Bog. 8. br. 25 Ngr. od. 1 fl. 24 kr.

Trautmann, Dr. Franz, Kunst und Kunstgewerbe vom frühesten Mittelalter bis Ende des achtzehnten Jahrhunderts. Ein Hand- und Nachschlagebuch zur leichten Orientirung in Fächern und Schulen, Meistern, Nachahmungen, Mustern, Technik, Zeichen und Literatur. gr. 8. 27 1/4 Bogen. br. 2 Thlr. 6 Ngr. oder 3 fl. 48 kr.

Ghillany, Dr. F. W., Hofrath, Diplomatisches Handbuch. Sammlung der wichtigsten europäischen Friedensschlüsse, Congressacten und sonstigen Staatsurkunden vom westphälischen Frieden bis auf die neueste Zeit (1867). Mit geschichtlichen Einleitungen. Drei Bände. gr. 8. 108 Bogen. br. 7 Thlr. 20 Ngr. oder 13 fl. 42 kr.

www.ingramcontent.com/pod-product-compliance
Lightning Source LLC
Chambersburg PA
CBHW020920230426
43666CB00008B/1509